伟大事业的战略布局

WEIDA SHIYE DE
ZHANLÜE BUJU

——中国特色社会主义研究文选（2012–2017）

《中国特色社会主义研究》杂志编辑部　编

首都师范大学出版社
CAPITAL NORMAL UNIVERSITY PRESS

图书在版编目(CIP)数据

伟大事业的战略布局：中国特色社会主义研究文选．2012—2017/《中国特色社会主义研究》杂志编辑部编．—北京：首都师范大学出版社，2020.8
ISBN 978-7-5656-5542-5

Ⅰ.①伟… Ⅱ.①中… Ⅲ.①中国特色社会主义－研究－2012－2017－文集 Ⅳ.①D616-53

中国版本图书馆 CIP 数据核字(2020)第 007608 号

伟大事业的战略布局
——中国特色社会主义研究文选(2012—2017)
《中国特色社会主义研究》杂志编辑部　编

责任编辑　来晓宇
首都师范大学出版社出版发行
地　址　北京西三环北路 105 号
邮　编　100048
电　话　68418523(总编室)　68982468(发行部)
网　址　http://cnupn.cnu.edu.cn
印　刷　北京捷迅佳彩印刷有限公司
经　销　全国新华书店
版　次　2020 年 8 月第 1 版
印　次　2020 年 8 月第 1 次印刷
开　本　710mm×1 000mm　1/16
印　张　20.75　　插　页　2
字　数　315 千
定　价　45.00 元

前　言

《中国特色社会主义研究》杂志自创刊以来，始终坚持以科学性、理论性、思想性、学术性、创新性为追求，坚定中国自信，立足中国实际，针对中国问题，突出中国特色，探索中国道路，总结中国经验，完善中国制度，坚持、发展和宣传马克思主义、中国特色社会主义理论体系，致力于打造中国特色社会主义理论研究与传播的思想高地。文萃已久，岁月如歌。多年来杂志以清晰的定位、鲜明的特色、稳定的风格、平实的文风和深邃的内容蜚声学界，声誉良好。目前杂志入选了“全国中文核心期刊”“中国人文社会科学核心期刊”“中文社会科学引文索引来源期刊”，是国家社科基金资助期刊。《中国特色社会主义研究》被评定为“2018 年度中国人文社会科学期刊 AMI 综合评价”A 刊权威期刊(“马克思主义理论”类)。

党的十八大以来，以习近平同志为核心的党中央毫不动摇坚持和发展中国特色社会主义，坚定道路自信、理论自信、制度自信和文化自信，坚持马克思主义的发展观点，坚持实践是检验真理的唯一标准，发挥历史的主动性和创造性，清醒认识世情、国情、党情的变和不变，从确立“两个一百年”奋斗目标到提出“中国梦”，从统筹“五位一体”总体布局到协调推进“四个全面”战略布局，从把握中国经济发展新常态到牢固树立“五大发展理念”，蕴涵鲜明时代内涵的治国理政新理念新思想新战略与时俱进、不断发展，为实现马克思主义同中国实际相结合的又一次历史性飞跃奠定了坚实基础，推动中国特色社会主义迈向新的境界。杂志在统筹“五位一体”总体布局与协调推进“四个全面”战略布局研究方面精心策划选题，特邀请一批知名专家学者撰文，在 2012～2017 年发表了百余篇文章，学术影响和社会反响较强。本书从中选编 29 篇优秀论文，以飨读者。

《伟大事业的战略布局——中国特色社会主义研究文选（2012—2017）》一书主要论述“四个全面”战略布局，在编排体例上，分为四个部分，分别是“全面建成小康社会”“全面深化改革”“全面依法治国”“全面从严治党”，围绕这“四个全面”编选论文。所选论文多被《新华文摘》《中国社会科学文摘》《人大报刊复印资料》和光明网、中国社会科学网等全文转载、摘编。总体来说，本书关于协调推进“四个全面”战略布局的研究比较深入，在内容上侧重思想的原创性和问题导向，坚持学术研究为本，基础理论创新与现实重大问题研究并重，既有国家改革、社会发展的主导方向，同时也有基础理论研究的突破点，在一定程度上折射出现实社会变革中的焦点问题和深层问题，实现了政治性、学术性、创新性、思想性和可读性的高度统一。

感谢诸位作者与广大读者的支持与厚爱，期待更多的作者与读者能够与我们同行。由于视野和能力所限，本书也可能会有一些疏漏和不足，敬请读者、作者批评指正。

《中国特色社会主义研究》杂志编辑部

2019 年 7 月

目 录

一、全面建成小康社会

二、全面深化改革

三、全面依法治国

四、全面从严治党

一、全面建成小康社会

论小康社会思想的科学设计与价值内涵

李国飞　朱宪臣 *

“全面建成小康社会”是十八大确定的宏伟目标，作为中国共产党和中国人民孜孜以求的社会发展图景，它经历了中国传统社会的“小康”“大同”，经由改革开放初期的“小康之家”“总体小康”，再到新时期的“全面建设小康”和“全面建成小康”，这一具有中国特色的符合人民美好愿景的社会发展样式，其逻辑进路遵循科学向度和价值向度的统一，旨在中国特殊国情中建成逻辑性与历史性相契合的社会发展模式。

一、小康社会思想的科学向度：规划设计遵循社会发展规律

在中国思想者对未来社会的设计和想象中，小康社会总与经济发展、社会稳定、人民生活富足有关，其实质是老百姓有劳有逸、不为衣食所困的一种理想的社会模式。中国共产党所述小康社会与中国传统文化中的小康比较，无论是在理论架构，还是在深刻内涵上，都有着很大差别。从邓小平同志提出“小康社会”以来，小康社会目标的规划设计过程中经历了“总体小康”“全面建设小康”和“全面建成小康”的几个阶段。

(一)“总体小康”的规划图景

根据邓小平同志提出的在20世纪末实现小康的设想，经过全党和全国人民的努力，到2000年我国胜利实现“三步走”战略目标的前两步，人均GDP为800多美元，“人民生活总体上达到小康”。虽然“总体小康”还是一个低标准的、偏重于物质消费的、发展不均衡的“小康”，但它所包含的经济、政治、文化等各个方面的社会指标还是适合中国国情的。小

---

* 李国飞，清华大学马克思主义学院博士研究生；朱宪臣，中共新疆维吾尔自治区委党校讲师。

康社会的特征，按照邓小平的描述有六个方面："第一，人民的吃穿用问题解决了，基本生活有了保障；第二，住房问题解决了，人均达到20平方米；第三，就业问题解决了，城镇基本上没有待业劳动者了；第四，人不再外流了，农村的人总想往大城市跑的情况已经改变；第五，中小学教育普及了，教育、文化、体育和其他公共福利事业有能力自己安排了；第六，人们的精神面貌变化了，犯罪行为大大减少。"[①]1991年国务院制定的《关于国民经济和社会发展十年规划和第八个五年计划纲要》中，把小康社会的界定分为两个方面：小康的社会属性方面，它"是适应我国生产力发展水平，体现社会主义基本原则的"；小康的实现水平方面，它"既包括物质生活的改善，也包括精神生活的充实；既包括居民个人消费水平的提高，也包括社会福利和劳动环境的改善"[②]。在当年国家统计局等12个部门提出的小康水平的16项指标中，包括人均国内生产总值、恩格尔系数、城镇人均可支配收入、农民人均纯收入等，到2000年，除农民人均纯收入、人均蛋白质摄入量、农村初级卫生保健三项指标外，其余13项指标均完成或超额完成。据此，国家统计局认为到2000年我国人民生活已总体上达到小康水平。[③]

"总体小康"是"低水平的、不全面的、发展不平衡的小康"。所谓低水平，是指"总体小康"还刚刚迈入小康社会的门槛，刚刚"达标"，人均水平还比较低，发展水平也比较低；所谓不全面，是指"总体小康"达到的小康基本上还处于生存性消费阶段，以教育、体育、文化、卫生为核心的发展性消费没有得到有效满足，社会保障不完善，环境质量不高；发展不平衡，是指"总体小康"的城乡之间、工农之间、地区之间、不同的社会阶层之间的收入和生活水平、发展水平仍然存在比较大的差距。

(二)"全面建设小康"的指标体系

与"总体小康"相比，"全面建设小康"的设计则更加全面、更加科学，也是中国共产党人对小康社会思想的认识和深化。十六大报告中对全面建设小康的目标进行了量化和界定，涵盖了中国特色社会主义的经济、

---

① 《邓小平文选》，第3卷，北京：人民出版社，1993年，第54页。

② 《十三大以来重要文献选编》，北京：中央文献出版社，2011年，第62页。

③ 《总体小康与全面小康三大区别》，人民网，http：//www.people.com.cn/GB/jinji/20021118/868845.html.

政治和文化的全面发展，使小康社会的标准更加明晰。这个目标是："在优化结构和提高效益的基础上，国内生产总值到2020年力争比2000年翻两番，综合国力和国际竞争力明显增强；社会主义民主更加完善，社会主义法制更加完备，依法治国基本方略得到全面落实，人民的政治、经济和文化权益得到切实尊重和保障；全民族的思想道德素质、科学文化素质和健康素质明显提高，形成比较完善的现代国民教育体系、科技和文化创新体系、全民健身和医疗卫生体系；可持续发展能力不断增强，生态环境得到改善，资源利用效率显著提高，促进人与自然的和谐，推动整个社会走上生产发展、生活富裕、生态良好的文明发展道路。"①根据全面建设小康社会的内涵，国务院发展研究中心拟定了包含经济、社会、环境和制度四个方面的16项指标体系，这一目标体系符合中国的发展理念，符合社会主义的基本原则，也充分体现了这个现代化建设的阶段性要求，而且具有简洁性和易操作的特点。②

"全面小康"是"更高水平的小康"，就是指"经济更加发展、民主更加健全、科教更加进步、文化更加繁荣、社会更加和谐、人民生活更加殷实"③的小康社会。由此可以看出，"全面小康"与"总体小康"作为党和国家现代化建设重要任务和奋斗目标实现过程中的两个不同阶段，二者的关系，前者并不是后者的简单延续，而是一种扬弃的深化，是中国特色社会主义前进道路上承上启下的一个重要阶段，二者都是现代化建设中

---

① 《江泽民文选》，第3卷，北京：人民出版社，2006年，第543-544页。

② 这16项指标体系包括：经济主题方面，第一项指标：人均GDP设定为25000元；第二项指标：非农产业就业比重达到70%左右；第三项指标：恩格尔系数，城市30%以下，农村40%以下；第四项指标：城乡居民收入，城镇居民人均可支配收入20000元；农村居民人均纯收入8000元。社会主题方面，第五项指标：基尼系数0.4以下；第六项指标：社会基本保险覆盖率100%；第七项指标：平均受教育年限达到10年；第八项指标：出生时预期寿命75岁；第九项指标：文教体卫增加值比重10%；第十项指标：犯罪率15起/万人以下；第十一项指标：日均消费性支出小于5元的人口比重为0。环境主题方面，第十二项指标：能源利用效率，千克煤当量的产出可达到20元；第十三项指标：使用经改善水资源人口比重100%；第十四项指标：环境污染综合指数，其计算方法和判断标准在研制中。制度主题方面，第十五项指标：廉政建设，万名国家机关、政党机关和社会团体就业人员中检察机关立案的件数降至10起/万人；第十六项指标：政府管理能力，以非正常死亡率作为代行指标，用交通事故和火灾死亡人数的比重估计非正常死亡率，2020年应降至5‰。见《全面建设小康社会的16项指标》，载《经济参考报》，2004年3月11日。

③ 《江泽民文选》，第3卷，北京：人民出版社，2006年，第543页。

的重要组成部分，不能把二者割裂开来，也不能为后者否定前者或为前者而抛弃后者。

(三)"建成小康"的科学设计

党的十八大在总结改革开放30多年经验的基础上，适时提出到2020年"全面建成小康社会"。这一奋斗目标的新要求内涵丰富，定位精准，既继承前人又不墨守成规，既延续历史又有新的突破，主要表现在五个方面：经济持续健康发展；人民民主不断扩大；文化软实力显著增强；人民生活水平全面提高；资源节约型、环境友好型社会建设取得重大进展。① 而在2011年国家统计局对小康社会的统计监测中，全面建成小康社会的主要评价体系则包括经济发展、社会和谐、生活质量、民主法制、文化教育、资源环境等六大方面23个监测指标。这一设计科学的指标体系是经济、政治、文化、社会、生态"五位一体"总体布局的细化和量化，是在"全面小康"基础上的传承与拓展。全面建成小康社会的内涵不仅包含人均国内生产总值超过3000美元的经济发展指标、人民群众生活水平提高、生态环境改善等标志性规定，而且更多的是包含法治、文化诸要素在内的综合性标准概念。可以说，法治是全面建成小康社会可靠的制度基础，文化则是战略着眼点和支撑点，是全面建成小康社会的血脉。从宏观角度分析，这一科学的规划设计，高扬中国特色社会主义的旗帜，充满着党运筹帷幄的道路自信、理论自信和制度自信。在道路的选择上，一如既往，坚定地走中国特色社会主义道路，坚决不走封闭僵化的老路和改旗易帜的邪路；在理论指导上，始终以马克思主义指导社会主义现代化建设的实践，中国特色社会主义理论体系成为新的起点上强大的思想武器；在制度的支撑上，符合中国国情、体现发展规律的中国特色社会主义制度在经济全球化大潮和激烈的国际竞争中显示了旺盛的生命力和巨大的优越性，这一制度是通往小康社会的体制保障。正是基于道路自信、理论自信和制度自信，我们才会在全面建成小康社会的进程中做到理想信念持久、政治立场坚定，前进道路上不动摇。

---

① 胡锦涛：《坚定不移沿着中国特色社会主义道路前进为全面建成小康社会而奋斗——在中国共产党第十八次全国代表大会上的报告》，载《人民日报》，2012年11月18日。

二、小康社会思想的价值向度：理论创新与实践发展相结合

小康社会思想的价值向度，是如何评价和规范小康社会思想在中国社会进程和发展中的作用。只有将小康社会思想的科学向度和价值向度统一起来，才能完整地把握小康社会思想，进而得出正确的逻辑结论。这既是小康社会思想逻辑起点的必然展开，也是对小康社会思想逻辑起点的反映和回应。

(一)小康社会思想的理论价值

小康社会思想的提出不是偶然，这一战略目标的理论价值主要体现在以下几个方面：首先，小康社会思想丰富和发展了中国化的马克思主义，符合社会发展的规律，为马克思主义的理论宝库增加了新鲜的中国元素，它遵循马克思主义关于社会发展的原理，积极探索在某一国家根据本国情况发展社会主义的有效路径，并取得了举世瞩目的成就。这是中国共产党人对马克思主义理论的一大贡献。它运用马克思主义的方法论，抓住机遇，敢于创新，善于利用国际国内的有利条件，理论指导实践，在实践中又创新理论，始终做到理论与实践的统一，创造出人类社会发展史上少有的中国奇迹。其次，小康社会思想深化了对中国特色社会主义的认识，中国特色意味着我们的发展没有现成模式可以借鉴，小康社会其实也是一次“冒险”，不过对于这样的“冒险”我们有足够的理由证明是可行的。30多年的改革实践充分证明，随着中国特色社会主义事业的推进，中国的经济建设、人民生活、社会发展、综合国力等都发生了深刻变化，对社会主义初级阶段的认识进一步拓展，对社会主义本质进行了重新思考和定位：解放生产力、发展生产力，消灭剥削，消除两极分化，达到共同富裕。再次，小康社会思想为中国未来社会的发展奠定了理论基础。任何一种理论形态因人的思想的局限性都有阶段性，小康社会思想亦是如此。它所蕴含的未来社会的路径昭示了发展趋向：新中国成立一百周年的时候，达到中等发达国家水平。虽然无法精确预测那时的社会是什么样式，但无疑会较“总体小康”“全面建设小康”以及“全面建成小康”的社会有阶段性的变化。

(二)小康社会思想的实践价值

小康社会思想的实践价值表现在：首先，大大促进了生产力的发展，

这为社会主义制度的优越性的发挥、社会主义吸引力的增强奠定了物质基础。小康社会一个重要标准是共同富裕，而实现共同富裕的途径就是促进经济发展、扩大社会主义民主、加强文化建设、发展社会事业，而低水平的、不全面的、发展不平衡的小康不符合社会主义共同富裕的本质特征，改革开放30多年解放生产力、发展生产力的主要目的就是实现共同富裕。其次，确立了易于操作的中国特色社会主义的阶段性目标，这为中国一步一步地踏实前进积累了建设经验。小康社会把社会主义初级阶段一段时期内的任务和目标量化，最大程度上根据国情确定的发展战略和策略，增强了人们建设社会主义的信心和决心。最后，小康社会思想的实践价值还体现在小康社会实践的综合效益上。从实践主体看，"总体小康""全面建设小康""全面建成小康"关注的都是人的发展，我们提升经济水平、提高政治参与能力、增强文化"软实力"、加强社会管理、维护生态良性发展，所有的目标指向都是为了人的更好的生活，为了人的可持续发展，创造和保持人的持久、强劲的发展能力，这也是小康社会超越旧有的发展观的价值取向之根本所在。从时间角度看，小康社会是当前效益与长远效益的结合，可持续发展的实践观是长远利益与当前效益的辩证统一。从空间角度看，小康社会没有设定整齐划一的区域标准，而是从大处着眼，允许一部分地区率先实现小康，进而在全国范围内全面建成小康社会，这是局部效益与全局效益的辩证统一。

(三)小康社会思想的人文价值

首先，小康社会的最高价值目标是人的全面发展。人的全面而自由的发展作为社会发展的最高评价尺度，既是小康社会人的发展的一种价值理想，又是一种现实的社会实践。促进人的全面发展是马克思主义关于未来社会的本质要求，小康社会应该是一个人的自由、平等、全面发展的社会。人的发展是全面建成小康社会的基础性工程，也是一项系统性工程。其次，小康社会突出人是发展的主体和核心。在小康社会思想的逻辑框架内，"以人为本"贯穿各个方面，这意味着小康社会形态中，发展的主体、发展的动力、发展的尺度、发展的目的都是具有尊严、价值和自由的人。"以人为本"就是以实现人的全面发展为目标，让发展成果惠及全体人民，推进发展的终极目的是人的自由而全面的发展。人是发展的主体，就是充分尊重人的特性和本质，始终把实现好、维护好、发展好广大人民的根本利益作为党和国家一切工作的出发点和落脚点，尊重人民主体地位，保障人民各项权益。社会是人的社会，强调人的主体地位，就是真正把人民群众当作历史的主人，相信群众、依靠群众、尊重群众，真正把人民群众的安危冷暖放在心上，为了人民群众的利益来谋求发展。

三、小康社会思想的逻辑旨归：构建社会主义和谐社会

小康社会思想的话语由“全面建设”转换为“全面建成”，不仅仅寄托和承载着执政党的殷切期望，更是中华民族和中国人民千百年来的美好追求。在中国这样一个实行社会主义制度、有着独特历史文化传统和特殊国情的国家，建成普惠人民大众的小康社会，本身就是站在人类历史发展的高度，在积极吸收和借鉴人类创造的一切有益社会发展成果的基础上，赋予其鲜明的中国特色和价值取向的伟大创造。

全面建成小康社会，从质的层面看，它以社会主义现代化为时空背景，基于改善民生的现实考量，以着力解决人民群众的衣食住行为首要任务，这是最基础的生活层面的目标导向。十八大报告通篇都直陈如何解决民生问题，把发展的维度延展到和民生相关的各个方面，经济、社会、文化、生态等，这些都关乎人民群众的切身利益，“人民对美好生活的向往，就是我们的奋斗目标。”①这是中国共产党人的责任。人民群众的期盼是什么？习近平总书记指出，人民期盼有更好的教育、更稳定的工作、更满意的收入、更可靠的社会保障、更高水平的医疗卫生服务、更舒适的居住条件、更优美的环境，期盼着孩子们能成长得更好、工作得更好、生活得更好。这些就是解决实际问题的努力方向。时代的发展和社会的变迁，人民群众的需求有所变化，但和人们生活工作息息相关的事情，始终是党和政府民生工作的着力点。改进工作作风、密切联系群众，归根结底就是为群众解决实际问题。对百姓来说，没有什么比实实在在解决问题更有说服力。中国共产党的责任，就是团结带领全党全国各族人民，继续解放思想，坚持改革开放，不断解放和发展社会生产力，

① 《人民对美好生活的向往就是我们的奋斗目标》，载《人民日报》，2012 年 11 月 16 日。

努力解决群众的生产生活困难，坚定不移走共同富裕的道路。

从量的层面，国内生产总值和城乡居民人均收入的“双倍增”、“三型政党”①建设、新“四化同步”②、“五位一体”③的新布局等，是全面建成小康社会多方面的新要求。要实现全面建成小康社会这些“量”的指标，就要深刻认识经济全球化、政治多极化、文化多元化背景下复杂的国际环境，深刻认识我国经济社会发展中存在的不平衡、不协调、不可持续的突出矛盾和问题，坚持科学研判形势、科学做出决策、科学持续发展，按照“解放思想，改革开放，凝聚力量，攻坚克难”的要求，不动摇、不懈怠、不折腾，顽强奋斗、艰苦奋斗、不懈奋斗，就一定能顺利完成全面建成小康社会的宏伟目标。党的十八届三中全会确立了全面深化改革的指导思想和总体目标，确定的60项改革任务涉及经济、政治、文化、社会、生态文明等多个方面，既与中国特色社会主义“五位一体”的总体布局相适应，也是中国梦的具体表达，在新的历史起点上指明了全面建设小康社会的道路，为实现全面建成小康社会的目标凝聚了强大动力，也为实现中华民族伟大复兴的中国梦打下了坚实的基础。

从人的层面看，小康社会的全面建成，归根结底是作为主体的“人”在一定条件下的对象性活动，那么人的能动性的发挥、人的精神面貌、人的价值观将直接影响人的对象性活动的效果。小康社会的全面建成必须是在多元时代凝聚全国人民共识情况下的共同的行动，绝非独立的个体所能胜任。要想凝聚这种共识，在国家层面，要倡导富强、民主、文明、和谐的价值观；在社会层面，要倡导自由、平等、公正、法治的价值观；在个人层面，要倡导爱国、敬业、诚信、友善的价值观。这也就

---

① 十八大报告首次提出“三型政党”，即“建设学习型、服务型、创新型的马克思主义执政党”，是对新形势下党建经验的总结，也是对提高党建科学化水平提出的新要求。

② 十八大报告提出，坚持走中国特色新型工业化、信息化、城镇化、农业现代化道路，推动信息化与工业化深度融合、工业化和城镇化良性互动、城镇化和农业现代化相互协调，促进工业化、信息化、城镇化、农业现代化同步发展。首次提出了“四化同步”的观点。

③ “五位一体”是十八大报告的“新提法”之一。经济建设、政治建设、文化建设、社会建设、生态文明建设——着眼于全面建成小康社会、实现社会主义现代化和中华民族伟大复兴，党的十八大报告对推进中国特色社会主义事业做出“五位一体”总体布局。

是十八大提出的培育和践行社会主义核心价值观。① 人作为社会人，他的发展必须以社会为依托，有着积极向上、健康科学的价值观，是全面建成小康社会中的人，这样才能真正实现人的全面的发展、自由的发展、和谐的发展、持续的发展。党的群众路线教育实践活动、作为全面深化改革重要任务的城镇化等都是在贯彻以人为本的执政理念，把“人”的需求、“人”的发展作为经济社会发展的最终旨归，这也是全面建成小康社会的基本要求和归宿。

本文发表于2014年第2期

① 社会主义的核心价值体系是社会主义意识形态的本质体现，是全党全国各族人民团结奋斗的共同思想基础。十八大提出要“倡导富强、民主、文明、和谐，倡导自由、平等、公正、法治，倡导爱国、敬业、诚信、友善，积极培育和践行社会主义核心价值观”。

五大发展理念：跨越“中等收入陷阱”的中国方案*

孙代尧　张艳萍**

“十三五”规划纲要首次将“努力跨越‘中等收入陷阱’”作为我国经济社会发展的目标。① 到2020年，中国能否成功跨越“中等收入陷阱”，实现全面建成小康社会的目标，对我国的未来发展至为关键。从历史上看，第二次世界大战后只有少数发展中国家实现了这一目标。中国在跨越过程中也面临诸多风险和挑战，不仅要借鉴其他国家的经验教训，更关键的是要继续探索中国道路，提出跨越“中等收入陷阱”的中国方案。

一、中国跨越“中等收入陷阱”面临的挑战

“中等收入陷阱”是一个描述性概念，出自2006年世界银行发布的《东亚经济发展报告(2006)》。报告指出，当一个国家的人均收入达到世界中等水平后，经济往往会出现停滞状态，相比于较富或较穷的国家来说，此时中等收入国家“被主导成熟产业的、低工资的穷国竞争者和主导技术迅速变化产业的、追求创新的富国挤压在了中间”②，经济发展方式不能及时转变，导致经济增长速度放缓，陷入“中等收入陷阱”。

中国作为全球第二大经济体，用几十年时间走完了发达国家几百年

---

* 本文系中宣部“文化名家暨‘四个一批’人才工程”资助项目“中国经验”及2016年度教育部人文社会科学研究专项任务项目“协调发展研究”(项目批准号：16JD710081)的阶段性成果。

** 孙代尧，北京大学马克思主义学院教授；张艳萍，北京大学马克思主义学院博士研究生。

① 《中华人民共和国国民经济和社会发展第十三个五年规划纲要》，载《人民日报》，2016年3月18日。

② [美]印德尔米特·吉尔、霍米·卡拉斯著，黄志强译：《东亚复兴：关于经济增长的观点》，北京：中信出版社，2008年，第5页。

走过的发展历程，创造了世界发展史上的奇迹。国民收入水平也逐年提高，2001 年我国人均国民总收入(GNI)达到 1010 美元，进入中低等收入国家行列；2010 年人均 GNI 增长至 4340 美元，达到中高等收入国家水平；2015 年，我国人均 GNI 达到 7930 美元。但按世界银行 2013 年公布的分类标准①，中国距离高收入国家(12616 美元以上)的标准还有差距(见图 1、图 2)，进入了跨越“中等收入陷阱”的重要关头。

(单位：现价美元)

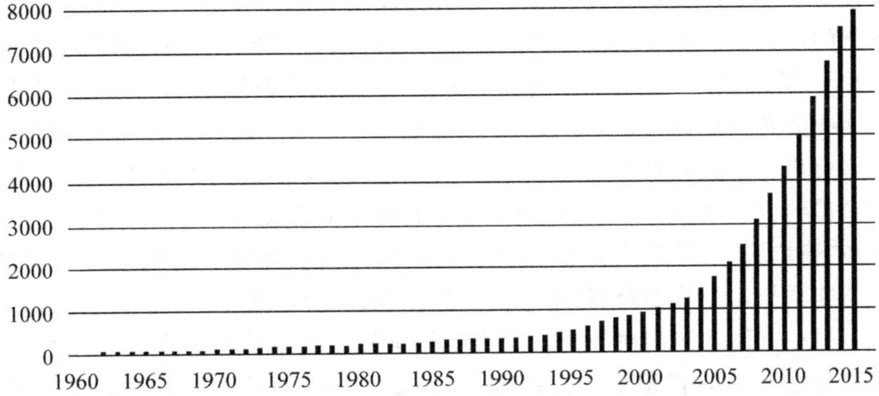

图 1　1960～2015 年中国人均国民总收入(GNI)变化趋势

(单位：现价美元)

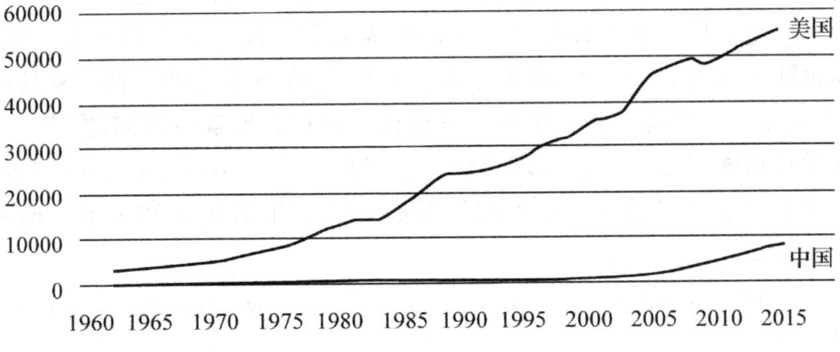

图 2　1960～2015 年中国与美国人均国民总收入(GNI)对比

① 世界银行 WDI 数据库，http：//data. worldbank. org.

“十三五”规划纲要提出了全面建成小康社会的目标，并强调要实现这一目标，“必须牢固树立和贯彻落实创新、协调、绿色、开放、共享的新发展理念”①。这与世界银行只是从经济指标的角度强调“中等收入陷阱”的跨越标准不同。“中等收入陷阱”的跨越是一个系统过程，不仅需要经济快速高效增长，更重要的是要解决好发展过程中出现的诸多经济社会问题。

一方面，我国内部发展结构问题突出。我国经济发展进入新常态以来，经济增速、发展方式以及结构、动力等都正在发生重大变化，经济下行的压力不断增加。按可比价格计算，2015 年我国全年 GDP 比上年增长约 6.9%，2016 年增长率约 6.7%②，经济增长速度放缓。同时，我国发展中的各种结构性矛盾，如创新能力不足、产能过剩和需求结构升级矛盾突出、金融风险有所积聚、城乡区域发展不平衡、生态环境恶化等，并未得到根本改变，经济社会发展不平衡、不均衡的问题仍然突出。如何在“稳增长”的基础上解决经济社会结构的转型问题，并推动经济保持中高速增长，是我国跨越“中等收入陷阱”面临的挑战。

另一方面，我国对外开放面临新的挑战。在全球经济发展长期低迷、财富分配失衡的背景下，传统和非传统安全风险相互交织，地区冲突、恐怖主义、难民潮、气候变化等全球性挑战更加凸显；同时，引发国际金融危机的深层次矛盾远未解决，逆全球化和反全球化浪潮兴起，这些都对我国深度融入世界市场提出了挑战。习近平指出：“我们今天开放发展的大环境总体上比以往任何时候都更为有利，同时面临的矛盾、风险、博弈也前所未有，稍不留神就可能掉入别人精心设置的陷阱。”③具体而言，“当今世界经济增长、治理、发展模式存在必须解决的问题”④，例如全球增长动能不足、经济治理滞后、发展失衡等，不利于抵御经济风险、实现经济持续稳定增长，也不利于提高人们的生活质量和水平。面对这

---

① 《中华人民共和国国民经济和社会发展第十三个五年规划纲要》，载《人民日报》，2016 年 3 月 18 日。

② 数据来源：国家统计局网站，http://data.stats.gov.cn/index.htm.

③ 习近平：《在省部级主要领导干部学习贯彻党的十八届五中全会精神专题研讨班上的讲话》，载《人民日报》，2016 年 5 月 10 日。

④ 习近平：《共担时代责任共促全球发展——在世界经济论坛 2017 年年会开幕式上的主旨演讲》，载《人民日报》，2017 年 1 月 18 日。

些风险，中国能否处理好与外部世界的关系并有效利用发展机遇、规避发展风险，对能否实现跨越至关重要。

总体上看，中国要实现跨越“中等收入陷阱”的目标，并不仅仅是单纯经济指标的“跨越”，而且是包括内部结构转型及外部关系处理的双重“跨越”，这种“跨越”不仅具有“量”的意义，更具有“质”的意义。从历史上看，这两个问题也是第二次世界大战后许多发展中国家在试图跨越“中等收入陷阱”过程中普遍面临的问题。少数国家应对得当，顺利迈入了高收入国家行列，大多数国家则被困“陷阱”无法自拔。针对这一现象，一些研究不发达政治经济学的学者进行了相应的理论探索，提出了一些解决思路。

二、发展中国家(地区)的发展历程和不发达政治经济学的理论误区

从历史脉络看，大多数发展中国家(地区)的发展历程可以分为三个阶段：第一是殖民主义阶段。这一阶段，资本主义的对外殖民扩张使一些落后国家被动卷入资本主义世界体系，落后国家沦为先发国家的殖民地。第二是经济依附阶段。这阶段一些发展中国家取得了政治独立，开始探索本国的经济社会发展道路，但由于缺乏自主权，严重依附于发达国家，主要代表地区是拉丁美洲。拉美国家在依附型发展模式下虽然也取得了一定的经济发展，但也带来了经济社会的一系列结构性问题，发展方式的转变困难重重，进入了有增长而无发展的“低度发展”状态①，长期在“中等收入陷阱”中不能自拔，不仅国内贫富差距悬殊，与发达国家的差距也越来越大。第三是自主发展阶段。这一阶段，在全球化浪潮下，少数发展中国家和地区抓住机遇，转变经济发展方式，加快经济结构转型，成功跨越了“中等收入陷阱”，主要代表是日本及“亚洲四小龙”。

据世界银行统计，第二次世界大战后至今，跨越“中等收入陷阱”的国家和地区共有13个。② 除了欧洲边缘的一些小国、东亚的几个城市经

---

① ［美］保罗·巴兰著，蔡中兴等译：《增长的政治经济学》，北京：商务印书馆，2014年，第163页。

② 包括赤道几内亚、希腊、爱尔兰、以色列、日本、毛里求斯、葡萄牙、西班牙、波多黎各、新加坡、韩国以及中国的台湾和香港地区等13个经济体。

济体，真正成功跨越“中等收入陷阱”的例子只有日本、韩国和我国台湾地区，其他后发展国家都没有完成这个跨越。究其原因，主要是这些国家在依附发展过程中，未能从根本上解决本国经济社会的结构性问题，也未能处理好与外部世界的关系。

不发达政治经济学的学者围绕发展中国家与发达国家的关系问题，以依附发展、中心—外围、不平等交换发展等为视角对这种发展模式进行了研究。保罗·巴兰认为，发展中国家之所以会出现各种问题，一方面是由于发展中国家在内部发展中普遍会陷入一种恶性循环，即低下的生产效率会造成经济效益低下，这会使民众生活水平低下，反过来又进一步造成更低的生产效率。同时，发展中国家的落后根源在于不能有效利用“经济剩余”(社会当前实际劳动产品与社会当前实际消费之间的差额)①，因而会长期处于“封建主义黄昏和资本主义黎明的昏暗时期之中”②，兼有二者弊端。要实现本国发展必须能够打破这些弊病的束缚并进行经济结构调整，只有通过社会变革，形成一套合理的经济社会制度，才能使发展中国家走出贫困。另一方面，发展中国家实现政治独立后，并没有与发达资本主义国家的发展失去联系，资本主义的经济扩张反而使这些发展中国家较以往更紧密地与世界市场联系在一起，“西方资本主义……不可估量地扭曲了落后国家的经济发展”③。资本主义国家为了攫取利润，将资本主义因素强制带入这些国家，并将这些国家的经济剩余转移到本国。发展中国家往往成为资本主义国家的原料产地，一直被困于不平等的国际经济贸易关系之中，发达国家依然在剥削发展中国家，虽然剥削的形式与手段均发生了变化，但是这种剥削依旧是存在的。

在发展中国家发展道路的选择问题上，不发达政治经济学的学者提出了两种思路：一些学者认为发展中国家要走“依附”发展道路，即保持与发达国家之间的依附发展关系，依靠发达国家获得经济发展机遇；另一些学者则强调发展中国家要与发达国家“脱钩”，即完全脱离与发达国家的经济政治联系，实现自主发展。德国经济学家安德列·岗德·弗兰

---

① [美]保罗·巴兰著，蔡中兴等译：《增长的政治经济学》，北京：商务印书馆，2014 年，第 112 页。

② 同上书，第 243 页。

③ 同上书，第 264 页。

克提出，发达国家与发展中国家的关系是“宗主—卫星”的结构模式，不发达是殖民主义的历史产物，而不发达国家内部的发展困境也是由于外部的剥削压迫造成的，因此要割裂发展中国家与发达国家的关系，使发展中国家获得独立发展的机会。[①] 埃及学者萨米尔·阿明认为，处于“边缘资本主义”的发展中国家面临两种选择：一是依附发展，二是自主发展，要实现自主发展首先要与资本主义世界体系实现“脱钩”，实施“自主中心的战略”[②]，建立一个同时生产消费品和资本品的不受资本主义价值规律影响的体系。

第二次世界大战后的发展中国家，面对跨越“中等收入陷阱”的难关，大都走上了资本主义道路，但他们在依附发达国家的过程中却丧失了自主权，没有找到适合本国发展的道路；而完全“脱钩”的发展模式，历史证明也是行不通的。从根本上说，落后国家对发达国家的依附关系是不平等的，而产生这种不平等的原因，一是由于发展中国家本身的经济结构存在问题，二是由于发展中国家参与国际体系的方式存在问题。因此，对于发展中国家来说，解决不发达问题的关键在于实现本国经济体制结构的变革和转型，同时转变参与国际交往的方式。单纯的“依附”或“脱钩”都不是发展中国家的最佳选择，一些发展中国家未能跳出“陷阱”，也与没有能够跳脱出不发达政治经济学的思维误区有关。

作为不发达政治经济学的思想来源，马克思主义经典作家对落后国家的分析为发展中国家选择发展道路提供了更为清晰的思路。马克思恩格斯指出，资本主义的发展使发达国家实现了工业化和现代化，而广大发展中国家则处于落后不发达状态，落后国家要摆脱不发达状态，首先需要在全球的普遍交往中向先进文明学习，再谋求超越资本主义以实现自主发展。在他们看来，资本主义工业文明的扩展对落后国家的影响是双重的。一方面，它“使未开化的和半开化的国家从属于文明的国家”[③]，

---

① [德]安德列·岗德·弗兰克：《不发达的发展》，见[美]查尔斯·K. 威尔伯主编，高铦等译：《发达与不发达问题的政治经济学》，北京：商务印书馆，2015 年，第 164-165 页。

② [埃及]萨米尔·阿明著，高铦译：《不平等的发展：论外围资本主义的社会形态》，北京：商务印书馆，1990 年，第 177 页。

③ 《马克思恩格斯文集》，第 2 卷，北京：人民出版社，2009 年，第 36 页。

但在这个过程中，“征服、奴役、杀戮，总之，暴力起着很大的作用”①，给落后国家造成了巨大灾难。另一方面，资本主义的扩张也传播了先进的科技和文明，加速了落后国家的社会发展进程，由此，“工业较发达的国家向工业较不发达的国家所显示的，只是后者未来的景象”②。马克思在分析印度历史时指出，“不列颠人是第一批文明程度高于印度因而不受印度文明影响的征服者”③，英国殖民者在暴露了资本主义文明掠夺本性的同时，也在印度播下了新的社会因素。

总体来看，大多数发展中国家在经过殖民统治阶段之后基本都走上了资本主义道路，并在依附资本主义的状态下谋求本国发展。但很多国家都没有正确选择适合本国发展的路径，不是陷入了“依附”发展的怪圈，就是陷入了“脱钩”发展的泥淖，错失了发展的机遇，没有跨过“中等收入陷阱”。

三、“五大发展”理念是跨越“中等收入陷阱”的中国方案

作为社会主义国家，中国的发展路径既有发展中国家的共性，又包含社会主义国家的独特性。与其他国家一样，中国也经历了被殖民侵略的历史，但是，中国并没有像其他国家那样经历一个相对完整的资本主义发展阶段，而是在半殖民地半封建社会基础上建立社会主义制度的。新中国成立后，虽然我国经济社会发展基础薄弱，但在发展道路的探索中，“中国人民在中国共产党领导下，走出了一条适合中国国情的发展道路”④，取得了举世瞩目的发展成就。历史经验启示我们，对国家发展道路的选择需要在不断探索中走出自己的发展道路。当前我国正处在经济社会发展转型并向更高发展水平提升的关键时期，各种矛盾、风险和挑战叠加，亟须提出跨越“中等收入陷阱”的中国方案。

党的十八届五中全会提出的“创新、协调、绿色、开放、共享”发展

---

① 《马克思恩格斯文集》，第5卷，北京：人民出版社，2009年，第821页。

② 同上书，第8页。

③ 《马克思恩格斯文集》，第2卷，北京：人民出版社，2009年，第686页。

④ 习近平：《共担时代责任共促全球发展——在世界经济论坛2017年年会开幕式上的主旨演讲》，载《人民日报》，2017年1月18日。

理念，是中国共产党对中国道路的新探索，是中国向世界贡献的跨越“中等收入陷阱”的新方案。“五大发展”理念的提出，解决发展中国家跨越“中等收入陷阱”过程中的两大难题：一是跨越的过程并不仅仅是经济增长的过程，还包括解决政治、文化、社会、生态等各方面的问题，需要将其看作一个系统工程；二是解决发展中国家面临的“依附”发展或“脱钩”发展的二元困境，强调在经济全球化趋势下，要妥善处理好本国发展与外部世界的关系。

在“五大发展”理念中，创新、协调、绿色三大发展理念着重从内部结构转型方面引领中国全面建成小康社会；开放发展理念则侧重从中国与世界、社会主义与资本主义的关系视角，树立21世纪的对外开放观；共享发展理念则是中国特色社会主义的本质要求，是中国经济社会转型发展的目的和归宿。

具体地说，创新发展理念侧重解决跨越“中等收入陷阱”的动力问题，“抓创新就是抓发展，谋创新就是谋未来”①，通过实施创新驱动发展战略，进行理论、制度、科技、管理、文化等方面的创新，形成促进创新的体制机制，促使一系列创新驱动的新技术和新产业蓬勃发展，同时不断创新和转变经济发展方式，使经济发展的质量和效益处于经济发展的核心地位，逐步解决我国经济大而不强的问题，为经济发展提供强大动力。协调发展理念强调发展的整体均衡性，协调“既是发展手段又是发展目标，同时还是评价发展的标准和尺度”②，实现全面小康和跨越“中等收入陷阱”，“协调发展是制胜要诀”③。实现协调发展不仅需要宏观上促进经济社会整体平衡发展，还需要微观上促进产业结构均衡，推动区域城乡协调发展以及物质文明和精神文明、经济建设与国防建设的协调发展，并通过不断缩小差距来避免“社会危机陷阱”④。绿色发展理念则以可持续发展为目标，坚持节约资源和保护环境，实现人与自然的和谐共生以及经济增长与环境保护的协同发展。绿色发展理念强调要在尊重自然规律

---

① 习近平：《在省部级主要领导干部学习贯彻党的十八届五中全会精神专题研讨班上的讲话》，载《人民日报》，2016年5月10日。

② 同上。

③ 同上。

④ 厉以宁：《论“中等收入陷阱”》，载《经济学动态》，2012年第12期。

的基础上，加大环境治理力度，同时推进低碳循环发展，建立现代能源体系，补齐生态短板，同时不断改善民生，“让良好生态环境成为人民生活的增长点、成为展现我国良好形象的发力点”①，形成人与环境的良性互动关系，为走向生态文明新时代打下坚实基础。

在处理对外关系方面，开放发展理念主张要顺应经济全球化发展趋势，掌握中国发展的主动权并引领世界发展潮流，形成对外开放新体制。在资本主义与社会主义制度并存的全球化时代，发展中国家要发展，完全“依附”或“脱钩”的做法是行不通的，只有与外部世界实现良性互动，才能在交往中发展壮大自己。习近平指出，中国要发展，必须实行更加积极主动的开放战略。“我国30多年来的发展成就得益于对外开放。一个国家能不能富强，一个民族能不能振兴，最重要的就是看这个国家、这个民族能不能顺应时代潮流，掌握历史前进的主动权。”②“20年前甚至15年前，经济全球化的主要推手是美国等西方国家，今天反而是我们被认为是世界上推动贸易和投资自由化便利化的最大旗手……这说明，只要主动顺应世界发展潮流，不但能发展壮大自己，而且可以引领世界发展潮流。”③同时，要树立“人类命运共同体”意识，实现互利共赢，致力于打造“公正合理的治理模式”和“平衡普惠的发展模式”④；还要积极参与全球治理，主动提出新主张、新倡议和新行动方案，提高中国在全球经济治理中的制度性话语权。必须认识到，中国在全球发展中所起的作用越来越大，在跨越“中等收入陷阱”过程中面临的局面也会更加复杂。这就必须倡导“更具包容性、更加强调共赢发展的新型全球化”⑤，建设开放型世界经济，确立“中国的发展是世界的机遇，中国是经济全球化的受益

① 习近平：《在省部级主要领导干部学习贯彻党的十八届五中全会精神专题研讨班上的讲话》，载《人民日报》，2016年5月10日。

② 同上。

③ 同上。

④ 习近平：《共担时代责任共促全球发展——在世界经济论坛2017年年会开幕式上的主旨演讲》，载《人民日报》，2017年1月18日。

⑤ 习近平：《构建创新、活力、联动、包容的世界经济——在二十国集团领导人杭州峰会上的开幕辞》，载《人民日报》，2016年9月5日。

者，更是贡献者”[①]的理念，以更加开放的姿态妥善处理好与外部世界的关系，积极融入全球体系，并着力提供“国际公共产品”，为中国经济社会的发展以及全面小康社会的实现创造有利的国际环境。

共享发展是跨越“中等收入陷阱”的目标和归宿。共享是社会主义的本质要求，与本国人民共享发展成果、与世界各国共享发展经验是中国发展的重要目标。解决贫富差距问题，实现社会公平正义和共享发展，是实现“跨越”的应有之义，也是很多发展中国家未能解决的问题。第二次世界大战后一些发展中国家在跨越过程中都出现了内部阶层分化，社会发展失衡，民生问题突出等一系列问题，实现跨越的能力缺失。中国的“跨越”之路并不单纯是经济的发展，而是经济社会发展层次的整体提升，这是一个由以人民为中心的发展思想所统领，致力于解决社会公平正义、缩小贫富差距、实现共同富裕的过程。共享发展理念强调全民共享、全面共享、共建共享和渐进共享，既注重把“蛋糕”做大，更强调合理分配“蛋糕”，让人民更多更公平地享受发展成果，充分体现中国特色社会主义制度坚持的发展依靠人民、发展为了人民、发展成果由全体人民共享的价值取向。

总之，“五大发展”理念既不同于西方的发展理念，也不同于不发达政治经济学的发展理念，为跨越“中等收入陷阱”提供了一个内外联动的清晰思路：经济社会结构转型是实现跨越的内在基础，积极融入世界并处理好与外部文明的关系是实现跨越的外部保障，二者相互促进，共同推动全面建成小康社会。到 2020 年，我国实现全面建成小康社会的目标，这意味着全世界高收入的人口翻了一番还多。世界上人口最多的国家跨过“中等收入陷阱”，将是中国道路对 21 世纪马克思主义的创造性发展，对人类探索理想社会做出的重大贡献，不但解决了中国问题，而且提供了解决人类问题的中国智慧和中国方案，是中国对世界文明发展做出的新贡献。

本文发表于 2017 年第 3 期

① 习近平：《共担时代责任共促全球发展——在世界经济论坛 2017 年年会开幕式上的主旨演讲》，载《人民日报》，2017 年 1 月 18 日。

质量型民生建设：存量改革与社会合作*

王道勇**

改革开放以来，我国民生事业快速发展，各项民生制度日趋完善，人民生活水平持续提升，改革获得感和幸福感不断增强。保障和改善民生是一项长期工作，没有终点站，只有连续不断的新起点，要实现经济发展和民生改善良性循环。① 当前“人民对美好生活的向往更加强烈”，为了“更好推动人的全面发展、社会全面进步”②，未来相当长一段时期内，要不断提升民生建设的质量，在更高水平上改善民生，更好地回应人民的呼声、满足人民的需求。

一、我国进入质量型民生建设时期

改革开放以来，我国民生事业发展大致可以划分为三个阶段，不同阶段的发展特征和基本内涵有所不同。

1978 年 12 月党的十一届三中全会召开至 2002 年 11 月党的十六大召开这一时期，是改革开放以来我国民生事业发展的第一个阶段，可以称为民生的持续改善阶段，其基本特征是民生制度还不太系统，但人民生活水平在持续提高。在指导思想上，改革开放伊始，邓小平就提出，社会主义的优越性归根到底就是在“发展生产力的基础上不断改善人民的物

---

* 本文系 2014 年度国家社科基金重点项目“当代中国社会治理的价值取向与体制创新研究”(项目编号：14ASH005)的阶段性成果。

** 王道勇，中共中央党校科学社会主义教研部教授。

① 中共中央宣传部：《习近平总书记系列重要讲话读本》，北京：学习出版社、人民出版社，2016 年，第 113 页。

② 习近平：《高举中国特色社会主义伟大旗帜为决胜全面小康社会实现中国梦而奋斗》，载《人民日报》，2017 年 7 月 28 日。

质文化生活”[①]。江泽民也一直强调党要始终代表最广大人民的根本利益。在此基础上，党的十四大报告提出，“加快改革和经济发展，目的都是为了满足人民日益增长的物质文化需要”[②]；党的十五大报告提出，“提高人民生活水平，是改革开放和发展经济的根本目的”[③]。在这些指导思想的指引下，在经济高速发展的同时，扶贫、教育等领域的具体民生政策不断出台。虽然这一时期还没有提出“社会建设”这一概念，改善民生的社会政策也不太全面，但人民收入水平在快速提高。据国家统计局公布的历年统计数据，1978 年我国城镇居民人均可支配收入和农民人均纯收入分别为 343 元和 134 元，至 2002 年已经分别达到 7703 元和 2479 元，24 年间分别增长了 21.5 倍和 17.5 倍。

2002 年 11 月党的十六大召开至 2012 年 11 月党的十八大召开这一时期，是改革开放以来我国民生事业发展的第二个阶段，可以称为民生制度的集中建设阶段，其基本特征是民生制度在短时间内集中出台，人民生活水平快速提升。在指导思想上，以胡锦涛同志为总书记的党中央提出了“以人为本”“社会建设”“社会和谐”“和谐社会”“社会主义和谐社会”“改善民生”以及共建共享等新理念，党的十七大正式将社会建设列为“四位一体”中国特色社会主义事业总体布局的重要内容。在中央精神的指引下，改善民生的具体制度密集出台。在脱贫方面，从以解决温饱为主转入巩固温饱成果和提高发展能力；在教育方面，全面普及九年制义务教育，着重关注教育公平和教育质量问题等；在就业方面，全面实行就业优先战略，开始关注和谐就业和体面劳动问题；在收入分配方面，从“效率优先、兼顾公平”转向“初次分配注重效率、再分配注重公平”[④]，并在党的十七大上进一步明确为“初次分配和再分配都要处理好效率和公平的关系，再分配应更加注重公平”[⑤]，更加重视社会公平正义；在社会保障方面，初步建成了包括社会救助、社会福利和社会保险在内的比较完善的现代社会保障制度体系；等等。可以说，这一时期是我国民生制度创

---

① 《邓小平文选》，第 3 卷，北京：人民出版社，1993 年，第 63 页。
② 《江泽民文选》，第 1 卷，北京：人民出版社，2006 年，第 239 页。
③ 同上书，第 27 页。
④ 《江泽民文选》，第 3 卷，北京：人民出版社，2006 年，第 550 页。
⑤ 《胡锦涛文选》，第 2 卷，北京：人民出版社，2016 年，第 643 页。

新较为集中的时期，大量的民生制度走过了“从无到有”的阶段。

2012年11月党的十八大以来，我国民生事业发展更为迅猛。在2013～2016年这4年间，我国人均GDP超过了8000美元，全国居民可支配收入年均增长约9%，全国居民基尼系数下降到0.46左右，累计5500万人口实现脱贫，新增就业岗位5200多万，3600万套保障性住房全部开工并部分建成，教育公平与教育制度现代化持续推进，医疗保险实现全覆盖，人口计生政策适时进行调整，等等。综观改革开放以来我国民生事业的发展历程，结合习近平总书记系列重要讲话精神以及党的十八大以来历次中央全会中有关改善民生的相关论述，笔者认为，自党的十八大以来，我国的民生事业发展进入了一个新的历史阶段，当前和未来相当长时间内，我国将处于质量型民生建设时期，其基本特征是不仅强调要提升人民生活水平，更强调要提升人民生活质量。

从民生事业发展规律来看，我国的民生发展已经走过了“从无到有”的生存型民生阶段，必然走向“从有到好”的质量型民生阶段。在改革开放以来民生事业发展的第一、二阶段，民生建设最重要的目标是做到“有”，现在的很多民生制度如全民参保、全民医疗、全民养老和贫困人口“应保尽保”等都是在这两个阶段逐步建立起来的。未来我国民生事业改革目标必然是在“有”的基础上，提升民生质量。从理论上讲，在基本民生、底线民生等问题初步解决的条件下，发展能力尤其是“生活质量”问题将日益突显。[①] 随着人民需求的不断提升，民生问题将不再是简单的衣食之忧，而是全方位、高层次的民生问题，其核心是人的全面发展。[②] 从实践来看，我们要解决的主要民生问题，如民生制度的碎片化问题、民生制度的欠公平问题、民生制度的可持续性问题等，都是在对我国民生事业改革发展所需的长期持续保障体制机制进行布局，是在解决民生领域面临的深层次问题，属于民生质量提升范畴内的核心问题。而西方福利国家面临的现实困境以及中国仍将长期处于社会主义初级阶段的现实国情也决定了，未来我国的质量型民生建设不是简单的“从有到多”，而是“从有到好”或“从有到优”。

---

① 吴忠民：《走向公正的中国社会》，济南：山东人民出版社，2008年，第312-313页。

② 毕明星、周巍：《如何衡量民生质量》，载《中国统计》，2009年第10期。

适应民生事业发展规律的需要，党的十八大以来，党中央对未来我国的民生事业发展提出了更高的质量要求，改善民生的主要目标正在向“提高人民生活质量”这个方向靠拢。2002 年，党的十六大指出，“发展经济的根本目的是提高全国人民的生活水平和质量”①，强调了人民生活质量这一概念。2015 年，党的十八届五中全会再次提出，“十三五”规划期间，要“不断提升人民生活水平和质量”，对 2020 年全面小康社会建成之时我国民生事业的发展目标进行了界定，但与党的十六大报告中仅有上述一句简单的定性话语不同，十八届五中全会首次对质量型民生建设的基本内涵进行了全面论述：提出民生事业发展的基本途径是要“人人参与、人人尽力、人人共享”，突出“人人参与、人人尽力”的重要性；提出民生事业发展的基本原则是坚持“坚守底线、突出重点、完善制度、引导预期”，强调要坚持“完善制度”和“引导预期”这两大新原则；提出未来民生事业发展目标是要实现民生制度的“普惠性、保基本、公平性、可持续”等，为未来我国民生事业发展模式定型提供了基本方向。② 我们的人民“期盼有更好的教育、更稳定的工作、更满意的收入、更可靠的社会保障、更高水平的医疗卫生服务、更舒适的居住条件、更优美的环境、更丰富的精神文化生活”③，这八个“更”字，全面反映了人民对更高生活质量的渴望。为了不断满足和回应人民的新需求，未来一段时期内，我国民生事业发展的核心必然是推进质量型民生建设。

二、以存量改革推动质量型民生建设

由于福利制度具有不可削减的制度刚性，国家的福利资源供给也不能长期无尽地提升，因此，到了民生事业发展的质量提升阶段后，为了实现改善民生与经济发展的良性互动，保障民生制度具有公平性和可持续性，必然要对现有的利益配置格局进行调整。故而，在质量型民生建

---

① 《江泽民文选》，第 3 卷，北京：人民出版社，2006 年，第 552 页。

② 《中共中央关于制定国民经济和社会发展第十三个五年规划的建议》，载《人民日报》，2015 年 11 月 4 日。

③ 习近平：《高举中国特色社会主义伟大旗帜为决胜全面小康社会实现中国梦而奋斗》，载《人民日报》，2017 年 7 月 28 日。

设时期，未来我国能否建立起一个适合国情、人民满意的现代民生事业体系，民生质量能否真正得到持续提升，很大程度上都将依赖于这种存量改革能否成功推进。具体而言，未来一段时期，以存量改革推动质量型民生建设，需要实现民生发展指导思想的转变，还要在具体民生制度上进行深层次的改革创新。

(一)民生发展指导思想层面的存量改革

长期以来，学术思想界一直存在一种观点，即认为经济积累用于再生产的越多，经济发展就越快；反之，用于消费尤其是民生类集体消费的越多，就会拖累经济发展，为了保持经济快速发展就要牺牲民生，这是典型的“负担论”。随着以人为本理念和社会建设理念的引入，尤其是习近平提出以人民为中心的发展思想后，改善民生的地位日益上升，经济发展与民生改善都很重要的观点占据主导地位，这是“并列论”，是历史性的进步。在此基础上，2013 年 5 月，习近平在天津考察时进一步指出，“要实现经济发展和民生改善良性循环”①，从而为经济建设提供长足动力，为社会建设提供长远保障。未来一段时期内，只有彻底摒弃“负担论”，认识到“并列论”的不足之处，全面贯彻落实习近平以人民为中心的发展思想，真正实现向“循环论”的转向，才能在实践中更好地补齐民生短板、提高民生质量。

落实“循环论”这一新的指导思想，关键是要在更高层面实现经济发展与社会发展的有机统一。在民生改善的第一、二阶段，现实是“经济这条腿长、社会这条腿短”、社会结构变迁落后于经济结构变迁等②，为此，这些年来的改善民生就一直在努力把社会这条腿做长，实现两者的相互协调、同步发展。但在解决“经济这条腿长、社会这条腿短”的困境后，经济发展与社会发展仍然有可能无法实现良性互动，其具体表现形式有两种：一是“经济这条腿短、社会这条腿长”的状态，即经济发展速度日趋下降，新增财力不够用，但福利需求却节节攀升，一些身陷“中等收入陷阱”的国家即处于这种窘境之中；二是“经济和社会两条腿一样长但步伐不协调”的状态，即虽然民生改善是适度的，也没有影响经济长远发

① 中共中央宣传部：《习近平总书记系列重要讲话读本》，北京：学习出版社、人民出版社，2016 年，第 109 页。

② 陆学艺：《社会建设就是建设社会现代化》，载《社会学研究》，2011 年第 4 期。

展，但改善民生的一系列制度安排却并没有转化为经济发展的动力，而经济发展的成果也无法让人民有更多的获得感、让社会更有活力。上述两种状态的出现，基本缘由就在于社会政策与经济政策的安排没有统筹考虑。譬如，如果民生资源的配置让大中城市居民、强势群体、体制内群体受益更大，导致享受型社会福利发展过快，而不是重点安排在再就业培训、技能提升、激励创业等“可持续生计”方面，那么社会发展就难以与经济发展形成一种相对均衡并且相互促进的局面。

有鉴于此，为了在更高层面实现公平与效率的有机统一，质量型民生建设在宏观层面需要从三个方面进行利益格局调整式的存量改革。一是做好“引导舆论”工作。“引导舆论”是党的十八届五中全会在改善民生方面提出的全新思想。按照习近平的说法就是，政府改善民生既要尽力而为，更要量力而行；关键是要引导群众不等不靠，不能形成福利依赖，而要树立通过勤劳致富改善生活的信念，通过辛勤劳动、诚实劳动、创造性劳动创造更加美好的生活，从而使改善民生既是党和政府工作的方向，又成为广大人民群众自身奋斗的目标。[①] 这就需要全体人民，尤其是中低收入群体转变思想、积极参与。二是对不当得利进行再配置。按照党的十八届三中全会的安排，为了维护社会公平正义，就要清理规范隐性收入，取缔通过非正常手段所获得的黑色收入、黄色收入等非法收入[②]，增强人民群众的公平感，增加民生改善的资金来源。这需要中高收入的先富群体正确看待、积极配合。三是优化民生资源配置结构。要在保证“低保”、最低工资标准、大病救助等有充足资源的基础上，将更多民生资源用于发展型民生事业领域，对不必要的消耗型民生事业要进行调整，如考虑在享受条件中增加必要的要求等。这也需要相关福利制度的受益者的积极参与，主动配合让渡利益。

(二)民生具体制度层面的存量改革

结合党的十八届三中全会通过的全面深化改革的决议和五中全会通过的“十三五”规划建议的内容，也可以看到，在教育、就业、收入分配、

---

① 中共中央宣传部：《习近平总书记系列重要讲话读本》，北京：学习出版社、人民出版社，2016年，第112页。

② 《〈中共中央关于全面深化改革若干重大问题的决定〉辅导读本》，北京：人民出版社，2013年，第46页。

社会保障、医药卫生等基本民生领域内，为了进一步提升民生建设质量，调整利益格局的存量改革也在日益增多。

在教育方面，党的十八届五中全会提出，当前和未来一段时期的重点工作是“提高教育质量”，要通过深化教育领域综合改革，在推进德智体美等全面教育的基础上，着重破解当前教育事业发展迅速但教育公平性不足等难题。五中全会提出的统筹城乡义务教育资源均衡配置，义务教育免试就近入学，试行学区制和九年一贯对口招生，不设重点学校重点班，破解择校难题，推进考试招生制度改革等，都是典型的需要强势群体让渡利益的存量改革。

在就业方面，党的十八届三中全会与五中全会先后提出了一系列“促进就业创业”的政策安排。其中，消除城乡、行业、身份、性别等一切影响平等就业的制度障碍和就业歧视，形成政府激励创业、社会支持创业、劳动者勇于创业新机制，建立和谐劳动关系、创新劳动关系协调机制，畅通职工表达合理诉求渠道等，都涉及就业体制调整、劳资关系等利益关系，具有明显的存量改革性质。

在收入分配方面，党的十八届五中全会提出，当前和未来一段时期的重点工作是形成合理有序的收入分配格局，出台了系统的“缩小收入差距”的改革方案。其中，规范初次分配，加大再分配调节力度，提高劳动报酬在初次分配中的比重，推行企业工资集体协商制度，规范隐性收入，遏制以权力、行政垄断等非市场因素获得收入，取缔非法收入等，都是对国民收入这一关键性利益进行存量式的规范和调剂。

在社会保障方面，党的十八届五中全会提出，社会保障制度改革的关键在“更加公平”和“更可持续”这两个方面。在公平性方面，要整合城乡居民基本养老保险制度、基本医疗保险制度，推进城乡最低生活保障制度统筹发展，推行公务员养老金制度改革；在可持续方面，实现基础养老金全国统筹，研究制定渐进式延迟退休年龄政策，推进社会保障资源在城乡、区域和人群间的均等化等，都是典型的进行利益增损的存量改革。

在医药卫生方面，为了解决“看不起病”问题尤其是“看不好病”的问题，党的十八届三中和五中全会先后提出，当前和未来的重点是要统筹推进医疗保障、医疗服务、公共卫生、药品供应、监管体制综合改革，推进健康中国建设。其中，五中全会提出的深化基层医疗卫生机构综合改革，破除公立医院的逐利机制，促进医疗资源向基层、农村流动，取消以药补医，理顺医药价格，建立科学补偿机制，鼓励社会办医等，都是在改革医疗卫生资源分配不均和“以药养医”的利益格局，属于典型的存量改革。

以上所列举的都是党的十八大以来已经出台或者未来一段时期即将出台的民生改革措施，都是为了提升人民生活质量而在不同利益群体之间进行的深层次的存量改革。应当说，这种存量改革的必要性是有社会共识的，改革方向的正确性也是无可置疑的，但改革内容之复杂、改革阻力之大也都将是空前的，这就需要积极稳妥地进行科学谋划，以确保质量型民生建设顺利推进。

三、以社会合作保障质量型民生建设

存量改革通过利益增损可以最终增进社会的整体福利，但不可否认的是，受思想观念转变滞后和改革阵痛的束缚，这种存量调整在短时期内可能会引起利益受损群体的不满。近些年来，无论是美国“新医改”方案出台前后的一波三折，还是法国萨科奇政府因为推行延迟退休政策遭到强烈反对而选举失利，或者是希腊为了减少债务而改革高福利制度导致出现持续的社会混乱，都折射出深层次的存量改革会带来各种利益纷争和利益冲突。对此中央有清醒的认识，党的十八届三中全会提出，“当前，我国发展进入新阶段，改革进入攻坚期和深水区”①，全面深化改革面临两大阻力——利益固化的藩篱和思想观念的束缚。对我国而言，姑且不论上面所列举的促进劳资关系和谐、研究制定渐进式延迟退休年龄政策、改变“以药养医”体制等可能带来的利益冲突，就是为了实现“不要让孩子们输在起跑线上”②这一目标，都有可能引起利益纷争。例如，教育部和国家发改委联合发布了《关于做好 2016 年普通高等教育招生计划

① 《〈中共中央关于全面深化改革若干重大问题的决定〉辅导读本》，北京：人民出版社，2013 年，第 7 页。

② 中共中央宣传部：《习近平总书记系列重要讲话读本》，北京：学习出版社、人民出版社，2016 年，第 113 页。

编制和管理工作的通知》，上海、江苏、浙江和福建等12个省(市)将向西部10个省区调剂共16万生源计划，生源调入省份的高考生自然多了几分保障，不过，却引来了生源拨出省份高考家长的不满。这说明，以存量改革推进质量型民生建设，除了要在更深层次规划好民生制度的创新内容之外，还需要形成能够使利益顺利让渡的有效渠道。

有鉴于此，为了尽量减少民生事业改革所带来的利益冲突，在存量改革日益增进的民生质量提升时期，还需要倡导形成一些基本的社会合作共识、建立一些基本的社会协商制度，以社会合作推进质量型民生建设。

(一)倡导形成一些基本的社会合作共识

首先需要倡导并达成的一个基本共识就是改善民生不能受极端狭隘意识的裹胁。具体而言，在质量型民生建设时期，有两大极端狭隘意识急需摒弃，否则深层次的利益调整无法推进。

相对强势群体要摆脱“精英”意识的束缚。在过去数十年的改革过程中，相对强势群体在引领经济社会发展、创造就业岗位等方面都发挥了巨大作用，其经济地位、政治权力和社会声望都在上升，时间一长就会有意无意地形成“我是精英”的意识。这种精英心理会让自身的优越感突显，在有“能者多得”观念但缺少“富而仁”的富人文化的背景下，既得利益群体自愿出让存量利益的意愿很低，国家以保护工人权益、税收等形式进行利益协调就可能带来巨大的社会冲击。

同时，其他社会群体也要摆脱“无条件同情弱者”意识的束缚。“无条件同情弱者”事实上并非真正的同情弱者、帮助弱者。“无条件同情弱者”意识一旦泛滥，会导致两个结果：一是绝对的平均主义，一旦民粹主义流行，甚至可能会出现“多数人的暴政”，使整个社会发展缺乏活力，甚至是走向歧途；二是整个社会出现“示弱”效应，很多强势群体都会自视为弱势群体，从而使弱势群体这个概念无限泛化，真正的弱势群体的声音就会被淹没。[①] 这两种情况下的最终受害者都是真正的弱势群体。质量型民生建设所要提倡和宣传的是“有条件地同情弱者”意识，即通过民生制度和有关法律制度的设计，更准确地区分哪些弱势群体是值得同情的

① 王道勇：《存量改革时期的利益协商与社会合作》，载《教学与研究》，2015年第11期。

和必须同情的，并且依此进行民生资源的配置。

摆脱极端对抗意识约束后，还需要树立“在阶层和谐中求共赢”的思维①，即只有“人人参与、人人尽力”，各个利益群体才有可能在利益让渡过程中真正实现共赢共生。譬如，要让相对强势群体意识到，现在的改善民生行动如公务员养老金制度改革、集体工资协商与集体合同制度，以及累进个人所得税、资源税及未来可能征收的房产税和遗产税等，可能会削减强势群体的利益，但长期而言却是使社会整体福祉最大化，强势群体的根本利益如生命权和财产权等将会得到有效保障。也要让相对弱势群体意识到，福利快速增长只是短期现象，未来不仅国家对个体有责任，个体更有义务靠辛勤劳动生存生活。

(二)建立健全各种必要的社会协商制度

在质量型民生建设时期，除了要不断完善党和政府直接主导的各种利益协调制度之外，还要重点建立健全党和政府引导的利益协商制度体系，提高利益关系的社会自我调节能力。具体而言，就是要在党委政府等的引导和指导下，尝试推广对事关切身利益的重要民生问题进行广泛的社会协商。根据我国现有的协商基础和未来民生改革发展的需要，可以考虑将建设重点确定为进一步完善劳资协商制度和社区协商制度，尝试发展行业协商等新制度。

在这三种协商制度中，劳资协商和社区协商有良好的发展基础，行业协商则是可供重点考虑的方向。其中，完善劳资协商制度的重心是要通过各种方式引导劳资双方认识到，协商体现的是一种合作和妥协的精神；劳动者和工会组织要科学把握自己的权利应得与人格独立，而雇主和雇主组织在获取自身合法利润的同时，则要进一步提高企业的道德责任意识与管理伦理水平②；协商内容不能局限于工资集体协商和集体合同两大领域，更要在劳动保护、社会保障以及企业发展目标等方面进行沟通，最终形成促进企业发展的合力。社区协商也不能局限于对社区内部部分事项进行协商，也要围绕土地流转收益、征地拆迁、低保资格、环

---

① 张瑞敏：《执政新理念：从阶层和谐走向社会和谐》，载《中南民族大学学报(人文社会科学版)》，2007 年第 5 期。

② 靳凤林：《劳资冲突的集体协商制度：伦理原则及其反思》，载《马克思主义与现实》，2015 年第 5 期。

境保护等关键性民生问题进行社区内、社区间、社区与其他主体间的利益协商。行业协商则是依托目前我国较为完善的行业协会组织和各类群众组织，组织相关利益群体就一些关键性利益问题进行协商，从而逐步探索出一个所有利益群体都能够接受的民生改善操作方案。

除了以上三种社会协商制度建设之外，还需要重点进行一些社会协商的次级制度建设，如推行严格科学的民意抽样调查、完善劳资集体协商程序、进一步完善听证会制度、落实重大事项社会风险评估制度、进一步普及法律知识等，使利益的诉求表达和具体协商制度不断健全。

总之，在质量型民生建设时期，随着民生事业的不断发展，改善民生的行动已经从资源、制度、体制上的建设，深入到更深层次的利益格局的调整。只有不同社会群体在价值层面达成社会合作共识，存量改革的社会氛围才能形成；只有不同社会群体在制度层面能够进行利益协商和社会合作，存量改革才能有序推进。从长远来看，在推进这种存量改革过程中，经过长期的思想碰撞、磨合和一体化，整个社会也会逐步认可一些新的民生理念。这些新的民生理念逐步沉淀，就会培育出一种全新的社会主义富强国家民生文化。

本文发表于 2017 年第 4 期

以共享理解发展*

魏　波**

“十三五”规划建议指出：“共享是中国特色社会主义的本质要求。必须坚持发展为了人民、发展依靠人民、发展成果由人民共享，做出更有效的制度安排，使全体人民在共建共享发展中有更多获得感，增强发展动力，增进人民团结，朝着共同富裕方向稳步前进。”①在经济发展新常态和全面建成小康社会的决胜阶段，共享成为推进发展转型的新理念。那么，为何共享？谁之共享？如何共享？回答这些问题需要探讨共享与发展的客观逻辑。

一、为何共享：发展转型的客观要求

在当代发展运动中，共享既是一种美德也是一种发展理念。在实践中人们认识到，发展需要更具包容性，包容性增长（inclusive growth）的理念被广泛接受。在互联网等信息技术的支持下，分享经济（sharing economy）通过市场机制让闲置的资源等得以共享，既实现了物尽其用又增加了收益，其中就包含了共享的价值观。在总结发展经验的过程中，中国也形成了“共享式发展”的理念，即坚持发展为了人民、发展依靠人民、发展成果由人民共享。共享式发展意味着克服排他性的发展模式，通过开放市场及社会职位、普及教育等使更多的人参与发展；它还包含

---

* 本文系北京社科基金研究基地项目“中国特色社会主义治理体系的文化基础”（项目编号：15JDZXA001）的阶段性成果。

** 魏波，北京大学马克思主义学院教授。

① 《中共中央关于制定国民经济和社会发展第十三个五年规划的建议》，载《人民日报》，2015年11月4日。

基于权力共享之上的政治发展、基于人与自然共享之上的可持续发展以及共享价值观之上的文化发展等。共享是在特定生产方式之上形成的分配方式及相应的价值观，因此，认识和实现共享需要从经济社会结构入手考察人们的观念。共享既是一种价值观又是一种发展理念，共享式发展不仅是一种价值立场，更体现了社会发展的某种趋势。

计划经济时代，在公有制、按劳分配以及集体主义基础上，共享成为流行的价值观；在市场经济条件下，社会经济结构发生深刻变革，共享的观念逐渐被“个人至上”等观念所取代。在发展新阶段，应对新常态下的发展压力、跨越“中等收入陷阱”、实现可持续发展都需要推动发展转型，共享则是一个核心理念。

其一，从工具理性角度看，共享是化解转型期的复杂矛盾特别是贫富两极分化的直接要求。中国在快速发展中积累下巨额财富，这既增强了综合国力又提高了民众的生活水平。但是，财富的分配却存在着严重的不平等。北京大学中国社会科学调查中心的调查显示，2012 年我国家庭净财产的基尼系数为 0.73。将家庭财产从低到高排序，排名在 50%以下的家庭的财产总量占全国财产总量的 7.3%，排名在顶端 10%的家庭占比 61.9%，排名在顶端 1%的家庭占比 34.6%。① 财富两极分化不仅带来国内市场需求的不足以及社会矛盾的激化，也加大了滑入“中等收入陷阱”的可能性，在这种情况下，共享便成为化解矛盾的客观要求。同时，在持续高速发展了几十年后中国经济步入新常态，要避免发展“失速”就需要推进转型并寻找新的发展动力。由于出口与投资的下滑，扩大内需成为拉动增长的现实出路。在高收入群体以奢侈品消费为主的条件下，扩大内需必须提振中低收入阶层的支付能力，以共享理念提高其收入水平则是前提。尤其是人的创造力的释放是创业与创新的源泉，推动“大众创业、万众创新”需要调动亿万民众的积极性与创造性，共享则是实现这一目的的有利条件。以共享理念推动教育公平，在普及教育的基础上培育和挖掘人的创造力，这是创新转型的根本支撑。知识与信息的共享也是推动创新的有利甚至必要条件，如网络发展带来的共享将开辟新型的创业创新模式。这就要求继续扩大开放，推动全国乃至全球范围知识与

---

① 谢宇等：《中国民生发展报告 2014》，北京：北京大学出版社，2014 年，第 30 页。

信息的共享。

其二，从价值理性角度看，共享是中国特色社会主义的本质要求，体现了社会主义制度的价值立场与正义性，因而也是巩固执政合法性的基础。科学社会主义克服了空想社会主义的局限，在对社会发展规律的认识基础之上揭示出实现社会公平正义的新途径。公平正义是社会主义的核心价值，人们在共同拥有生产资料的基础上共同劳动、共享发展成果是社会主义的本质内涵。中国坚持走社会主义道路，因而必然要求由全体人民共享一切发展成果。

其三，从执政党的角度看，党带领人民治理国家，其根本宗旨是为人民服务、增进民众福祉。在革命年代，党通过领导人民“打土豪、分田地”从而赢得了底层民众的支持；在建设和改革时期，党通过发展经济惠及广大民众。在发展新阶段，要坚守为人民服务的根本宗旨、维护人民群众的利益，党和政府就必须坚决遏制两极分化的态势，以推动共享式发展来巩固执政合法性、确立社会主义制度的正义性基础。

概言之，作为一种手段，共享是化解社会矛盾、推动发展转型、巩固执政合法性的客观要求；作为一种目的，共享体现出社会主义的本质特征与价值原则。

二、谁之共享：多元包容的发展理念

共享的主体是谁，谁来共享改革发展的成果？从原则上说，共享式发展主张人民共建共享。“人民”是一个抽象的概念，如果泛泛地谈“人民”而实际上维护少数人利益，则会将“人民”架空而让共享化为泡影。马克思主义认为，人不是抽象的存在物而是具体的社会关系的承担者，人在社会生产中结成各种关系并展现出人的本质。因此，实现以人为中心、人人共享的发展还需要具体分析。

其一，共享立足于每个个体公民的发展与自我实现，旨在让每个人都能最大限度地在共享国家发展中实现个人价值。一方面，国家发展的目标包括富国强兵。对于曾遭遇殖民掠夺的国家来说，提升国家能力、增强国家实力是实现所有人利益的前提；另一方面，国家的发展最终落脚于保护和实现每个人的利益与价值。现代社会变迁的一个方向是从社会本位转向个体本位，尊重和实现个人的权利、尊严、自由，这既是个人奋斗的目标，也是社会发展的目的。改革开放以来，中国也在发生这种转变。共享式发展意味着让每个人都有人生出彩的机会、共享发展成果，这是实现人民共享的具体体现。

其二，共享表现为社会各个阶层之间在共享中化解矛盾、促进和谐。当今中国，既不能回到计划经济时代主张消灭阶级差别，也不能任由市场竞争带来的两极分化加剧社会的分裂甚至对抗。这时，平衡社会矛盾、化解社会冲突便需要坚持共享原则，促成各个社会阶层之间的和解与相互包容，其基础则是通过共享式发展壮大中产阶层、构筑稳健的社会结构。其中，在财富与权力体系中处于弱势的群体常常缺少改变自己命运的能力与机会，应予以特别照顾，实现全民脱贫便是实现公平正义最直接也是最有效的体现。基于此，中国政府提出以超常规的力度实现精准扶贫，力争到2020年实现7000万人口脱贫。

其三，共享是所有民族、各区域人民的共享。作为一个多民族的国家，中国的发展是56个民族共同的追求。由于历史、地理、文化等的差异，中国的发展很不均衡，东部沿海地区的发展明显快于中西部地区。中西部地区又是少数民族聚居区，地区差距与民族差距交织在一起，这些差距在技术革新与对外开放的格局下呈现加剧趋势。在多种因素的影响下，边疆地区也出现了不稳定因素，国家统一与民族团结受到挑战。从物质层面上说，发展不平衡导致区域和民族差距拉大，一些群体在发展中被边缘化；从文化层面上看，大一统的政治认同受到冲击，而传统的民族宗教认同被强化。当人们既不能共享发展成果又不能共享文化价值观时，这些裂隙便可能诱发各种矛盾与冲突。因此，实现各地区协调发展、让各民族共享发展成果既是维护国家稳定的需要，更是中华民族复兴的要求。

其四，共享包含全世界华人在参与中华民族复兴大业中共享成就与荣耀。全球华人同根同祖、血脉相连，实现国家统一和中华民族伟大复兴是中华儿女的共同利益与期望。推动共享式发展就要在经济社会发展的基础上推动中华文化的复兴，通过推动中华文化的创造性转化与创新性发展，确立中华民族新型的可以共享的精神信仰与文化认同基础。

其五，共享也包括与世界各国共享中国发展的机会。中国复兴的本质不是成为新的世界霸权，而是作为古老文明的复兴为世界贡献更多的新思想、新文化、新制度。如今世界各国处于休戚相关的命运共同体之中，面临诸如全球变暖、反恐、发展等众多共同问题，尤其需要克服以往各种不合时宜的观念与制度，在共享发展与进步中实现各自利益。中国的崛起不会走西方霸权的老路，在“天下为公”的理念下，中国会与世界各国共享发展成果。

可见，对共享主体的定义中包含了一种发展的理念及价值观，即发展需要更具包容性、开放性、多元性。通过扩大发展主体、开放发展视域、促进合作互动，共享式发展让每个人、每个阶层、每个民族，让每个华人乃至世界友人都参与进来，增进主体之间的共识、认同、合作并减少摩擦、对立、冲突，从而最大限度地调动发展与创新的动力。

三、认识共享：辩证看待共享与发展的矛盾

从理论回到现实，共享与发展便呈现出复杂的矛盾。现代社会呈现高度的复杂性与多元化，各种不同甚至对立的利益与观念相互交织。作为一种价值观和发展理念，共享不能在乌托邦世界中实现，而需要在现实的社会历史条件下展开。从现实看，人们追求各种不同的价值，各种价值之间又常常存在冲突，这便使共享在现实中呈现复杂的状态。

其一，共享面临效率与公平的矛盾。发展的直接目的是通过提高效率来创造更高的生产力。市场竞争引发了熊彼特所言的“创造性破坏”，由此推动了技术的创新和效率的提高。实践证明，市场是配置资源的有效手段，自由竞争是提高效率的直接途径。在总结资本主义发展经验的基础上，亚当·斯密等主张鼓励市场自由竞争、保护私有产权从而促进社会财富的涌现。与此同时，市场的竞争与资本的扩张也带来一系列负面效应。马克思发现，资本对劳动的压榨导致财富的两极分化和人的普遍异化，资本对自然的侵占则导致自然环境的破坏。卡尔·波兰尼提出，缺少约束的市场竞争带来对社会的伤害，由此也引发了对社会的保护运

动。[①] 中国的发展建立在市场取向的改革之上，通过引入市场机制激活了各种生产要素进而提高了效率，但市场与资本的破坏力很快显现出来，其中一个表现便是严重的分配不公。作为对资本主义内在局限的批判与超越，社会主义的思想和运动蓬勃兴起，其基本主张便是平等与共享。可是，社会主义主张的共享不应该是平均主义，它既需要促进社会公平又要创造更高的效率，这也是推进共享式发展面对的一对尖锐矛盾。

其二，共享也面临公德与私利的矛盾。共享意味着克服个人利益而促进他人利益。在保护私有财产制度、鼓励市场竞争的机制下，人们追逐自我利益构成社会行动的基本动机，个人利益至上成为流行价值观。唯物史观认为社会物质利益构成社会结构的基础，市场经济建立在承认并保护个人利益之上，也不断强化了社会的利益分化。面对这样一种客观的物质力量，实现共享必然遇到强大阻力。共享首先是对个人的要求还是对社会、国家的要求？从事实看，社会与国家担负着更大的责任，这是实现共享的根本条件和保障。共享固然离不开人们的道德自觉，但是在现实条件下人的“自私本性”仍是一个客观事实，对此不能视而不见。因此，共享更是一种“公德”，主要体现为社会、国家的美德，借由国家和社会的制度安排来实现共享是更为现实的选择。

在此格局下，认识和推进共享式发展，需要在现实的物质条件下辩证地认识和处理这些矛盾。

其一，推进共享需要坚持发展第一，在发展中解决矛盾。生产力的发展是社会进步的条件与动力。经济效率与共享存在矛盾，共享应该是在生产发展之上的共享，发展是促进共享、提高共享水平的条件，而生产的不发展则常常导致更大的社会不公。对于有着13亿多人口的中国来说，发展是解决各种矛盾的积极方略。所以，利用和调动一切因素促进经济持续健康发展仍是中国发展的基本立场。中国发展研究基金会提出，中国未来社会福利体系应坚持“全民共享”和“发展型”的特征，“全民共享”是指惠及13亿中国国民特别是广大的农村居民；“发展型”是指推动人的全面发展，通过教育扩展、健康促进、就业援助等把传统的补偿型

---

① ［英］卡尔·波兰尼著，冯钢、刘阳译：《大转型：我们时代的政治与经济起源》，杭州：浙江人民出版社，2007年，第112-114页。

福利模式转变为一种与经济发展相互促进的福利模式。① 这一理念正确反映了共享与发展的辩证逻辑，符合中国的发展实际。

其二，发展既是一种客观的合规律性的历史运动，也是人们追求美好生活的合目的性活动，因而既需要遵循科学原则也需要坚持正确的价值立场。公平、正义、共享便是发展的价值取向。中国的发展是在政府主导下的社会运动，明确共享的发展理念具有很强的方向标意义，因为“共享”凸显了公平正义的价值观。在经济发展新阶段，中国的改革发展需要跳出“左”右之争，在务实原则下求得多方平衡。一方面发展经济不动摇，这就要发挥市场作用，鼓励竞争与创新；另一方面避免两极分化，这就要以共享理念扩大公平正义。这里既有科学又有艺术，需要把握好尺度，用“弹钢琴”的方法平衡好各种关系。

其三，实现共享是一个辩证的历史的过程，需要在协调各方利益及各种要素中实现动态的平衡。共享是一个客观的历史进程，共享的范围、水平、深度等都需要伴随着经济社会的发展而不断拓展。今天，中国依然处于社会主义初级阶段，因此，不应该期望共享在短时间内让所有人享有高水平的福利，更不能把共享引向主张“均贫富”的民粹主义道路上去。共享表现为一种理想、理念、价值，而理想与现实、理论与实践、价值与事实之间总是存在张力与矛盾。从事实出发，人们只能在具体的经济社会条件下实现有限度的共享。作为一种道德理想与体现分配正义的发展理念，共享带有抽象性和思辨性。现实生活具体而多样，转型期的社会利益结构十分复杂，阶层、城乡、地域等差别很大，共享还需要结合这些现实条件予以落实。

四、如何共享：以改革构建体制与文化基础

在社会转型期，社会利益分化是一种客观的物质力量，共享遇到人性的羁绊以及利益的阻挠，那么，如何通过社会改革来实现共享？

其一，在理论层面，推动共享式发展需要正本清源，在“劳动创造价

---

① 中国发展研究基金会：《中国发展报告 2008/09：对我国构建全民共享的发展型社会福利体系》，北京：中国发展出版社，2009 年，第 1-2 页。

值”的基本理论之上重构社会主义生产关系的正义基础。马克思肯定了劳动在人类社会发展中的基础性作用，也揭示了资本支配劳动的机制及其带来的劳动异化。他提出：“只要社会还没有围绕着劳动这个太阳旋转，它就绝不可能达到均衡。”[①]作为对资本主义弊病的超越，社会主义需要克服资本对劳动的支配，树立劳动在社会生活中的核心地位，从而确立其正义性与合理性的基础，按劳分配便具有天然的正当性。在中国发展的过程中，资本与权力相互交织构成发展强大动力，劳动的地位被弱化而资本的地位在强化，尤其是权力与资本的结合形成强大的支配性力量。法国学者皮凯蒂研究了当今世界的不平等现象，发现导致不平等的原因在于资本在收入分配中占据主导地位，由于资本占有的差距不断加大，当今世界的不平等加剧了。[②] 坚持社会主义就需要正本清源，确立劳动在生产和分配中的基础性地位，劳动应得到合理的回报。在国家发展的基本理念与价值上，走社会主义道路就要坚持劳动创造价值的立场，克服资本主义及市场经济固有的利益至上、资本至上、消费至上的模式，在改革中探索社会主义经济发展的新模式与新道路，实现人与自然、人与人、人与社会的共享与和谐发展。

其二，在制度层面，通过深化改革建立实现共享的制度体系是根本出路。在相互冲突的利益格局下达成集体共识十分困难，而依靠个人道德自律来推行共享更是遇到人性弱点的羁绊。经济社会结构的变迁是客观物质力量的演化过程，共享需要从变革制度入手改造社会经济结构，通过建立具有强制性、普遍性和稳定性的制度体系来实现公平与共享。推动共享式发展从根本上需要深化改革，构建以共享为价值导向的制度体系，包括深化收入分配体制改革、教育公平、完善全民福利制度等。全面深化改革必须坚持共享为基本价值立场，以此作为改革的出发点和检验改革成败的标准。比如，在坚持多种所有制形式并存的条件下巩固公有制主体地位、发挥国有经济主导地位，这种所有权的共有是实现全民共享的经济基础与制度保障。巩固全民共享的制度基础需要深化国有企业改革，在遵循市场规律基础上建立国有资产保值增值的有效机制，

---

① 《马克思恩格斯全集》，第 18 卷，北京：人民出版社，1964 年，第 627 页。

② [法]托马斯·皮凯蒂著，巴曙松等译：《21 世纪资本论》，北京：中信出版社，2014 年，第 345-367 页。

在提高效率的同时保证国有经济对实现共享发展的基础性作用。面对权力与资源的垄断体制，改革需要建立更具包容性的制度安排，保护产权、开放市场机会，从而激发创新。

从现实中看，权力存在被异化和扭曲的可能，推动共享式发展必须从政治上考察导致社会分化的体制根源，克服既得利益集团的阻挠，坚定地站在国家和人民的政治立场上推动改革。全面深化改革意味着从社会系统整体入手，发展社会主义民主、建设社会主义法治国家、构建现代国家治理体系，这是实现共享式发展的制度基础。推行共享式发展需要政府发挥关键作用，通过政府积极作为来克服市场竞争带来的分化，站在公平正义的立场促进社会共享。一方面，政府需要进一步开放市场、下放权力，让市场在资源配置中发挥决定性作用，以此促进经济发展；另一方面，政府又必须承担规范市场、平衡利益、促进公平的职能，站在公共利益的立场上增进整个社会的福祉。共享主要体现为国家与社会的公德，"人民政府"的合法性与正义性基于对人民利益的维护之上。因此，政府必须旗帜鲜明地高举共享旗帜，坚持共享的发展理念，在推动发展的一切决策中落实共享理念。

其三，在道德层面，社会各个阶层达成利益均衡与集体共识，进而让共享成为主流的价值观。中国人口众多，人均资源匮乏，推广共享价值观是现实的需要。传统中国社会在共同的价值观和宗法社会结构之上确立了稳定的文明秩序，社会本位、集体至上是主流价值观。随着市场经济的发展，个人利益得到了强化，社会也陷入激烈的竞争甚至对抗中。国家和社会整体利益决定着个人利益，要达成利益均衡是实现所有人利益的条件，坚持共享理念、通过促进共同利益来实现个人利益是需要达成的一个集体共识。文化的核心是共享价值观，一个社会的团结与稳定不仅依靠国家机器统治，还需要在共享价值观基础上培育社会认同的文化基础。因此，中国的转型与发展面临的一个核心任务是在经济发展基础上培育新型价值观体系与文化意义世界。实现共享也需要提升人们的道德水平。中国人历来鄙视"为富不仁"，而共享扎根于传统文化的道德理想中，发掘并光大共享价值观有着深厚的文化基础。共享也是社会主义的本质要求，因而也应成为社会主义的核心价值观之一。在经济发展基础上，整个社会可以有更多的资源来实现共享，人们可以在共享中体会仁爱与友善的和谐氛围。

市场经济的竞争法则、人的逐利本性以及社会利益结构的分化，形成对共享能否实现提出质疑的现实依据。然而，人类的发展与进步恰恰是通过思想与行动来超越现实、实现理想的过程。共享是一种发展理念，以共享理解发展是“新常态”下经济社会发展转型的客观规律使然，更是建设社会主义的本质要求。在物质层面，有十几亿人口的中国人均资源极其紧张，共享是有效化解社会矛盾、增进公共福祉的途径；在精神层面，发展还意味着构筑中华民族新的共有精神家园，其核心则是培育共享的文化价值观。可见，共享有着现实的经济与文化基础，它必将成为中国发展新阶段的一个主题词。以共享的理念与价值观引领发展、深化改革，进而在社会结构的变革中培育集体共识与公共美德，共享的观念就会从“不可能”变为“可能”，这也正是中国发展迈上新台阶的生动过程。

本文发表于 2016 年第 1 期

构建共享发展的制度保障体系

许艳华*

引　言

共享发展已经成为新时期我们党治国理政的重要理念，并取得了广泛的社会共识。共享发展从理念到落实，制度建设是关键。制度具有明确性、稳定性和强制性等特点，可以为共享发展理念的落实和共享发展目标的实现提供有力保障。实现共享发展，需要做出有效的制度安排，以制度建设推进共享发展。

共享发展的制度建设是一项系统工程，主要包括三大方面：一是作为宏观制度条件的经济、政治制度；二是作为核心制度依靠的分配制度；三是作为基础和兜底制度安排的社会保障制度和公共服务体系。基本经济制度和政治制度决定着一个社会以何种方式去分配权利、义务、利益、财富，从而从根本上决定着一个社会能否实现共享发展；分配制度、社会保障制度和公共服务制度等决定着一个社会如何把共享发展付诸实践，从而决定着共享发展的现实实现。共享发展的制度建设要从三个基本方面着手，构建共享发展的制度保障体系。

一、坚持以公有制为主体的基本经济制度，是实现共享发展的基本制度基础

实现共享发展，要着力解决收入差距大、贫富分化严重的现实问题。

---

* 许艳华，山东大学马克思主义学院博士研究生、山东财经大学马克思主义学院副教授。

是成果共享还是两极分化，表面看是一个分配问题，但归根结底是由所有制决定的。马克思说："消费资料的任何一种分配，都不过是生产条件本身分配的结果。"[①]在社会主义初级阶段，坚持以公有制为主体多种所有制经济共同发展的基本经济制度，是实现共享发展的基本制度基础。

第一，坚持和巩固公有制的主体地位，做强做优做大国有企业。公有制是我国经济制度的基础。公有制实现了人们在生产资料占有上的平等关系，从根本上排除了少数人凭借对生产资料的占有无偿占有他人劳动的剥削关系，是人们平等享有权利、公平参与分配的基础，是实现共享发展的基本制度保障。国有企业是壮大国家综合实力、保障人民共同利益的重要力量，要不断增强其活力、影响力、抗风险能力，实现国有资产保值增值。要坚定不移深化国有企业改革，着力创新体制机制，加快建立现代企业制度：一方面，创新国有经济的经营管理制度，完善国有企业的市场参与机制、国有资产的管理体制，加强管理、提高效率，提升国有企业的盈利能力、竞争能力、保值增值能力和可持续发展能力；对部分国有企业进行混合所有制结构改革，构建国有企业、集体企业和民营企业融合发展、共同发展的体制机制，增强国有经济活力、控制力、影响力。这是巩固公有制主体地位的关键，是实现共享发展的坚实基础。另一方面，创新国有经济的收益分配制度。改革国有企业，实现社会共享，更根本的是要完善国有资本收益上缴制度，健全国有资本收益分享制度和公共资源收益全民共享机制，在分配上真正体现国有经济的国有性质，使国有资本真正能够惠及全民，实现共有共享。

第二，引导非公企业进行制度改革。非公经济是我国基本经济制度的一部分，改革开放以来的实践表明，非公经济对发展生产力有重要作用，有其存在发展的必要性，要为其发展提供公平的制度环境。但非公经济存在雇佣劳动关系，"它会产生分配不公、出现贫富分化的负面效应"[②]。在造成我国收入差距和贫富分化的诸多原因中，公有制主体地位削弱和非公经济快速扩张带有根本性。所以，在支持、鼓励非公经济发展的同时，还需对之加以引导。体现共享发展的要求，"我国应鼓励和引

---

① 《马克思恩格斯文集》，第3卷，北京：人民出版社，2009年，第436页。

② 卫兴华：《中国特色社会主义经济理论的坚持、发展与创新问题》，载《马克思主义研究》，2015年第10期。

导私营企业开展职工持股的改革，以推动劳资两利，共同富裕”[①]。

第三，发挥市场对资源配置的决定性作用和更好发挥政府作用。市场经济能够优化资源配置，发展生产力，繁荣经济，为共享发展提供物质基础。在市场经济体制下，市场主体以平等的身份、遵循公平规则进行公平交换、公平竞争，因而是一种公平经济，有利于公平价值的培育。但是，优化资源配置、竞争、优胜劣汰等市场经济的基本要素，都表现为利益分化机制，靠市场自发的力量是无法实现社会公平和共享发展的。市场经济要通向人人受益、社会和谐的方向，是需要价值引导，需要制度匡正的。社会主义市场经济，不但要遵循市场规则，还要彰显社会主义的价值原则，倡导公平、共富、共享，促进社会共同利益，要做到这一点就需要更好地发挥政府作用。政府是市场规则的制定者、市场活动的管理者和市场秩序的维护者，政府要通过制定制度和规则，设定市场行为的价值导向，规定市场主体的行为界限，保障公平竞争、监管市场行为、维护市场秩序、弥补市场不足，使市场竞争不损害他人利益和社会利益，将市场的逐利行为引导和转换到利国利民、强国富民的轨道上[②]，引导到共享发展和共同富裕的发展目标下。

二、健全人民民主的政治制度，是实现共享发展的基本权利保障

共享发展是一个利益分配问题，也是一个权利问题，政治地位和权利的平等是人们共享发展机会和发展成果的前提。我国人民当家作主的政治制度规定了人民平等的地位和权利，为人民共享发展机会和发展利益提供了政治保障。实现共享发展，需要健全人民民主制度，保障公民的平等权利，扩大公民有序政治参与。

第一，完善人民代表大会制度。人民代表大会制度是人民当家作主的制度安排，是人民行使民主权利、实现政治参与的主要渠道。首先，改革选举制度。扩大差额选举，引入候选人竞选机制，给选民选择的空

---

① 程恩富：《要坚持中国特色社会主义政治经济学的八个重大原则》，载《经济纵横》，2016年第3期。

② 胡承槐：《关于市场经济基础上制度性伦理道德秩序的探讨》，载《哲学研究》，1994年第4期。

间；要改进当前代表候选人一般由中共党组织或其他政党、人民团体提名推荐的状况[①]，启动选民联名推举候选人制度并完善相关程序，提升代表选举的民主化水平，优化代表结构。其次，建立健全人大代表与选民的沟通机制和人民对人大工作的监督机制。树立和强化人民代表对人民负责、受人民监督的意识，以制度形式规定人大代表通过视察、走访、座谈、信件、微博等方法途径了解民情、反映民意、集中民智，代表人民行使权力；建立健全选民对人大工作的监督机制，人大代表要通过一定形式定期向选民汇报工作，就群众关心的和关涉群众切身利益的公共事务向群众做出情况说明，听取群众意见，接受群众质询，增加人大工作和代表履职的透明度。再次，完善和改进人大监督工作机制，提高人民代表大会制度的效能。"人民代表大会的监督权，从根本上说是人民当家作主、参与国家事务管理权利的表现。"[②]监督权缺位，人大就无法担负起代表人民行使权力的职能，人民的民主权利也将无法落实。要建立和完善人大日常的监督工作机制，完善人大行使监督权的程序，加强人大对公权机关、公务人员、公共财政、重大事件等方面的工作监督，提高人大履行职能的能力和制度运行效率。

第二，积极探索民主的多种实现形式，发展协商民主和基层民主。协商民主是中国社会主义民主政治的特有形式和独特优势。要推进协商民主广泛多层制度化发展，加强政党协商、政府协商、政协协商，开展人大协商、基层协商、人民团体协商、社会组织协商等，构建程序合理、环节完整的协商民主体系，确保协商民主有制可依、有章可循、有序可遵，提高协商民主的科学性和时效性。[③] 基层民主是人民民主最广泛最直接的民主实践。健全村民委员会、城市居民委员会、企事业单位职工代表大会等基层群众自治组织，为基层民主打牢组织基础；要有透明度和信息流通方面的制度保障，建立和完善政务公开制度、公示制度、听证

① 唐晋主编：《大国策：通向大国之路的中国民主参与》，北京：人民日报出版社，2009年，第91页。

② 刘德喜、钱镇、林喆：《全球背景下的中国民主建设》，重庆：重庆出版社，2005年，第364页。

③ 中共中央宣传部：《习近平总书记系列重要讲话读本(2016年版)》，北京：学习出版社、人民出版社，2016年，第170-171页。

会制度、新闻发布会制度、群众意见反馈制度等，为基层群众实现政治参与和社会参与提供制度体系保障；要开展民主恳谈会、公民评议会、民主听证会、居民议事会和社区民主论坛、网络调查和网络论坛等，搭建基层群众政治参与和社会参与的平台。健全的民主制度和多样化的民主形式使扩大公民政治参与和社会参与成为可能，对实现共享发展具有重要意义。

第三，全面推进依法治国方略。民主与法治息息相关，法治是民主的制度保障。法律面前人人平等的法治精神与共享发展的理念互相契合。法治通过民主科学的立法、严格的执法和公正的司法来实现。体现共享发展的要求，立法、执法、司法都必须站在人民的立场、反映人民的意愿、为了人民的利益，因为"为了谁"是法治建设的根本性问题，如果不解决这一问题，法治运行再好最多也只能是司法程序的公平或具体司法案件的公平，而无法保证社会公平。法治为民是我国法治建设的价值依托，将"为了人民"作为价值原则贯穿进立法、执法、司法的全过程，法治建设才能维护社会公平、促进共享发展。坚持法治为民，就要完善立法体制，推进科学立法、民主立法，使法律的内容反映人民的意愿；要加快健全执法、司法的体制机制，坚持严格执法，推进公正司法。

三、以公平为导向改革收入分配制度，是实现共享发展的基本形式

共享发展作为一种发展的新理念，核心在"共享"。共享是指"人人参与、人人尽力、人人享有"，发展成果由人民共享是共享发展的落脚点与目的。分配是实现共享发展的关键，分配公平是人民共享发展成果的主要实现形式，也是共享发展的最终体现。收入差距大、贫富分化是当前我国收入分配存在的严重问题，"其原因在于收入分配系统的体制性偏差和制度性缺陷"①，实现共享发展，必须改革收入分配制度，更加注重社会公平，逐步缩小收入差距。

第一，调整和优化国民收入分配结构，提高居民收入的比重。收入

① 刘尚希、傅志华、韩晓明、李婕：《"十三五"期间提高居民收入和调整国民收入分配格局的方向和重点政策研究》，载《经济研究参考》，2015 年第 62 期。

分配结构就是国民收入在政府、企业、居民三大部门间的分配关系。国民收入分配向政府和企业倾斜，居民收入比重偏低，这是当前我国分配问题的一个重要方面，它造成收入差距扩大，使经济增长不能更多更公平地惠及人民。改革收入分配制度，要调整国民收入在三大部门间的分配关系，提高居民收入在分配结构中的比重。为此，需要健全科学的工资水平决定机制、工资正常增长机制，保持居民收入增长与经济增长同步。除了工资这一居民收入的主要来源以外，要发挥多种分配方式在增加居民收入中的积极作用，完善资本、技术、管理等生产要素按贡献参与分配的体制机制，特别是完善产权制度，促进居民财产性收入的增长。只有提高居民收入在国民收入分配中的比重，才能使人民更多分享发展成果。

第二，贯彻按劳分配原则，改革初次分配制度。初次分配不合理是当前中国收入差距过大且难以治理的主要原因，是劳动者难以分享发展成果的重要原因。按劳分配是社会主义的分配原则，它以劳动者提供的劳动量为依据进行分配，等量劳动获得等量报酬，多劳多得。实现共享发展，必须贯彻按劳分配的原则改革收入分配制度。首先，建立科学的工资水平决定机制、工资正常增长机制和工资支付保障机制，保障劳动报酬稳步增长。其次，建立市场化的公平用工制度，逐步消除体制性因素对用工和薪酬的影响，逐步实现同工同酬。再次，在劳资关系上，建立健全政府、企业、劳动者三方集体协商的工资共决和利润分享制度；完善职工代表会议制度和工会制度，建立劳资对话和劳工利益表达机制，以法律和制度形式保证劳动者在分配上的话语权，提高劳动报酬在分配中的比重，使劳动报酬随企业效益增长而同步提高。

第三，健全利益调节和补偿机制，合理进行再分配。再分配是政府为弥补初次分配不足、调节收入分配的重要手段，是一种利益调节和利益补偿机制，担负着缩小收入差距、促进社会公平的重要职能，一般通过税收政策、财政政策、社会保障制度等实现。体现共享发展的要求，发挥再分配的调节作用，就要构建以“提低”和“调高”为主要内容的收入分配调节体系，一方面适时提高最低工资标准，减免低收入者税费负担。另一方面对合理合法的高收入以税收手段进行调节，对不合法高收入以法律途径予以取缔；在税收方面，完善个人所得税制度，从中国实际出发，借鉴国际经验，选择适合中国国情的税制、合理确定起征点和税率，同时尝试开征遗产税、赠予税、消费税、社会保障税等，发挥税收制度对收入分配的调节作用；在财政政策方面，优化财政支出结构，健全财政转移支付制度，更多地把财政资金投向城乡低收入群体、农村和中西部地区，更多投入到公共产品、公共服务和民生领域，加大对交通、电力、通信、水利等基础设施和对“三农”、教育、就业、社会保障、医疗卫生、保障性住房、扶贫开发等公共产品的投入，加大对贫困地区和弱势群体的财政转移支付力度，实施精准扶贫，帮助贫困人群实现脱贫致富，分享国家发展成果。

四、完善社会保障制度和基本公共服务体系，是实现共享发展的基础性工程

社会保障制度和基本公共服务可以从两个方面推进共享发展，一是保障社会成员的基本生活，避免部分社会成员因疾病、年老、灾害、失业等原因陷入生活困境；二是对社会财富进行某种再分配，减少分配不公，使发展成果更公平地惠及全体人民。我国已经建立了适合国情的社会保障制度和基本公共服务体系，保障和服务水平随着经济社会的发展正逐步提高，但仍然存在保障水平低、发展不均衡等问题。实现共享发展，需要建立更加完善的社会保障制度，增加基本公共服务供应并提升均等化水平。

第一，以保障和改善民生为目标，建立健全以包括社会保险制度、社会救助制度和社会福利制度为主，以住房保障、老年人服务保障、特殊群体服务保障等为补充的多层次的社会保障体系，满足不同群体对社会保障的不同需求，构筑共享发展的制度网络，实现社会保障的全面覆盖。

第二，建立稳定的社会保障资金投入机制，使社会保障水平稳步提升。当前我国的社会保障一般由国家财政、个人和单位按一定比例缴纳，因为社会保障是社会的“安全网”，必须有稳定的、持续的资金来源做保障，国家财政要承担主要责任。建立健全相关机制，保证并不断加大国家财政对社会保障的支出，使财政用于社会保障的增幅不低于或者高于

财政总支出的增幅；同时，由于我国人口众多，社会保障对资金的需求巨大，积极探索吸收社会资本进入社会保障的方法途径，构建政府财政投入为主、社会资本有序参与的资金投入机制，确保社会保障的资金安全，不断提升保障质量、提高保障水平。

第三，以制度整合促进资源整合，实现社会保障的全面覆盖、公平对待和共同发展。不均衡是当前我国社会保障制度的最大问题。农村和城镇之间、城镇未就业人口和单位职工之间、企业和事业单位之间，人们所享有的社会保障种类、资源、保障力度、保障水平差异显著，这一状况使社会保障不能很好发挥调节贫富差距的作用，实际还造成了新的更大的不公平。社会保障是民生工程，应坚持全面覆盖、公平对待的原则，并适当向弱势群体倾斜。制度整合有助于问题的根本解决。完善社会保障制度，要着眼于缩小和逐步消除差别，实现社会保障的全面覆盖、公平对待和共同发展。当前和今后一段时期的工作重点应该是加快农村社会保障的建设步伐，完善城镇未就业人员和农民工保障制度，填补制度空白，构建和完善制度框架，在这一阶段政府要给予政策倾斜。在这个基础上，思考城乡、地区、企事业单位社会保障的统筹规划，探索社会保障城乡一体化制度建设，推进企事业单位社会保障制度并轨，以制度整合促进资源整合，通过社会保障制度安排让全体社会成员共享社会发展成果。2014 年，我国对农村和城镇居民的社会养老保险进行整合，建立了统一的城乡居民基本养老保险制度，对企业和机关事业单位的养老制度也实现了并轨，这是我国社会保障制度统筹规划和一体化发展的重要举措，体现了社会公平，有利于共享发展。

第四，增加基本公共服务供应，改革基本公共服务体制机制，促进基本公共服务均等化。基本公共服务是指基本民生、公共事业、基础设施和公共安全等与公民基本权利相关的产品和服务，主要包括医疗卫生、基本教育、社会救济、就业、养老等。基本公共服务具有全民性质，可以使全民受益，增加基本公共服务供应是使人民共享发展成果的重要工作。实现共享发展，政府要承担起社会责任，加快公共服务制度建设，加大对基础教育、医疗卫生、就业、养老、社会保障等领域的财政投入，增加基本公共服务供应，为人民提供更多更好的公共服务。基本公共服务的提供要遵循普惠性和公平性原则，合理配置各类社会资源和社会机会。要大力促进教育公平，推动基本教育投入均等化，统筹城乡义务教育资源均衡配置，建立人员交流、网络资源共享等扩大优质教育资源覆盖面的有效机制；解决农村留守儿童、流动人口子女上学问题，健全家庭经济困难学生资助体系，让每个孩子享有受教育的机会，让13亿人民享有更好更公平的教育①，为人们共享发展创造公平的起点。要促进就业公平，统筹人力资源市场，打破阻碍平等就业的各种制度壁垒，维护劳动者平等就业的权利；建立终身职业技能培训制度、就业援助制度，帮助就业困难者就业，为人们共享发展提供公平的机会。要为弱势群体提供扶助，建立和完善对弱势群体的帮扶制度和帮扶体系，保障他们的基本权益，帮助他们摆脱贫困，共同分享发展的成果。

结　语

制度制定好了，执行就成为关键，没有有力的执行，再好的制度也形同虚设。政府是执行共享发展制度的主体，健全民主制度保障民主权利、发展壮大公有制经济、改革收入分配制度、健全社会保障制度、提供和均衡基本公共服务，这些工作都要靠政府来做。各级政府应转变传统发展理念，牢固树立共享即是发展的新理念，自觉执行相关制度，担负起推进共享发展的责任。通过建立评价考核体系、提升制度执行能力、健全制度执行监督机制，做好共享发展的制度执行工作。首先，要把关乎民生福祉、体现共享发展的教育、就业、收入分配、社会保障、医疗卫生等内容纳入政府工作的评价和考核体系，探索建立群众参与评价的体制机制，考核相关制度的执行和落实情况，对共享发展制度执行效果好的要有褒奖和激励机制，对制度执行不力的要有整改和处罚措施，保障共享发展制度的有效执行。其次，执行共享发展制度，推进共享发展实践，政府需要深化自身改革，转变政府职能，并深入推进廉政建设和

---

① 中共中央宣传部：《习近平总书记系列重要讲话读本》，北京：学习出版社、人民出版社，2014年，第114页。

反腐败斗争，打造人民政府、服务政府、法治政府、公平政府、民生政府，推进治理能力现代化，提升制度执行力。再次，监督是制度执行的重要一环。事实表明，没有好的监督，各种人为因素就会夹杂其中，使制度在执行中出现扭曲变形。在制定制度的同时就应该建立监督机制，并引入社会监督和舆论监督等，以监督促进制度的执行和落实。

本文发表于 2016 年第 4 期

农村贫困治理与精准扶贫的政策改进*

范和生　唐惠敏**

2015年中共中央审议并公布了《关于打赢脱贫攻坚战的决定》，并确定了“到2020年我国农村贫困人口全脱贫、贫困村全出列、贫困县全摘帽、区域性整体贫困得以解决”的战略目标。党的十八大以来，以习近平同志为核心的党中央从理论到实践形成了关于“精准扶贫、精准脱贫”农村贫困治理的系统思想。精准扶贫的实践逻辑延伸了我国贫困治理的内涵，深入到重视贫困问题的本质，因而具有更高层次的指导地位和实践价值。当前，我国新一轮精准脱贫工作已处于攻坚拔寨的关键性阶段，不少地区在长期的脱贫攻坚工作过程中形成了许多经验之举和特色模式。然而，在实践党中央的精准扶贫部署中仍存在诸多障碍和难题。破解精准扶贫、精准脱贫的难题，关系我国农村贫困治理的成败，亟待改进精准扶贫的制度设计，完善农村贫困治理的政策体系。

一、农村贫困治理模式的变迁与精准扶贫

新中国成立之初，我国普遍处于经济落后、民生凋敝的窘境，是世界上贫困人口最多、贫困问题最突出的国家之一，农村贫困问题逐步成为制约我国现代化建设的桎梏。我国政府一直致力于减贫工作，并制订了详尽的扶贫开发工作计划，有序推进我国贫困人口的脱贫致富步伐，并取得了世人瞩目的成绩，走出了一条符合中国实际的特色扶贫开发道路。

---

* 本文系国家社科基金重大招标项目“采煤沉陷区‘生态—经济—社会’多维关系演化规律及调控机制研究”（项目编号：14ZDB145）的研究成果。

** 范和生，安徽大学社会与政治学院教授；唐惠敏，安徽大学法学院博士研究生。

(一)农村贫困治理的发展脉络

笔者通过梳理国内相关文献，试图总结改革开放30多年来我国农村贫困治理的发展脉络。赵慧珠①、杨占国②等学者按照时间的先后顺序和不同阶段我国扶贫开发的任务部署，将我国农村贫困治理划分为四个阶段：第一阶段(1978～1985)是体制改革推动扶贫时期；第二阶段(1986～1993)是开发式扶贫开创时期；第三阶段(1994～2000)是7年扶贫攻坚时期；第四阶段(2001～2010)是解决温饱和巩固温饱并重时期。张琦③等拓展了农村贫困治理的时间维度，总结出我国农村减贫的五个发展阶段：1978年至1985年是农村制度性变革的减贫效应集中释放期；1986年至1994年是全面改革冲击下确立贫困县减贫新模式期；1995年至2000年是非均衡新格局下的专项扶贫政策创新时期；2001年至2010年是区域轮动到联动推进下的整村推进扶贫开发新模式期；2011年至今是连片开发新举措与精准扶贫方略的融合推进期。吴敏④、韩广富⑤等学者从各个阶段扶贫工作的瞄准单位入手，提出我国农村扶贫开发治理经历了以“贫困县”为瞄准重点，到以“贫困村”为中心，再到以区域与个体并重的开发扶贫的历程。郑荣琦⑥、向德平⑦、闫坤⑧等则指出中国农村反贫困模式是逐步从“救济式扶贫”过渡到“开发式扶贫”“参与式扶贫”和“合作式扶贫”阶段，最终是实现综合性、整体性和多元性的可持续发展式扶贫。不难看出，我国农村贫困治理呈现出阶段性特征，减贫反贫政策也相应地有

① 赵慧珠：《走出中国农村反贫困政策的困境》，载《文史哲》，2007年第4期。

② 杨占国、于跃洋：《当代中国农村扶贫30年(1979－2009)述评》，载《北京社会科学》，2009年第5期。

③ 张琦、冯丹萌：《我国减贫实践探索及其理论创新：1978—2016》，载《改革》，2016年第4期。

④ 吴敏：《我国农村贫困治理体系演进与精准扶贫》，载《中国农业文摘·农业工程》，2016年第3期。

⑤ 韩广富、李万荣：《当代中国农村扶贫开发瞄准目标的调整》，载《社会科学战线》，2012年第10期。

⑥ 郑荣琦：《乡村扶贫模式的反思及未来政策选择》，载《中州学刊》，1999年第5期。

⑦ 向德平、高飞：《政策执行模式对于扶贫绩效的影响——以1980年代以来中国扶贫模式的变化为例》，载《华中师范大学学报(人文社会科学版)》，2013年第6期。

⑧ 闫坤、于树一：《中国模式反贫困的理论框架与核心要素》，载《华中师范大学学报(人文社会科学版)》，2013年第6期。

所调整。到2010年底，少数剩余农村贫困人口的生存和温饱问题基本得到解决，巩固了部分低收入人口的温饱成果，提高了农村贫困人口的收入水平和生活质量。通过30多年的扶贫开发实践，我国农村贫困治理已经取得了阶段性胜利。步入21世纪，我国贫困人口进一步减少，农村居民生产和温饱问题得到基本解决，摆在中国政府面前的是更为艰难的脱贫攻坚任务。

(二)我国农村贫困治理模式的变迁

由于扶贫模式的主客体、瞄准对象、输入资源等要素的不同，在长期的扶贫开发的实践中也演绎出不同类型的贫困治理模式。长期以来，以政府为主导的反贫模式是我国农村贫困治理的主要特征。作为农村扶贫公共产品的供给主体，我国政府在农村贫困治理过程中取得了举世瞩目的成就。然而，政府主导型扶贫模式也不可避免地存在诸多问题，主要表现为：第一，传统的输血式扶贫理念，过于强调外在因素的主导力量，忽视了农民的能动性和主体性；第二，扶贫资金和项目的分配和使用往往由地方政府和乡村精英左右和把控，贫困农民很难参与扶贫资源的决策、管理和使用；第三，由于地方政府的利益需求和自身偏好，农村反贫成为地方政府追求政绩的手段，难以规避扶贫目标偏离现象；第四，缺乏科学合理的决策、监督与评估机制，助长基层政府非制度化行为，导致扶贫政策不持续、扶贫机制不完善、扶贫效果不稳定。因而，创新贫困治理模式已成为我国农村减贫反贫的关键议题。①

20世纪80年代，学术界就农村贫困治理的主体结构进行了广泛探讨，并达成基本共识。多数学者认为，贫困问题的产生原因复杂，有其特定的历史和时代原因。完全依赖政府的主导，并不能彻底消除贫困。传统的政府主导型治理模式中，贫困农民只是政府反贫困治理体系中的形式参与者；农村社区资源链接和自我增能的动力不足；市场化的农村扶贫产品供给机制有待建立完善；非政府组织与政府之间良性合作机制尚未形成。从某种程度上说，贫困治理体系的主体结构认识偏差，是造成我国农村反贫减贫诸多现实性难题的根本原因。当前亟待解决的问题

① 庄天慧、陈光燕、蓝红星：《精准扶贫主体行为逻辑与作用机制研究》，载《广西民族研究》，2015年第6期。

是厘清多主体间的责任和义务。[①] 当前，政府主导仍是农村贫困治理的关键之举，政府特别是基层政府应当是制度倡议者、政策推动者、组织协调者和行动召集者。而克服传统政府主导的输血式扶贫模式，应当培育贫困农民的自主性和创造性，变输血式扶贫为造血式扶贫。同时，引导市场化机制，避免行政冗余导致扶贫资源的低效配置；拓展与非政府组织的合作领域，弥补政府和市场双失灵的制度漏洞，关注贫困农民的差异化需求，减少扶贫目标的偏离与转换。

(三)精准扶贫：农村贫困治理的模式创新

如前文所述，传统的粗放式扶贫模式，不仅帮扶资源整合程度低，扶贫参与主体合作效度浅，而且帮扶项目和资金分散，存在严重的碎片化问题。无论是救济式扶贫、开发式扶贫还是参与式扶贫，都存在贫困人口识别不清、底数不明、帮扶措施和扶贫项目指向不准等制度漏洞，农村贫困治理的质量亟待提升。以贫困县为单位的区域瞄准、以贫困村为单位的村级瞄准都无法有效解决"贫困县内扶贫资源外溢和非贫困县的贫困农户被排斥在政府扶贫资源享受对象之外的问题"[②]。有限的扶贫资源能否真正到达贫困户一直是我国农村贫困治理的政策锚点和实践难题。如何设定农民贫困治理的主体结构，如何实现贫困人口的整体性脱贫，如何有效规避扶贫资源的偏离与转换，成为我国农村贫困治理的当务之急。精准扶贫具有更强的实践导向性和制度针对性，弥补了长期以来农村脱贫攻坚成效不足的缺陷，是现阶段我国农村贫困治理的根本之策。它既是共同富裕原则、精细化理念和分类思想在农村贫困治理中的创设性运用[③]，也是转变扶贫思路，摆脱"灌水式"和"输血式"扶贫模式桎梏的正确选择。

目前学界对精准扶贫的概念虽有不同的表述，但基本内涵保持一致。精准扶贫就是"扶贫对象精准、项目安排精准、资金使用精准、措施到户精准、因村派人精准、脱贫成效精准"。其基本的工作思路是以县为单

① 姚迈新：《对以政府为主导的扶贫行为的思考——扶贫目标偏离与转换及其制度、行动调整》，载《行政论坛》，2011 年第 1 期。

② 李小云、唐丽霞、许汉泽：《论我国的扶贫治理：基于扶贫资源瞄准和传递的分析》，载《吉林大学社会科学学报》，2015 年第 4 期。

③ 唐任伍：《习近平精准扶贫思想阐释》，载《人民论坛》，2015 年第 30 期。

位，根据分级负责、层层指导、规模控制、动态管理的原则，建立全国扶贫信息网络系统，建档立卡的贫困村、贫困户，逐村逐户制定帮扶措施。因而，是对传统扶贫瞄准机制的创新，克服了扶贫资源瞄准偏离的治理悖论。在一定程度上提高了有限资源的高效配置，削减了基层政府行政成本。当前，我国贫困人口呈现出“点、线、面”共存格局，扶贫开发的瞄准机制应当顺势而变。笔者认为精准扶贫应当有两层基本含义：一是超越贫困县的区域层次，将扶贫资源的瞄准靶心转向贫困村[①]，使有限的扶贫资源得到高效利用和合理配置；二是推动扶贫资源下沉至微观层次，直接找准贫困户实施帮扶措施，防止扶贫资源的错配或遗漏。精准扶贫思想的产生具有重要的理论基础和现实需求。精准扶贫从提出到付诸实践时间短，国家层面的指导意见仍较为宽泛。现有的研究尚缺乏翔实的实践性成果，对精准扶贫在农村贫困治理中如何具体地运用也未做出应有的回应，“对精准扶贫的研究多为对精准扶贫的意义解读与内涵丰富，对于具体实施的方法研究仍较为笼统”[②]。虽然各地区在具体实施过程中进行了一定程度的工作创新，但尚未提炼总结出适合大范围推广的有效经验，脱贫攻坚成效如何也缺乏标准化的考核机制。因此，需要进一步拓展精准扶贫的实践性研究，紧扣精准扶贫的内涵，找准症结，提出改进措施。

二、精准扶贫的实践逻辑与制度困境

改善扶贫治理机制是实施精准扶贫的核心要素。我国贫困治理的实践经历了从区域精准到贫困县精准再到贫困村精准的历程，也提出了整村推进等相关战略和理念，但扶贫体制和政策机制的精准程度始终难以规避人为的和技术的壁垒。而精准扶贫则以建档立卡的方式，引导各类扶贫资源优化配置，对贫困户和贫困村精准识别、精准帮扶、精准管理和精准考核，兼顾了差异性、特殊性和系统性的现实要求。笔者参与了安徽省脱贫攻坚成效第三方考核工作，比照党中央的精准扶贫的政策要

---

① 刘娟：《我国农村扶贫开发的回顾：成效与创新》，载《探索》，2009年第4期。

② 莫光辉、于泽堃：《深入推进精准扶贫的实践方向》，载《中国党政干部论坛》，2016年第5期。

求，不可否认的是，我国精准扶贫仍存在贫困户识别偏离、帮扶措施失准、精准施策脱靶、精准匹配不足等现实性问题。

(一)精准识别：贫困户分配、退出与重新识别机制的偏离

精准识别是精准扶贫的首要环节，关系到扶贫资源瞄准和有效传递。造成扶贫对象瞄准偏离有着多方面的原因：

第一，贫困户识别的关键人物是村干部(含驻村工作队人员)。倘若“贫困”被异化成“稀缺资源”，就难以遏制基层政府和乡村精英制度“寻租”和捕获不当得利的侥幸心理。在实践识别过程中，村干部具有相当强的主导性，加之我国传统社会熟人关系和家族势力的干扰，往往容易导致在贫困户家庭情况评定过程中的不公平现象。① 第二，逐级指标分配与识别对象的规模性排斥。② 在贫困户规模控制的实践中，我国现采取的是贫困户指标自上而下的逐级分配政策。也就是说，指标的多寡是由上级政府根据扶贫标准和各地区贫困发生率等监测指标，按照一定的比例测算出来分配到各省③，然后各县将到县规模数分解到乡镇、到村。显然，这种人为分配名额的方式未必能客观反映实际贫困人口数，或导致贫困户缺乏指标而“漏出”，或导致部分村民以走指标的方式获取贫困户资格。第三，“不愿脱贫”“被脱贫”等现象仍然存在，贫困户退出机制有待改善。在中西部等地区都不同程度地存在不愿脱贫的贫困户，部分村干部反映，有的贫困户甚至存在“我脱不了贫，你当不了官”的思想。2015 年我国执行的扶贫标准是人均年纯收入为 2855 元，笔者在安徽省某县调研中村干部普遍反映“现有的脱贫标准过低，部分贫困户仅靠政府的财政兜底保障 1 年就能得到 4000～5000 元的扶贫救助。只要该村制订了年初脱贫计划，要想贫困户脱贫，是件很容易的事情”。应当注意的是，收入的多寡只能作为脱贫与否的参考指标，而不是唯一标准。第四，某些地区识别贫困人口时，并未严格采用人均收入 2855 元的扶贫标准，而是综合考虑各类因素，从总体上来确定贫困户名额。引用非贫困线测算标准，在贫困户总体情况相差不大的情况下具有一定的合理性，但也正因如此降低了识

---

① 唐钧：《贫困县乱象背后的深层问题》，载《人民论坛》，2011 年第 36 期。

② 彭春凝：《当前我国农村精准扶贫的路径选择研究》，载《农村经济》，2016 年第 5 期。

③ 汪磊、伍国勇：《精准扶贫视域下我国农村地区贫困人口识别机制研究》，载《农村经济》，2016 年第 7 期。

别的精准性。比如，陕西省某县“九不评”“四优先”“两严禁”的识别标准中，采用了主观色彩过浓、带有明显惩戒性功能的道德标准作为精准识别的基本要素。[①] 第五，“档外贫困户”[②]和返贫农户因出于“规模控制”和政绩的考虑，在“回头看”重新识别中短期内很难建档立卡。不仅有违建档立卡的初衷，也激发了“档内贫困户”和处于政策空白地的“档外人士”的矛盾，存在贫困群众上访的隐忧。邓维杰[③]、左停[④]等在实地研究中都发现，由于政策性规模控制，存在部分贫困户（村）被排斥在精准识别范畴之外的现象。

（二）精准帮扶：帮扶资源的非制度化供给与供需失衡

结对帮扶是落实精准帮扶的关键环节，特别是在扶贫资源相对有限和脱贫攻坚任务艰巨的实际情况下，结对帮扶在精准扶贫政策体系中的纽带式作用不容忽视。结对帮扶是在省级政府的指导下，由县级政府明确帮扶方案，统筹安排扶贫资源，以一对一的结对方式为识别出的贫困人口和贫困村落实帮扶单位或责任人。帮扶单位是担负扶贫任务、实施制度化管理的本地区党政机关、人民团体、民主党派以及企事业单位，在乡镇扶贫工作站、村两委的配合下，针对贫困户的实际需求，制订帮扶计划。从结对帮扶的概念内涵来看，结对帮扶单位和责任人是在确定帮扶关系之后，实地入村入户了解和把握“贫困户/贫困村的基本情况、生产生活情况、致贫原因、扶贫需求等”[⑤]。但从逻辑上来说，存在本末倒置的矛盾。鉴于贫困村/贫困户的致贫原因和脱贫需求的差异性，在没有对致贫原因进行充分甄别、对脱贫需求进行个别调查的前提下，单靠行政手段推动帮扶关系的事先设定，必然会削减有限扶贫资源的利用效益，造成帮扶资源的供给与扶贫对象的实际需求之间的脱节与低效匹配。

另一方面，驻村工作队和驻村干部动员筹集的帮扶资金（或资源）是

---

① 唐丽霞、罗江月、李小云：《精准扶贫机制实施的政策和实践困境》，载《贵州社会科学》，2015 年第 5 期。

② “档外贫困户”是指 2014 年贫困户建档立卡中未被列为贫困户的贫困农民。

③ 邓维杰：《精准扶贫的难点、对策与路径选择》，载《农村经济》，2014 年第 6 期。

④ 左停、杨雨鑫、钟玲：《精准扶贫：技术靶向、理论解析和现实挑战》，载《贵州社会科学》，2015 年第 8 期。

⑤ 黄承伟、覃志敏：《我国农村贫困治理体系演进与精准扶贫》，载《开发研究》，2015 年第 2 期。

精准扶贫资源的重要供给之源。帮扶单位的扶贫资金(或资源)或是帮扶单位临时设立的帮扶项目资金，或是动员社会网络关系争取的社会资源。这些资源带有明显的非制度化和非持续性特点。某种程度而言，帮扶资金的类型、多寡取决于帮扶单位的性质、资源动员能力。因而，存在帮扶单位扶贫资源分布不均衡的隐忧。在特定资源存量相对有限的现实条件下，资源动员能力强或自身资源雄厚的帮扶单位或责任人能够为其入驻的贫困村和帮扶的贫困户获取足够的，甚至是“过剩”的扶贫资源，不可避免地“挤占”了资源动员能力不足的帮扶单位或责任人的资源获取途径。而现阶段，部分地区的扶贫模式过度依赖政府的“输血式”救济，低估甚至是忽视农民作为反贫困主体的地位。① 这也在一定程度上加剧了非制度化扶贫资源供给的负面效应。

(三)精准施策：帮扶理念与帮扶措施、帮扶制度的脱靶

精准施策的前提是精准识别。只有贫困户识别精准，精准施策才具有实践依据和价值，而精准施策的基本依据就是致贫原因。基于致贫原因的差异性，贫困户具有不同的帮扶需求。因此，精准施策的措施应当是差别化、个别化和因地制宜的。精准施策旨在“通过挖掘、满足贫困者的真实需求，有针对性地按需差异化帮扶”②，然而精准帮扶的理念在付诸实践的过程中却遭遇各种现实性难题。

第一，帮扶措施过于简单，形式化色彩浓厚。囿于扶贫工作的强度和基层扶贫专干能力不足，不少减贫措施被简单地理解为贫困户提供资金、赠送生产资料、改造或修缮危房、协助解决日常生活所需等。笔者在调研中发现，安徽省有些贫困村部分 2016 年拟脱贫户虽然年底能够实现人均收入超贫困线标准，但其收入来源主要是政府的政策性救济(低保金、养老金、粮食补贴等)和社会捐款。这部分脱贫户犹如“拄着拐杖”，受政策变动的影响大，具有不可持续性，直接影响减贫效果。第二，因患大病、天灾人祸等原因导致“返贫”的情况时有发生，脱贫户是否继续以及如何享受扶持政策尚无具体的指导意见。按照国家脱贫攻坚的相关

---

① 王三秀：《农村贫困治理模式创新与贫困农民主体性构造》，载《毛泽东邓小平理论研究》，2012 年第 8 期。

② 刘辉武：《精准扶贫实施中的问题、经验与策略选择——基于贵州省铜仁市的调查》，载《农村经济》，2016 年第 5 期。

文件，为防止贫困户脱贫后返贫，在一定时期内还可按相关政策规定享受相关扶持政策。但是上级文件并没有具体规定“一定时期”到底是多长时间，也未规定哪类贫困户可以继续享受，更没有规定哪些扶贫政策可以继续享受。因此，县级及以下的扶贫工作人员很难进行操作化判定。同时按照有关规定，贫困户脱贫的标准主要有贫困户年人均收入稳定超过当年国家贫困线标准(按2015年2855元不变价计算)、有安全住房、家庭无因贫辍学学生作为主要衡量指标，但是天灾人祸、疾病复发等却无法有效预估。因此，在实际工作中，村干部反映只要通过“拟选对象、精准扶持、民主评议、公示公告”等程序实现脱贫的贫困户，一般第二年不再享受到户扶贫资金救助。第三，扶贫项目与贫困需求不相匹配。贵州、四川、陕西等多省“坚持财政扶贫资金的70%要用于产业开发，其中70%的产业开发项目资金要直接落实到户”①，而实际情况是，部分边远和贫困农村地区对基础农田和生活设施的迫切度远高于产业发展；一些贫困户因缺乏创业能力和一定数量的配套资金、土地等生产资料，无法实现产业脱贫；部分产业扶贫项目违背当地产业发展规律，重生产，轻市场。由此，导致帮扶项目、资源出现严重的偏离。

需要指出的是，“精准帮扶”的概念并不独指对贫困户的帮扶定位精准。在脱贫攻坚实践中，由于扶贫政策的不均衡性，非贫困村很难享受到与贫困村同等的帮扶项目扶持。笔者在安徽省调研中，有非贫困村支部书记坦言：“我们村有好的项目向上面申请资金很少获得批复，贫困村农田基础设施建设进度都快超过非贫困村……仍希望获得同等的产业扶持政策”；也有非贫困村支部书记反映“小额信贷在非贫困村的审核到资金下拨耗时过长，光伏扶贫也是先考虑在贫困村开展……贫困村似乎在各个方面都比我们快一步”。扶贫项目、资金重点倾向贫困村虽无可厚非，但应考虑政策的均衡性，避免非贫困村“被边缘化”现象。

(四)精准匹配：基层扶贫干部能力不足与责任缺失

精准匹配胜任扶贫职责的扶贫干部是因村派人精准的基本要求，也

① 杜志雄、詹琳：《实施精准扶贫新战略的难题和破解之道》，载《中国发展观察》，2015年第8期。

是按时按质实现脱贫指标的关键之举。唐丽霞[①]、沈茂英[②]、汪三贵[③]等均指出，基层扶贫干部能力(包括组织能力、协调能力、资源整合能力等)的强弱与贫困村/贫困户脱贫的时间和规模成正向关系。然而，现有的农村扶贫工作干部大多数是临时抽调的计划生育工作人员，或是上级指派的基层轮训人员，专门从事扶贫工作的人员少之甚少，扶贫干部能力不足和责任缺失的现象仍然存在。

第一，部分村干部对扶贫政策熟悉程度不够，难以区分“特惠”和“普惠”扶贫政策。调研中发现有的村扶贫专干对该村 2016 年实际到账的扶贫资金和已批复的到村扶贫项目情况知之甚少，有的村支书将扶贫专项资金和民生工程拨付款混为一谈，有的村支书无法清楚地理解到户的“特惠”和“普惠”扶贫政策，有的驻村干部甚至不知道“小额信贷”的贷款额度、年限等基本政策。扶贫干部不了解扶贫政策，不吃透政策精神，不树立政策意识，也就无法有效争取和利用到村、到户扶贫项目和资金。第二，部分村干部责任意识薄弱，“走读式”“挂名式”等形式主义帮扶现象屡见不鲜。主要表现为：得过且过，主动作为意识不足；脱离当地实际，盲目包办项目；低估农民自主发展能力，助长“等、靠、要”思想；漫灌式的平均主义有违精准扶贫原则；熟人关系，暗箱操作，侵害贫困户利益。2016 年，甘肃省纪委联同省扶贫办查处扶贫领域违纪问题 686 件，处理涉事干部 1516 人；四川省通报了 9 起扶贫领域典型案件；广西壮族自治区 10 个月内 12 410 名干部因以权谋私、虚报冒领、贪污侵占、挪用专项扶贫资金等问题被处分。第三，由于基层扶贫干部素质能力较弱，大多数文化水平较低，在扶贫材料的整理与归纳工作中时有漏洞。一些县市区贫困户信息登记系统的数据失真，身份证号码错位，联系方式造假，致贫原因与帮扶措施差之千里；扶贫手册的致贫原因、劳动力能力、帮扶措施、帮扶单位等填写栏随意涂改，帮扶措施含糊不清，且登记时间先后顺序不一致。第四，部分基层扶贫干部全局意识缺乏，为

---

① 唐丽霞、罗江月、李小云：《精准扶贫机制实施的政策和实践困境》，载《贵州社会科学》，2015 年第 5 期。

② 沈茂英：《四川藏区精准扶贫面临的多维约束与化解策略》，载《农村经济》，2015 年第 6 期。

③ 汪三贵、刘未：《“六个精准”是精准扶贫的本质要求——习近平精准扶贫系列论述探析》，载《毛泽东邓小平理论研究》，2016 年第 1 期。

应对上级政府下达的脱贫计划，仓促制订的脱贫计划脱离实践。部分扶贫干部只瞄准上级下拨的扶贫资金，整合社会资源的能力不足，“数字脱贫”“被脱贫”情况仍时有发生。而现有的脱贫攻坚考核机制尚未建立健全，很难形成对基层干部的约束和奖励效力。

三、精准扶贫政策改进与农村贫困治理体系的构建

事实上，任何扶贫瞄准机制都面临着来自识别偏离、帮扶脱靶、政策失衡、考核失效以及政治考量等多方面的障碍。特别是当“贫困”被异化成“稀缺资源”，扶贫资源的瞄准机制就难以在技术层面剥离政治因素在贫困治理中的作用。而要改进精准扶贫的技术设计，规避政治化风险的影响，就必须找准问题的症结，以制度化的手段改进精准扶贫的政策体系，进而构建“政府主导、市场推进、社会协同、村民参与”的多元主体农村贫困治理体系。

（一）靶向校准：优化扶贫瞄准运行机制

精准识别是精准扶贫的第一道关卡，也是精准扶贫最关键的步骤，直接影响精准扶贫的政策效果。倘若精准识别脱离靶心，将会导致“差之毫厘，失之千里”的后果。因此，优化扶贫瞄准运行机制，找准精准扶贫的对象，就显得尤为重要。第一，由于技术和数据统计的缺陷，传统的以人均年收入作为贫困人口识别标准的方法显然不合时宜。精准识别的前提是制定科学合理的识别标准。而现行的精准识别标准过度注重家庭人均年收入单一指标，忽视了致贫原因的多样性。应当采取多维指标对贫困人口建档立卡，并适度扩展贫困户建档立卡规模。① 同时，也要反复斟酌指标的合理性，避免人为占用贫困户名额。第二，为防止因贫困户指标自上而下分配机制所导致的“规模排斥”现象，县级政府应当严格落实精准识别的“倒排法”和“分类法”，加强对贫困户信息系统的数据挖掘，并根据本地区实际，绘制贫困村、贫困户空间分布信息图，及时洞察致贫原因，重新识别新增贫困户和返贫户。第三，实现对贫困户的动态管理和指标的均衡性调整，建立严格的贫困户和贫困村退出机制，严禁“数

① 汪三贵、郭子豪：《论中国的精准扶贫》，载《贵州社会科学》，2015年第5期。

字脱贫”和“被脱贫”现象。同时，对已脱贫户应当进行动态跟踪和不定期走访，确保脱贫效果的持续性。第四，建议明确贫困户脱贫后巩固提高的时间期限，其前提是对脱贫户返贫可能性进行预判。而预判的依据就是要根据贫困户的致贫原因、家庭经济状况、自我发展能力以及潜在的生活风险等指标设置的返贫风险指数。对于返贫风险达到一定程度的脱贫农户，应当确保到2020年前，仍可享受同等的贷款贴息、危房改造、搬迁补助、政策兜底等帮扶政策。第五，创新贫困户识别方法和程序。贵州省在贫困户的摸底排查的实践中，总结出“一看房，二看粮，三看劳动力强不强，四看家中有没有读书郎”的“四看识真贫”方法。湖北、安徽等地积极探索和推广“农户申请—四邻签字—组级评议公示—村级评议公示—乡镇审核公示—县级复审公告”精准识别“六步法”和“回头看”“再回头看”精准核查办法，并以贫困户档案为基础，安排专人精确无误地将数据录入扶贫开发信息网络系统，建立贫困户电子信息档案。第六，建立贫困户信息交流共享机制。加强贫困统计部门与各级扶贫开发办公室、民政、教育、公安、妇联等职能部门间的沟通与协作机制①，实现多部门的合作式治理。

(二)分类治理：提升精准施策与帮扶的效度

精准扶贫要求到户帮扶精准，也就是说，帮扶的措施应当是因户施策。精准到户的基本前提是精准识别贫困户的基本特征，包括致贫原因、地区状况、家庭情况等。传统的扶贫模式假设贫困是整体性的概念，侧重地区贫困治理，这就难免会把非贫困地区的贫困人口排除在外。比如，以区域经济增长的开发式扶贫模式就是典型的“撒胡椒面”，背离了“精确浇灌”理念，因而需要根据实际情况对贫困户分类。只有因类施策，才能避免国家贫困治理政策的低效配置，有效规避扶贫项目和到户资源的非法挪用、套取和挤占。中国贫困人口呈现明显的类型化特征②，笔者根据致贫原因归纳出三种类型的贫困户：第一类是因居住环境恶劣、自然资源匮乏、耕地零碎、土地贫瘠、交通闭塞等外在客观原因导致贫困的农户，这类贫困户以贫困程度深、贫困人口基数大的云南、贵州、新疆等

---

① 郑瑞强：《精准扶贫的政策内蕴、关键问题与政策走向》，载《内蒙古社会科学(汉文版)》，2016年第3期。

② 龚晓宽：《中国农村扶贫模式创新研究》，成都：四川大学博士论文，2006年，第66-67页。

地的贫困户为代表；第二类是家庭劳动力少、自我发展动力不足、市场适应能力弱、缺资金缺技术等能够经过帮扶实现脱贫的农户，这类农民在山东、安徽、黑龙江、河南等地比较普遍，是我国贫困人口占比最大的类型；第三类是鳏寡孤独、丧失劳动能力、无收入来源的特殊贫困群体，2015 年全国有近 2000 万贫困人口需要政府的兜底保障。针对这三类贫困户的实际情况，需制定个性化的帮扶措施。具体来说，对于第一类贫困户，生态环境的综合治理与提高贫困户经济收入应并重而行，同时引导有劳动力的贫困户有组织地接受就业培训和劳务输出。有步骤有计划地实施异地搬迁，尊重贫困户选择的优选安置地点和安置方式。对于第二类贫困户，则需要政府的外在介入和农户的自我增能双重施策。政府应在基础设施建设、市场信息发布、项目申报、小额信贷、产业扶贫、技术培训、农业保险等领域为贫困户提供一揽子帮扶服务；农民自身也要发挥主观能动性，主动接受农业技术培训，提高市场风险的识别能力。对于第三类贫困户，则要依靠政府的财政兜底保障。通过民政救济、医疗救助、五保供养等农村绝对贫困人口的社会保障体系；同时，动员社会力量的自愿捐助，缓解国家财力不足。需要指出的是，分类治理也暗含贫困户受益模式的创新和到户资金的有效整合。特别是在产业扶贫中，处于明显劣势的贫困户，应当鼓励将到户扶贫资金入股优势项目。

（三）精准考核：规避政府风险与监管漏洞

精准考核是评估脱贫攻坚绩效的关键手段，也是精准扶贫的应有之义。因而，设定科学合理的精准考核办法、指标和体系是精准考核的核心要素。2016 年 2 月中共中央办公厅、国务院办公厅印发了《省级党委和政府扶贫开发工作成效考核办法》，安徽、山西、山东等省也在全省范围内开展以县级为单位的脱贫攻坚绩效考核。然而，现行的脱贫考核指标体系仍处于探索阶段，算不上真正意义上的绩效评估体系。原因主要有：第一，精准扶贫的落脚点是贫困村整体出列，贫困户整体脱贫，而精准考核的测评办法是随机抽样。这就不可避免地存在统计学意义上的监测遗漏、区群谬误和简约论的不足。第二，考核指标的设定缺乏全局观念，尚未摆脱经济至上思想的束缚，忽视生态指标和社会指标维度，对脱贫内生动力因素认识不足。第三，国家、省、县统计评估考核体系的断层与脱节。由于缺乏全国统一的指标体系，考评数据收集和处理方法的大相径庭，缺乏纵向可比性。同时，贫困数据统计来源于不同的职能部门，考核数据的统计有重复和遗漏的可能性。这导致考核评价获取的统计数据与国家、省、县掌握的三套数据存在统计差异。第四，脱贫成效考核监测出来的数据和成果没有得到充分的利用和学理分析，过于注重考核结果的奖惩，淡化绩效考核的后续运用。

为有效规避政府既当“运动员”又当“裁判员”的行政风险，堵住地方政府内部监督漏洞，笔者建议：第一，全面普查和抽样调查相结合。全面普查要求政府相关职能部门对我国现有贫困村/贫困户的致贫原因、帮扶措施等情况进行整体摸排，建立贫困户大数据系统；抽样调查则侧重于利用第三方考核的公正性和可靠性，以县级为单位，采取专项审查、材料核查、实地座谈和入户调查的办法评估脱贫攻坚绩效。第二，完善绩效考核指标体系。脱贫指标体系的设置应当兼顾经济、社会和生态指标的各个方面，既要有所侧重，又要统筹兼顾。同时，确保脱贫度量指标的系统性，规避因脱贫政策的变动而导致急功近利的短视行为。第三，分类考核。依据本地区脱贫攻坚的实际情况，对考核对象实施类别化考评。比如，对于水系源头或生态保护区，以生态建设为扶贫重点，坚持不考核生产总值、工业发展等指标；对限制开发区域，侧重于对非资源型扶贫项目开发、培育和发展的考核；对重点开发区域，重点考核循环经济、低碳发展和绿色农业的扶贫成效。第四，进一步健全以县级人民政府为主体责任的脱贫成效考核机制。同时，依据县、乡(镇)、村在脱贫攻坚中的职责和义务，各制定一套考评细则，确保找准薄弱环节，对症下药。第五，建立以扶贫部门为主导，组织协同、公民参与以及舆论配合的多维监督体系。扶贫部门的监督带有行政色彩，是对精准扶贫成效的制度化监督维度。而社会组织、人民群众和新闻媒体的监督有效弥补了行政监督的不足，是建立常态化和长效性监督机制不可或缺的主体要素。

(四)增能赋权：锻造精准扶贫核心力量

精准扶贫要求“因村派人精准”。不应狭义地将“因村派人精准”理解为上级政府下派的驻村工作队。因村派人的核心指向是锻造出扶真贫、真扶贫的常态化扶贫队伍结构。笔者认为，因村派人精准应当着眼五个层面的扶贫队伍建设：第一，优化驻村帮扶工作队的派遣机制，强化参与贫困治理的制度保障。主要措施有：根据帮扶单位资源调配能力大小，合理配置贫困村的对口帮扶单位，避免出现“实力雄厚的帮扶机构将大量资源集中在对口帮扶村庄中，造成形象工程和‘垒大户’现象”[①]；根据贫困村不同阶段的发展需求，按需安排帮扶单位，贵州、云南等地总结的“六类干部到六类村”经验就具有很好的参考价值；实施专业人才下乡帮扶工程，高等院校、科研机构、涉农国企、公立医院等各类企事业单位选派在基础教育、医疗卫生、农林技术、科技兴农、职业培训、生活救助等领域有真才实学的专业人员到农村挂职、兼职[②]；赋予驻村工作队队长参与村两委扶贫工作会议和充分介入本村精准扶贫公共事务决策过程的权利。同时，乡镇扶贫工作站和村两委要加强对驻村工作队的监督和评估。第二，加强村(社)两委组织建设，增进乡村干部贫困治理能力。落实贫困户精准识别和精准帮扶政策的关键在基层，因此必须吸纳有理想、能力强、作风正的乡村干部参与精准扶贫，并有计划地开展乡村干部素能培训。同时，也要以基层党建为契机，夯实村(社)两委的组织能力。第三，招募非政府组织成员开展公益性扶贫项目，有效对接“大学生村干部计划”“大学生三支一扶计划”和“大学生志愿服务西部计划”等项目的人才资源。第四，探索社会化精准扶贫方式，倡导有财政能力的省份购买社会组织服务，弥补政府单方供给失衡和公共资源溢出效应的缺陷。第五，充分发挥“乡村贤人”在精准扶贫中的重要作用。[③] 贵州省“乡贤理事会＋村级集体经济”精准扶贫模式有借鉴意义：通过成立乡贤扶贫组、乡贤专家库、乡贤救助基金等，整合“乡贤”资源；通过“乡贤”的带动示范和政策宣传，激发贫困户自主发展动力；通过鼓励外出“乡贤”回乡创业、投资兴业，拓宽村庄贫困户创收渠道。

(五)制度设计：构建多元主体农村贫困治理体系

习近平在安徽视察金寨县脱贫攻坚成效时提出，要厘清政府、社会(组织)、市场与公众在精准扶贫中的主体关系，提高多元主体合作扶贫的能力。构建“政府主导、市场推进、社会协同和农户参与”的农村贫困

---

① 王晓毅：《精准扶贫与驻村帮扶》，载《国家行政学院学报》，2016 年第 3 期。

② 吴江：《精准扶贫要有“精准”的人才队伍》，载《光明日报》，2016 年 3 月 15 日。

③ 李鹍：《农村精准扶贫：理论意蕴、实践路径与经验探寻——以湖北恩施龙凤镇扶贫实践为例》，载《理论导刊》，2015 年第 6 期。

治理大格局，打破政府、社会与市场之间的隔阂，引入非政府力量参与精准扶贫，是夯实脱贫攻坚成效的正确选择，也是我国实现整体性脱贫的必然要求。结对帮扶就是多主体协同扶贫的有益探索。虽然全国各地帮扶模式和具体措施不尽相同，但核心理念是一致的，也即集中对口的社会力量有针对性制订专门的脱贫计划，帮助农户脱贫。然而，结对帮扶的主体力量仍然是党员干部、机关单位、事业单位和国有企业，非政府组织、市场机制和贫困农户的主体潜能并未得到有效拓展。当前5575万贫困人口的脱贫任务单靠政府的财政投入和政策兜底，显然是不现实的。因此，迫切需要增进各类扶贫主体间沟通协作，加强制度设计。第一，厘清不同主体的权限和责任。政府仍然在我国精准扶贫中发挥主导和统筹作用，主要表现为：利用财政制度、社会政策、法律法规、战略规划等基本职能，明确脱贫攻坚的总体思路、主体责任、方略要务、制度保障、路径方针；设立国际扶贫开发基金，建设国家扶贫开发基础信息平台，强化行政监督和引导多元扶贫主体有序合作。① 市场机制弥补了政府扶贫资金不足和资源配置效率不高的“短板”，运用市场规律创新扶贫模式的主要方式有：在贫困地区搭建农村产权交易和金融信贷平台，聚集产业扶持项目的互补性优势；积极探索新型农村生产经营方式和合作经济组织形式，组织和引导贫困农户农业生产专业化和适度规模化，培育特色主导产业，参与区域市场分工；架构农业生产与市场联系的信息传递与分享“桥梁”，引导农民按需生产，提高农业生产信息化程度；鼓励贫困户联合发展行业协会、专业合作社、股份合作等农村经济组织，提高贫困农民进入市场的组织化程度。社会组织参与精准扶贫的广度和深度日益扩展，业已成为精准扶贫的主要主体。在结对帮扶、专项救助、慈善救助、临时照顾等领域，社会组织的作用不可小觑。而贫困户是扶贫的受益主体，其主体作用发挥的重要性不言而喻。坚持参与式扶贫，调动贫困户自主发展潜能，是精准扶贫的根本目标。第二，按照国家税收法律及有关规定，“全面落实扶贫捐赠税前扣除、税收减免等扶贫公益事业税收优惠政策”②。同时，对支持和参与精准扶贫的个人、非政府组

---

① 陆汉文：《我国扶贫形势的结构性变化与治理体系创新》，载《中共党史研究》，2015年第12期。

② 顾仲阳：《全面落实扶贫公益事业税收优惠》，载《人民日报》，2014年12月5日。

织、企事业单位和各类市场主体进行正向激励。

本文发表于2017年第1期

农民工市民化：向度与力度

——基于对城市文化中心主义倾向的反思*

江立华　谷玉良**

一、农民工的市民化：由现实表现到理论预设

自20世纪80年代户籍制度松动以来，数以亿计的农村劳动力涌向城市，或务工，或经商。早期由于受户籍制度和相关法规的制约，到城市务工的农民实际上没有脱离土地和农村的束缚，亦农亦工与非农非工的身份没有得到清晰的界定。直到90年代初期，“农民工”一词被国家政策法规正式使用，获得了法律意义上的认可，并明确了城市中全民所有制和集体所有制企业中的城市户口“工人”与“农民工”的区别。至此，进城务工农民身份清晰界定，被加上了一层无法抹掉的身份负重感。身份的特殊、来自农村的社会和文化背景使他们在城市的工作和生活处于受排斥的状态，农民工问题由此而生。众多学者从多角度对农民工问题进行了深入的研究，思考和讨论的问题包括：农民工的福利和权益保障、农民工的城市适应、农民工的市民化、农民工犯罪问题、返乡农民工的再就业等等。在这众多的讨论和争论议题中，最受关注的无疑是农民工的城市适应和市民化问题。

农民工市民化狭义上被定义为“城市农民工在身份上获得与城市居民相同的合法身份与社会权利的过程”，广义上则包括农民工的价值观，身

---

* 本文系国家社科基金重大招标项目“城市流动人口服务管理问题研究”(项目批准号：11&ZD036)的阶段性成果。

** 江立华，华中师范大学社会学院人口研究所、城乡发展一体化湖北协同创新中心教授；谷玉良，华中师范大学社会学院硕士研究生。

份认同等主观因素和农民工的生产、生活方式的转化。① 有学者认为农民工市民化包括四个层面的含义："一是职业由次属的、非正规劳动力市场上的农民工转变成首属的、正规的劳动力市场上的非农产业工人；二是社会身份由农民转变成市民；三是农民工自身素质的进一步提高和市民化；四是农民工意识形态、生活方式和行为方式的城市化。"②不难看出，"市民化"是指农民工向城市居民转变的过程，是将城市市民为主构成的城市主流社会视为农民工社会融合的唯一方向和标尺。农民工要获得市民身份和权利，要向上流动至城市中下层或以上，形成城市化的生活方式和文化心理，并建立对市民身份的自我认同和对流入城市的地域认同。

现实中，大多数农民工确实在为自身社会地位的提高、经济地位的改善付出艰辛的努力，也确实在城市适应中遇到了很大障碍。但正是这种农民工市民化困境与农民工的积极努力之间的张力给人以误解：农民工必须市民化。众多学者在关于农民工市民化的研究中有意无意地将农民工市民化不经调查和论证地作为了研究的理论预设和潜在的假设前提。在这种假设的基础上，他们试图回答的是，农民工市民化过程是基于怎样的一种道路或怎样的一种模式，为什么是这样的道路或模式，此等道路或模式说明了什么，有何意义？

需要指出的是，这样的研究及其所建构的理论模式存在本体性的缺陷——把为解释实践而构建的模型当作实践的根由③，从理论来推理实践，人为地设定"应然—必然"之关系，采取化简方式来达到预期的解释目标。同时，这也是以城市文化或者说城市性为中心展开的思考，表现

① 王桂新、陈冠春、魏星：《城市农民工市民化意愿影响因素考察——以上海市为例》，载《人口与发展》，2010年第2期。

② 刘传江、徐建玲：《第二代农民工及其市民化研究》，载《中国人口·资源与环境》，2007年第1期。

③ ［法］布迪厄著，蒋梓骅译：《实践感》，南京：译林出版社，2003年，第125页。

了一种城市文化中心主义[①]的倾向，具体表现在以下三个方面：

首先，在关于农民工城市适应的研究中，缺乏对农民工市民化意愿的讨论，导致不少农民工无形中“被市民化”[②]。城乡“二元论”的理论预设和价值判断，认为城市比农村更文明、工业比农业更发达、市民比农民更幸福，这种惯性思维以及持续增加的自农村向城市的流动人口强化了农民工市民化的强烈意愿和主动性的表象，农民工市民化的主动性和意义被夸大了。虽然不少调查数据显示大多数农民工，尤其是青年农民工倾向于定居城市而不是返乡。但从农民工自身的实践来看，其市民化的行动并没有其所表达的意愿那么普遍。随着当前农村城镇化进程的加快，农村基础设施的完善以及公共产品和福利的进一步覆盖，加之土地价值的升值，农民对土地的保护预期越来越强，存在很多农民工不愿意定居城市的情况[③]，或者是在市民化的实践中遭遇困境时，最终的选择是返乡而不是定居城市。显然，许多研究者对农民工的这种表达和实践之间的张力并没有给予足够的重视。

其次，在农民工市民化的研究中，存在单向“融入”的观点，认为农民工的城市融入是一个单向的过程。农民工以城里人为参照对象，不断

---

① “文化中心”对应“ethnocentrism”一词，在使用上，学者一般关注的是“ethnocentrism”的狭义内涵，即将其解释为“民族文化中心主义”，而忽视了其更广泛的含义。Adorno 等在 *The Authoritarian Personality* 一书中，赋予“ethnocentrism”更为广泛的含义，认为“它指的是任何社会群体的成员们对外部群体的偏见态度和敌对心理”。（参见：Adorno，T. W.，Frenkel-Brunswik，E.，Levinson，D. J.，Sanford，R. N.：*The Authoritarian Personality*，New York：Harper & Row Agger，1950，146.）一般来说，文化中心（ethnocentrism）表现为一种群体性的倾向，故被称为“文化中心主义”，其广义内涵适用于研究社会群体之间的关系。奥地利学者弗朗兹·马丁·维默将文化中心主义细分为四种类型：扩张型中心主义、整合型中心主义、分离型或多样型中心主义、暂时型或过渡型中心主义（参见：弗朗兹·马丁·维默：《文化间哲学语境中的文化中心主义与宽容》，载《浙江大学学报（人文社会科学版）》，2009 年第 6 期）。本文关于“农民工研究中的城市文化中心主义倾向”的论断无疑是在整合型文化中心主义的意义上来说的，强调研究者在农民工市民化研究中，以城市为中心展开思考。

② 这里借用文军的“被市民化”概念来说明在农民工研究中将农民工市民化作为一种理论预设的现象。当然文军最初使用这一概念时所研究的问题是城郊农民的被动城市化。本文这里只是使用其概念的一般意义。参见：文军：《“被市民化”及其问题——对城郊农民市民化的再反思》，载《华东师范大学学报（哲学社会科学版）》，2012 年第 4 期。

③ 叶鹏飞：《农民工的城市定居意愿研究——基于七省（区）调查数据的实证分析》，载《社会》，2011 年第 2 期。

调整自己的思维习惯和行为方式，以获得不同于传统乡土社会的心理状态、价值观念和行为模式。

再次，在关于农民工服务管理研究中，把农民工作为一个同质性的整体看待，忽视这一群体内不断增加的多样性和差异性。即使有些研究注意到农民工的代际或代内分化，也只是简单描述农民工不同子群间的社会特征差别，而忽视代际所面临的制度背景、经济环境等宏观因素的变迁，忽视不同职业、阶层的农民工的生活场域的差别，以及个人特征和生活环境的差异如何导致不同子群在生存现状和发展前景上的差异。

总体上说，已有的研究不同程度地忽视了农民工市民化过程的模糊性、流变性、即时性和紧迫性。而农民与城里人、农民与商人的所有非理性与理性、传统性与现代性的差别实际上都是人为设定的，这种人为设定主要是服务于某种学术性常识的形成和研究范式的符号化，而不是服务于现实农民工问题的解决。

二、农民工的市民化：融入还是融合

西方早期的移民研究将流动人口的文化适应视为一个单向的过程。大部分学者的研究假定文化适应最终会使得文化变得更加同质化，而同时原有的文化差异则会逐渐消失。例如美国学者戈登认为美国移民文化适应的方向和终点是“代表了大部分人的、白人新教徒的、盎格鲁-撒克逊人的中产阶级的文化模式”的核心文化。① 这种研究取向显然是一种文化中心主义的表现，忽视了城市作为一个“万花筒”的文化包容性。国内一些研究农民工的学者，受此种观点的影响，认为农民工的城市融入是主动习得现代城市的生活方式和文化，单方面地被迫向城市靠拢。

从宏观层面看，农民工的市民化的确表现为城市社会制度、经济结构等对农民工的逐步吸纳过程。城乡二元经济、社会结构的差异也导致在市民化的过程中脱离了农村社会场域的农民工不可避免将受城市社会制度和结构的影响。在“嵌入”城市社会、经济结构的过程中，他们/她们

---

① Gordon, M. M.: *Assimilation in American Life: The Role of Race, Religion, and National Origins*, New York: Oxford University Press, 1964, 172.

将逐渐习得和内化城市生活方式，适应城市社会制度，最终适应城市社会。从这个角度来看，农民工的市民化似乎是一个单向的“融入”过程。有学者也指出，社会融合是农民工“在居住、就业、价值观念等城市生活的各个方面融入城市社会，向城市居民转变的过程”①，但是过于强调传统与现代、农村与城市的对立，仅仅强调用农民工与城市居民的同质化水平来衡量农民工的市民化未免过于简单化了。

农民工的市民化是通过农民工具体的行动来实现的。从微观个体层面看，农民工的城市融合具有双向性。

从理论上来说，农民工市民化实际上是一种行动适应与结构变迁密切互构的过程。也就是说，面对结构性制约，农民工的适应行动不仅具有受动性，而且具有巨大的能动性和创造性；不仅再生产着原有的结构环境，同时也逐步推动着结构的变迁，拓展着他们在城市的生存空间。而变迁了的结构又成为农民工适应行动的新的环境。正如吉登斯所言，“不应将结构等同于制约。相反，结构总是同时具有制约性和使动性”②。在与市民的交往中，农民工完全有可能变被动为主动，成为塑造未来社会的参与主体，而城市市民和农民工也将在变化中趋向一致并最终融为一体。我们不否认城乡之间存在着巨大的文化差异，绝大部分农民工在进入城市社会之后，在社会融合问题上也的确会面临文化认同的两难处境：一方面，农民工是否愿意保持自己家乡的文化，另一方面，农民工是否愿意适应城市的现代工业文化。在农民工的市民化过程中，受农村与城市、传统与现代因素的共同影响，农民工的文化认同具有复杂性和多维性，具体表现为二重性，即许多农民工既对城市表示认同，也对农村表示认同。③ 通过分析，我们认为农民工的市民化本质上是一个社会化的过程，是继续社会化而非再社会化。再社会化某种程度上强调从一种社会化内容转向另一种截然不同的、新的社会化内容。在这个过程中，再社会化的主体会忘掉旧的价值观和行为模式，塑造出新的价值观和行

---

① 马西恒、童星：《敦睦他者：城市新移民的社会融合之路——对上海市Y社区的个案考察》，载《学海》，2008年第2期。

② [英]安东尼·吉登斯著，李康、李猛译：《社会的构成》，北京：生活·读书·新知三联书店，1998年，第89-90页。

③ 郭星华、李飞：《漂泊与寻根：农民工社会认同的二重性》，载《人口研究》，2009年第6期。

为模式，从前后社会化内容的继起和关系上来说，二者是截然分离的。而继续社会化则更加强调在原有社会化内容的基础上继续学习和接纳新的社会化内容，原有社会化内容和新的社会化内容并不存在根本的冲突。

从市民化实践看，农民工表现出执着性的一面，如一些农民工将城乡边界从“城乡之间”带入“城市之中”，在城市复制乡村生活环境，从而使农村与城市的边界虚拟化。我们一般习惯上将这种在城市复制的乡村生活环境称为“城中村”。聚居区内的“居民”多来自同乡，从事相同或相近的职业，亲缘和地缘关系是其社会结构的基本特征，农村的行为方式和价值观念对他们有着持续性影响。当然，大多数农民工表现出融合的意愿和行为，但受各种内外因素的影响，普遍存在两面性。他们仍然与农村发生紧密联系，其经济收入以改善农村家庭生活为主要目的，用以改善在城市日常生活水平的支出相对较少。即使是青年农民工，也仍然有超过一半的人没有放弃在农村的土地和宅基地(16～25 岁的 58.6%拥有承包地，63.6%有宅基地；25～30 岁的 64.6%有承包地，67%有宅基地[①])。这足以说明农民工的市民化并没有完全抛弃乡土背景。另一方面，态度与行为方面，农民工表现出了适应城市文化的倾向。比如，在调查农民工[②]对“在公共场合大声喧哗，在不吸烟者面前或附近吸烟，随地吐痰，随手扔垃圾，讲粗话，不排队办事，不按交通灯指示和行人线过马路，不守时间，不守信用，不关照、协助老/病/伤/残/孕/幼，破坏或偷取公共物品”等的反应和看法时，绝大部分农民工对这些不文明行为表示反感(农民工对以上行为选择“比较反感”和“很反感”的比例分别为：72.3%、66.4%、86.4%、82.0%、81.6%、87.8%、75.6%、84.1%、93.1%、89.1%、86.7%)。

农民工在适应城市文化的同时，对农村生活依然给予了高度的关注。在农村经济发展、公共设施建设、村干部选举、就业和工作机会等四个

---

① 中国青年农民工网：http：//www.youngmigrants.org/.

② 数据来源于笔者 2012 年 12 月组织的全国性调查“农村籍进城工作/创业人员调查”。本次调查覆盖全国 26 个省市内的农民工，共发放问卷 3500 份，最终回收有效问卷 3050 份，有效率为 87.1%。调查样本中，农民工输出大省所占比例较高，且大体符合农民工来源地在全国的分布特征。排名前五位的样本的主要分布点为：河南(13.34%)、湖南(11.15%)、湖北(17.11%)、江西(8.98%)、山东(8.89%)。以下未注明的数据均来自此次调查。

选项上，选择“比较关心”和“非常关心”的农民工分别占68.6%、73.4%、37.8%、71.3%。这说明，农民工的市民化表现出适应城市生活与关心农村境况的双重性。

至于社会信任和社会交往，调查结果显示，农民工社会信任的对象以老家亲朋和打工老乡为主(均值均低于2.5——信任层次分五个维度)，而对当地市民和所打工城市的政府的信任度则较低(均值分别为3.06和2.89)。同样，农民工的城市社会交往对象也仍然以农村老乡为主(交往频率比较频繁和非常频繁的占59.3%，远高于与市民交往的34.1%)。即便在农民工与市民混合居住的社区，通过实地调研发现，农民工的交往也呈现出内卷化的特点。农民工与市民在混合社区呈现出双重低度交往和低度融合的特征，即农民工与农民工之间、农民工与市民之间的交往都不频繁。市民并没有对住进城市社区的农民工进行过度的行为矫正和干预。这表明，农民工的市民化并没有出现城市文化强制排除乡土文化的倾向。

三、农民工的市民化：意愿与需求

所谓意愿，指的是农民工市民化主观意向性的表达，即他们/她们的市民化选择是什么？是倾向于留在城市，还是返乡？而需求，是对应意愿而言的，有了意愿的选择，才有相应的需求。某种程度来说，需求是意愿的外在表现。农民工不同的市民化意愿对应不同的需求。

不注重区别不同类型农民工的具体市民化意愿和需求，会无意中导致一些农民工的“被市民化”。许多研究者过分关注调查数据的表达性意愿(大多数新生代农民工不愿意回到农村)，而忽视实践性的行动选择。同时，大多数研究把农民工作为一个同质性的整体看待，没能认识到农民工群体的内部分化和不同向度转型。

我们可以按永久性流动和非永久性流动的选择维度，以及意愿表达和实践行动两个层次将进城农民工划分为四个不同类型。如下表所示，A类农民工在表达和实践层面都倾向于永久性流动，我们将其称为结构性永久流动农民工。B类农民工的流动意愿在表达上倾向于永久性，但在实践上则选择了非永久性，称为表达性永久流动农民工。C类农民工虽然在表达上体现为非永久性流动，但在实践层面却事实上表现为永久性流动，称为实践性永久流动农民工。而D类农民工的流动在表达性和实践性两个层面都表现出非永久性的意愿，称为结构性非永久流动农民工。根据不同农民工未来城市定居的意愿可以将其划分到不同的类型中去。

农民工市民化意愿的表达与实践

实践层面 / 表达层面	永久性流动	非永久性流动
永久性流动	A	B
非永久性流动	C	D

在调查中我们发现，未来定居意愿选择在打工城市的农民工只有405人，占总人数的12.8%，其中，“80后”青年农民工有333人，所占比例为82.2%。但调研同时发现，选择返回老家农村的有804人，占总人数的25.4%，其中，“80后”青年农民工有357人，占选择回农村总人数的44.4%。可以看出，仅仅根据年龄来简单推测青年农民工或者说新生代农民工更倾向于融入城市是不严谨的。

从职业划分看，问卷设计了自谋职业，非技术工人(普工)、技术工人或熟练工人、办公室一般工作人员、工程师及高级技术人员、服务行业人员、中层及以上管理人员、医生、教师、干部、私营企业主、家庭主妇或失业、其他职业等。调查数据显示，未来定居意愿选择在打工城市比例最高的为技术工人或熟练工，占该职业总人数的23.6%。但选择回农村比例最高的职业也是技术工人或熟练工，占该职业总人数的35.3%。看来，仅仅根据职业类型也难以简单划分特定职业的农民工是属于A类还是B类。

从文化程度来看，小学及以下(11.5%)，初中(39.8%)，高中(19.6%)，中专(11.6%)，大专及以上(17.4%)，未来选择定居打工城市比例最大的是具有大专及以上学历的农民工，占该群体总人数的34.1%。而选择返回农村定居的农民工比例最大的是具有初中学历的农民工，占该群体总人数的46.4%。这与以往的研究结论——学历越低的农民工的市民化愿望越不明显[①]——有一定的出入。因此，仅仅根据文化

① 张翼：《农民工进城落户意愿与中国近期城镇化道路选择》，载《中国人口科学》，2011年第2期。

程度也难以确定农民工市民化的具体类型。

如果我们以城市房产所有权作为农民工市民化付诸实践的主要依据，从调查数据看，目前农民工住房类型为单元楼或别墅的占总人数的11.5%。通过房屋类型和房屋产权交叉分析，结果显示，住房为单元楼或别墅且拥有房屋所有权的农民工仅为总人数的0.04%。而不限房屋类型，仅房屋所在地与房屋产权的交叉分析显示，农民工的城市房屋产权归自己及配偶所有，或者为父母所有及与父母共有的占3.8%。也就是说，目前已经有3.8%的农民工在城市购置房产。我们可以将这3.8%的农民工视为在城市的市民化已经付诸实践，可以归为A类或C类农民工。

虽然仅仅根据年龄、职业、文化程度等单一因素难以对农民工群体的市民化进行完全的归类，但如果综合上述三种因素——年龄、职业、文化程度和房屋所有权等——还是可以对特定的农民工进行市民化归类的。一般来说，青年农民工中，文化程度较高，且职业为技术工人或熟练工以及办公室一般工作人员的在表达层面更倾向于永久性定居城市（A类或B类农民工）。反之，则更倾向于C类或D类。而结合房屋所有权和房屋所在地因素来看，在青年农民工中，文化程度较高、职业为技术工人或熟练工以及办公室一般工作人员，且在城市拥有完全房屋所有权（本人及配偶所有、与父母共有或父母所有）的农民工，他们在市民化的问题上已经付诸实践，主要可以将其归为A类农民工。反之则主要为D类农民工。

不同类型农民工市民化意愿和需求不同，对农民工市民化意愿与需求满足的强度与力度也应该有所区别。这里，我们是以农民工权利诉求的紧迫性为解释依据的。以我们的调查为例，问卷设置了15个社会权利权益诉求项目，评估层次为：非常迫切、比较迫切、一般、比较不迫切、非常不迫切，分别赋值1、2、3、4、5，均值越大表示需求越不迫切。通过均值检验，在“改善工资水平、公司福利改善、实现社会保障、改善医疗条件、改善住房或廉租房条件、和城市市民一样的地位、孩子在城市上学容易、不要歧视外来务工经商创业人员、公共服务、参与所在单位的管理活动、户籍身份、参与当地社区管理、组建属于自己的合法组织、扩大自己的政治权利、成为各级人大代表或政协委员”等15项社会权利、权益诉求中，“改善工资水平”“公司福利改善”“实现社会保障”“改善医疗条件”“改善住房或廉租房条件”“和城市市民一样的地位”“孩子在城市上学容易”“不要歧视外来务工经商创业人员”8个项目均值都在2.5以下，也就是说，农民工对这8种社会权利的需求基本上介于比较迫切和非常迫切之间。“公共服务”“参与所在单位的管理”“户籍身份”等需求的均值为2.5～3.0，说明农民工对这些社会权利权益的需求介于一般和比较迫切之间。而“参与当地社区管理”“组建属于自己的合法组织”“扩大自己的政治权利”“成为各级人大代表或政协委员”4个项目的均值最大，都在3.0以上，即农民工对这4种权利的需求介于比较不迫切和一般之间。

以上是农民工总体上的社会权利诉求紧迫性情况，具体到不同类型的农民工，其市民化意愿也存在差异。我们在中山市的调研发现，有些农民工虽然达到了中山市规定的积分入户条件和资格，但仍然不愿入户成为真正的市民。据统计，截至2013年，中山市外来农民工总数达160万之多，但同年申请入户城市的却只有3770人。实践表明，与永久迁移城市相比，多数农民工追求的仅仅是城市的公共服务，尤其是子女教育服务。根据中山市2013年统计数据，有15 188人次农民工子女申请积分入学，远高于申请积分入户的人数。之所以农民工永久市民化意愿低，是因为我国户籍制度规定，流动人口一旦在流入地入户，就要放弃原籍利益。城市户籍红利与农民工原籍既有利益之间存在冲突，因此，很多农民工不愿意永久迁移而放弃农村土地。有些季节性流动农民工可以一面经营农业生产，一面外出打工增加收入。而部分全家外出打工的农民工，只要不入户城市，他们在农村的土地就还可以流转出去，仍然有不少收入。即便没有流转，土地闲置荒化，但农民工也会有部分收入。因为国家对农业生产施行补贴政策，对经营土地生产的农民按亩进行补贴而不是以农业产出进行补贴，从而造成这部分外出打工农民也能获得国家农业补贴这一漏洞。除此之外，随着我国新农村建设、改造以及城镇化趋势的加快，农村土地升值，农民对土地和宅基地的保护预期也逐渐增强。很多农民工眼光“长远”，坐等老家农村进行改造，以及城市扩建征地补偿，因此手握土地不放。

当然，农民工不愿入户城市还受到城市计划生育政策的影响。受传统观念的左右，不少农民工仍然愿意多生子女，尤其是部分农民工仍然存在重男轻女的倾向，一旦第一胎生的是女孩，很多农民工都会选择生第二胎。因此，为避开城市计划生育政策，很多外来流动人口也不愿意永久定居城市，成为真正的市民。

既然多数农民工平等享受城市公共服务的权利诉求最为迫切，而永久市民化的愿望相对较低，那么，城市也应该有区别地满足不同类型农民工的需求。显然，增加城市公共服务投入、进一步推进公共服务均等化是首要的任务。

四、结语

目前，最应受关注的当属表达性永久流动农民工和实践性非永久流动农民工。前者之所以应受关注是因为他们/她们之中有相当一部分是因为一些个人外在的因素（如制度屏蔽、社会排斥等）所导致的被迫返乡或者循环流动。对这类群体农民工的分析应集中在导致他们表达与实践的背离原因及其解决措施。需要指出的是，我们对农民工研究中所表现出的城市文化中心主义倾向的批评并非是否定其市民化进程，而是要强调在研究时对这类农民工市民化的特征提出有针对性的建议。实践性非永久流动农民工所表现的特征是循环往返城市和农村之间。李强曾把这类农民工称为"不融入"的农民工。当然，他所说的"不融入"更加强调农民工由于受多种因素的制约，而使得他们/她们难以融入，结果使其处在"不融入"的位置上①。对这类农民工，学界目前主要关注的是其返乡就业和创业，以及乡村再融入和适应问题。虽然这类农民工的市民化意愿不强烈，但我们不能就此说他们/她们在城市的工作和生活无须关注。相反，他们/她们在城市潜移默化中学习和内化的一些先进技术、现代文化与生活方式、现代性的组织观念和科学管理方法对当前新农村建设和小城镇化的发展能起到巨大的助推作用。

本文发表于2013年第6期

① 李强：《中国城市化中的"半融入"与"不融入"》，载《河北学刊》，2011年第5期。

二、全面深化改革

中国特色社会主义实践的战略布局和发展理念

郝立新*

引　言

中国特色社会主义实践波澜壮阔，中国特色社会主义理论与时俱进，中国实践与中国理论在交互作用中延伸和发展。用中国理论回答中国问题，用中国话语解读中国道路，已成为当代中国思想理论界和学术界越来越强烈的诉求。中国问题错综复杂，需要我们去思考和回应；中国道路内容丰富，需要我们去提炼和概括；中国理论内涵深厚，需要我们去梳理和总结。把中国发展道路置于中国和世界发展背景和坐标下来考察，把中国理论置于各种发展理念的语境和关系中来比较，可以更清楚地发现中国道路的独特价值和普遍意义，可以更深入地认识中国理论的独特魅力和科学力量。人们普遍关注的是：中国道路的关键是什么？如何实现中国社会的全面进步和人的自由全面发展？中国理论的精髓是什么？中国理论自身应该具备什么样的话语体系？诸多问题的答案越来越清晰地呈现于中国特色社会主义理论的最新成果中，特别是“四个全面”战略布局和“五大发展理念”中。

中国特色社会主义发展的内在逻辑决定了全面的战略思维和综合的发展理念的形成。“四个全面”战略布局思想是对中国实践、中国经验的高度总结和概括；“五大发展理念”是对中国社会发展实质的进一步的反思和全方位的阐释。这些思想和观点构成了中国理论的重要元素，既朴

---

* 郝立新，中国人民大学马克思主义学院教授。

实又深刻，既反映了社会实践发展的深层逻辑，又蕴含了古今中外的哲学智慧，并且带有鲜明的中国话语特色。

一、新时代呼唤全面的战略思维和综合的发展理念

“全面建成小康社会、全面深化改革、全面依法治国、全面从严治党”和“创新发展、协调发展、绿色发展、开放发展、共享发展”的理念，充分体现了我们党对中国社会发展规律认识的深化和拓展，是中国特色社会主义理论发展的最新成果，是全面的战略思维和综合的发展理念。从实践上说，它们反映了当代社会实践发展的总体要求和人民群众的总体愿望，强调了社会发展进步的全面性和综合性，体现了中国特色社会主义发展道路的重要内容；从理论上说，它们是中国特色社会主义社会发展理论的最新总结和概括，是具有中国特色发展观的通俗表达和独特的话语体系，是中国理论、中国话语的生动体现。

改革开放以来，我们党对中国特色社会主义建设道路的认识经历了从不甚全面到比较全面、从某个领域的全面到社会整体的全面的认识过程。全面既是针对片面而言的，同时也是针对不够全面而言的。片面和不够全面二者具有性质或程度的不同，后者是对前者的一定程度的克服，但是仍然存在较大的局限性。由片面到全面，由不甚全面到比较全面，由比较全面到更加全面，是实践发展推动认识进步的规律。“四个全面”和“五大发展理念”，把追求社会发展的价值目标和尊重社会发展的客观规律统一起来，克服了以往在发展问题上的认识的片面性。这些战略思想和发展理念是科学发展观的深化和新的飞跃。

中国社会发展呼唤全面的战略思维，中国未来发展需要全面综合的发展理念来指引。无论是“四个全面”还是“五大发展理念”，都是破解当代中国社会发展难题的战略思维或大思路。当代中国社会发展进入一个新的阶段，实现全面建成小康社会目标已经进入决胜阶段，社会发展呈现出经济新常态、政治新生态、文化新样态等特征，社会实践生活的丰富性、整体性、复杂性等特点对马克思主义理论发展特别是中国特色社会主义理论发展提出了新的时代课题和创新发展的要求，现实比以往更需要用整体性思维破解发展难题，更需要用全面的发展思维来分析和处

理现代化进程中的各种错综复杂的矛盾关系。“四个全面”战略布局和“五大发展理念”正是对当代中国社会发展问题和经验的全面反思、全面总结，是对马克思主义社会辩证法思想的具体运用，是对中国特色社会主义理论关于社会全面进步思想的进一步展开和深化。

经过30多年的改革开放，中国已经发展成为世人瞩目的经济大国，人民生活显著改善，政治和文化取得明显进步，国际地位显著提高。然而，我国发展起来后又面临新的问题。从经济上看，建立在过去的高资源消耗和传统产业结构基础上的快速发展的经济开始进入一个逐渐放慢速度的时期，优化产业结构、转换增长方式、创新发展动力、承受经济下行压力等成为经济发展的新常态。从政治上看，践行群众路线，实行八项规定，推进民主建设进程，反腐倡廉引向深入，全面从严治党，已经形成新的政治生态。在文化领域，主旋律和各种社会思潮并存，文化多元多样多变、交流交锋交融的特点依然存在。面对经济新常态，面对全面深化改革中的深层次矛盾和问题，面对治国理政各方面的繁重任务，面对严重的环境问题，面对意识形态领域中的激烈较量，面对严峻的国际形势，更加需要有一种战略布局和发展理念的自觉。

从全球范围看，破解发展难题，克服发展危机，日益成为人们关注的问题。2015年夏在美国洛杉矶市克莱蒙生态城举行的第9届生态文明国际论坛上，一些美国学者在抨击资本主义生产方式导致严重生态危机的同时，重视中国倡导“生态文明”，并对中国实现生态文明寄予厚望。2015年秋天在德国柏林、法国巴黎和意大利罗马相继举行的中欧“中国道路”国际论坛上，不少欧洲学者和政治家对中国道路和中国理论表现出极大的兴趣和赞赏，也有一些人对中国道路和中国理论的理解还存在明显的局限和相当的误解。与会者比较关注的是中国将如何保持持续的发展。中国发展中遇到的问题，与全球发展面临的问题相似或者相同。有的西方学者认为，在现代社会发展中遇到诸多问题和危机方面，存在“全球三大共识”：“生态危机”“不加干预的资本主义后果”“现代性之死”。[①] 从全球看，生态危机表现在人们过度开发和过度消费导致地球不堪重负；经

---

① 参见菲利普·克莱顿、贾斯廷·海因泽克著，孟献丽、于桂凤、张丽霞译：《有机马克思主义——生态灾难与资本主义的替代选择》，北京：人民出版社，2015年，第6页。

济全球化导致一定程度和一定范围的资本主义放任，其后果是贫富悬殊进一步加大，生态环境恶化；以“现代工业”及伴随而来的社会“原子化”“碎片化”为标志的“现代文明”，破坏了自然与社会的和谐，这种“现代性”正在死亡，而且正在被一种新的文明所取代。虽然上述观点不甚全面，却具有一定代表性，对于我们思考置身于全球化进程中的中国发展是有启发意义的。“四个全面”和“五大发展理念”的提出，既是对国内外社会发展经验和有关理论的总结或借鉴，也是对于国内外社会发展问题和现代化进程提出挑战的回应。

二、“四个全面”战略布局的三重逻辑

深刻理解“四个全面”战略布局，需要把握住三重逻辑和三个规律，即要深刻理解“四个全面”的历史逻辑、理论逻辑和现实逻辑；而在现实逻辑中，则又主要包含人类社会发展的一般规律、社会主义建设规律和执政党建设的规律。

一是“四个全面”战略布局形成的历史逻辑。这一思想要置于马克思主义中国化进程中特别是中国特色社会主义理论的形成发展过程中来理解。我们党在中国特色社会主义建设过程中，对人类社会发展的认识经历了一个逐步全面、逐步深化的过程，即经历了由不全面到全面，由目标的全面性到实现目标过程的全面性，由社会某一领域的全面性到社会整体发展的全面性的过程。社会主义社会是全面发展、全面进步的社会，这一思想既是马克思主义的基本原理，也是中国特色社会主义理论的重要原则。2001 年，江泽民在庆祝中国共产党成立 80 周年大会上的讲话中指出，社会主义社会是全面发展、全面进步的社会。这一论断高度概括了社会主义社会发展的历史经验，深刻揭示了社会主义社会发展的客观规律。建设中国特色社会主义是一项伟大的事业，也是一项复杂的系统工程。作为成熟的执政党，必须确立科学的社会发展观，同时引导全社会形成正确社会发展理念，以保证社会的健康发展。实际上，“三个代表”重要思想和科学发展观的提出，已经清楚地说明了社会主义社会发展的要求，即按照先进社会生产力和先进文化发展的内在规律和客观要求，大力推进社会主义的物质文明和精神文明建设，促进社会的协调发展和

全面进步，以满足人民群众不断增长的物质和文化的需要。

“四个全面”战略布局，有一个逐步提出和形成的过程。党的十六大提出“全面建设惠及十几亿人口的更高水平的小康社会”；党的十七大进一步提出“实现全面建设小康社会奋斗目标的新要求”；党的十八大则提出全面建成小康社会和全面深化改革开放的目标。党的十八届三中全会，习近平在《关于〈中共中央关于全面深化改革若干重大问题的决定〉的说明》中指出，《中共中央关于全面深化改革若干重大问题的决定》的起草体现了“全面建成小康社会、全面深化改革、全面推进依法治国这‘三个全面’的逻辑联系”。2014 年 12 月，习近平在江苏考察调研时提出：“要全面贯彻党的十八大和十八届三中、四中全会精神，落实中央经济工作会议精神，主动把握和积极适应经济发展新常态，协调推进全面建成小康社会、全面深化改革、全面推进依法治国、全面从严治党，推动改革开放和社会主义现代化建设迈上新台阶。”2015 年 2 月 2 日，习近平在省部级主要领导同志学习贯彻十八届四中全会精神专题研讨班开班式上再次阐述了“四个全面”思想：“党的十八大以来，党中央从坚持和发展中国特色社会主义全局出发，提出并形成了全面建成小康社会、全面深化改革、全面依法治国、全面从严治党的战略布局。”这一战略布局的重要性在于：它进一步明确了中国在新的历史条件下治国理政方略，确立了新形势下党和国家各项工作的战略目标和战略举措，为实现中国梦提供了“理论指导和实践指南”。①

二是“四个全面”战略布局的理论逻辑。要辩证地理解“四个全面”战略布局中的各个方面的内在联系和理论体系。要把“四个全面”同习近平提出的整个治国理政思想联系起来加以理解，不能仅仅停留在字面上。全面建成小康社会，是战略布局中的总目标，改革开放、依法治国、从严治党必须围绕和服务于这一总目标。这一目标在“四个全面”中占据核心地位，不能把“四个全面”平列等同看待。“四个全面”中的改革开放、依法治国、从严治党是实现上述目标的战略举措。其中，改革开放是动力，依法治国和从严治党是法律保障与政治保证。

---

① 《习近平关于协调推进“四个全面”战略布局论述摘编》，北京：中央文献出版社，2015 年，第 18 页。

不仅“四个全面”是一个相互联系的统一整体，而且每一个“全面”也是一个有机的整体。例如，全面建成小康社会这一总目标包含了经济、政治、文化、社会建设等分目标，缺一不可；还包括解决和消除城乡差距、贫富差距、区域差距等社会问题。全面深化改革，涉及经济改革、政治改革、教育文化改革、社会管理体制改革等方面，各个领域的改革相互配合。

“四个全面”包含了价值目标与实现价值目标过程的统一、科学与价值的统一、全面论与重点论的统一。全面建成小康社会是中国人民追求和向往的价值目标，而要实现这一目标就必须依靠一定手段或措施。在目的与手段的关系中，同时存在价值与科学的关系。在改革、法治和党建中，都必须遵循客观规律，按客观规律办事，不能想当然。实现价值目标，必须坚持科学发展。在坚持“四个全面”战略布局中，并非不分轻重缓急，而是要有重点。

三是“四个全面”战略布局的现实逻辑。这里所说的现实逻辑是指现实社会发展的客观规律。“四个全面”不是脱离现实的理论建构，而是以社会发展客观规律为基础的科学思想。应该把“四个全面”同社会现实发展中的客观规律联系起来认识。

全面地认识和把握社会，进而促进社会全面发展、全面进步，是人类社会发展规律的客观要求。人类社会总体上是在不断发展进步的。唯物史观在正确揭示社会生活本质和社会基本矛盾运动规律的基础上，科学地说明了社会发展进步的内在根据。社会发展进步的概念是对社会前进、上升趋势的总概括。社会是由经济、政治、文化、生态等构成的有机整体，本身具有整体性特点，社会有机体的健康发展有赖于它的构成要素之间的协调运行，有赖于社会改革。社会主义社会的全面发展、全面进步，是社会物质文明、精神文明、政治文明、生态文明协调发展规律的客观要求。物质文明和精神文明、依法治国和以德治国是社会主义社会发展的车之两轮、鸟之两翼。社会主义社会不是一成不变的，改革是社会主义社会进步的直接动力。执政党建设也有其固有的规律，这个规律存在于执政党与人民群众之间的联系之中，存在于执政党与经济建设、政治建设和文化建设的联系之中，存在于执政党自身的思想建设、组织建设、队伍建设、制度建设之中。“四个全面”中的每一个“全面”都反映和遵循了特定的客观规律。

三、“五大发展理念”的新意蕴

如果说“四个全面”战略布局确立了新形势下党和国家各项工作的战略目标和战略举措，那么“五大发展理念”则为顺利推进“四个全面”战略布局提供了发展思路，是落实“四个全面”战略布局的价值方向指引。“五大发展理念”体现了党和国家战略意图的基本理念，事关“四个全面”战略布局的协调推进，是我国发展思路、发展方向、发展着力点的集中体现，也是改革开放30多年来我国发展经验的集中体现，是对我国发展规律的新认识。“创新、协调、绿色、开放、共享”的发展理念，对“破解发展难题、增强发展动力、厚植发展优势具有重大指导意义”①。

“五大发展理念”与“四个全面”战略布局一样，都是从我国发展仍处于可以大有作为的重要战略机遇期，也面临诸多矛盾叠加、风险隐患增多的严峻挑战的国情出发，立足国家整体利益、根本利益、长远利益，以坚持和发展中国特色社会主义为政治目标和基本依据提出的重要论断，彰显出鲜明的中国特色社会主义基本特征，为在新的历史条件下更加有效地应对各种风险和挑战，加快推进社会主义现代化提供了科学理论指导和行动指南。

“五大发展理念”与“四个全面”战略布局一样都具有强烈的问题意识，都以重大问题为导向，聚焦突出问题和明显短板，回应人民群众诉求和期盼，旨在着力推动解决我国发展面临的一系列突出矛盾和问题。“五大发展理念”从不同的角度阐明了如何破解发展难题，实现“四个全面”的战略目标。

创新的发展理念是实现“四个全面”战略目标的活力源泉。“创新是引领发展的第一动力。”②在我国发展进入新的阶段时，必须把创新摆在国家发展全局的核心位置，不断推进理论创新、制度创新、科技创新、文化

① 习近平：《关于〈中共中央关于制定国民经济和社会发展第十三个五年规划的建议〉的说明》，载《人民日报》，2015年11月4日。

② 《中共中央关于制定国民经济和社会发展第十三个五年规划的建议》，载《人民日报》，2015年11月4日。

创新等各方面的创新，让创新贯穿党和国家一切工作，让创新发展的理念在全社会蔚然成风。“我国能否在未来发展中后来居上、弯道超车，主要就看我们能否在创新驱动发展上迈出实实在在的步伐。”[①]在国际发展竞争日趋激烈和我国发展动力转换的形势下，要求我们必须把发展基点放在创新上，形成促进创新的体制架构，塑造更多依靠创新驱动、更多发挥先发优势的引领型发展。

共享的发展理念体现了顶层设计“四个全面”战略布局的出发点和落脚点。发展成果共享是中国特色社会主义的本质要求。促进社会公平正义、增进人民福祉是改革和发展的出发点和落脚点。这是坚持我们党全心全意为人民服务根本宗旨的必然要求。改革和发展必须着眼于创造更加公平正义的社会环境，克服各种有违公平正义的现象，使改革发展成果更多更公平惠及全体人民。“如果不能给老百姓带来实实在在的利益，如果不能创造更加公平的社会环境，甚至导致更多不公平，改革就失去意义，也不可能持续。”[②]“国家建设是全体人民共同的事业，国家发展过程也是全体人民共享成果的过程。”[③]必须坚持发展为了人民、发展依靠人民、发展成果由人民共享，做出更有效的制度安排，使全体人民在共建共享发展中有更多获得感，增强发展动力，增进人民团结。共享的发展理念彰显了社会主义制度的优越性。

开放的发展理念是全面建成小康社会的必然选择。“开放是国家繁荣发展的必由之路。”[④]在经济全球化的命运共同体中，“只有坚持对外开放，深度融入世界经济，才能实现可持续发展”[⑤]。“必须顺应我国经济深度融入世界经济的趋势，奉行互利共赢的开放战略，坚持内外需协调、进出口平衡、引进来和走出去并重、引资和引技引智并举，发展更高层次的

---

① 习近平：《在中国科学院第十七次院士大会、中国工程院第十二次院士大会上的讲话》，北京：人民出版社，2014 年，第 11 页。

② 《习近平关于协调推进“四个全面”战略布局论述摘编》，北京：中央文献出版社，2015 年，第 68 页。

③ 同上书，第 44 页。

④ 《中共中央关于制定国民经济和社会发展第十三个五年规划的建议》，载《人民日报》，2015 年 11 月 4 日。

⑤ 《习近平关于协调推进“四个全面”战略布局论述摘编》，北京：中央文献出版社，2015 年，第 85 页。

开放型经济，积极参与全球经济治理和公共产品供给，提高我国在全球经济治理中的制度性话语权，构建广泛的利益共同体。”①

协调的发展理念是推进“四个全面”战略布局的方法要求。“协调是持续健康发展的内在要求。”②必须牢牢把握“五位一体”的中国特色社会主义事业总体布局，正确处理发展中的重大关系，重点促进城乡区域协调发展，促进经济社会协调发展，促进新型工业化、信息化、城镇化、农业现代化同步发展，在增强国家硬实力的同时注重提升国家软实力，不断增强发展整体性。增强发展协调性，必须坚持区域协同、城乡一体、物质文明精神文明并重、经济建设国防建设融合，在协调发展中拓宽发展空间，在加强薄弱领域中增强发展后劲。“十三五”时期我国发展既要看速度，也要看增量，更要看质量，要着力实现有质量、有效益、没水分、可持续的增长，着力在转变经济发展方式、优化经济结构、改善生态环境、提高发展质量和效益中实现经济增长。

绿色的发展理念是推进“四个全面”战略布局的生态动力。“绿色是永续发展的必要条件和人民对美好生活追求的重要体现。”③以马克思主义生态观指导推进全面深化改革，坚持节约资源和保护环境的基本国策，坚持可持续发展，坚定走生产发展、生活富裕、生态良好的文明发展道路，加快建设资源节约型、环境友好型社会。坚持绿色富国、绿色惠民，加强法治建设，大力建设生态文明，把生态环境保护放在更加突出位置，推动形成绿色发展方式和生活方式，协同推进人民富裕、国家富强、中国美丽，形成人与自然和谐发展现代化建设新格局。

结　语

“四个全面”战略布局和“五大发展理念”是对当代中国社会发展规律和实践逻辑的新阐释，是对中国特色社会主义发展理念的新发展。“四个全面”和“五大发展理念”是内在统一的。“四个全面”回答了当代中国发展

① 《中共中央关于制定国民经济和社会发展第十三个五年规划的建议》，载《人民日报》，2015年11月4日。

② 同上。

③ 同上。

的战略目标、战略重点和主要矛盾，强调认识和实践的全面性、完整性；“五大发展理念”关注的是实现全面建成小康社会这一目标的发展过程的内在要求、科学原则和价值诉求，是“四个全面”战略布局的路径展开，强调了发展的综合性、多维度。从某种意义上说，“四个全面”是“五大发展理念”的战略统领，“五大发展理念”是“四个全面”的具体展开或延伸。“四个全面”战略布局和“五大发展理念”为中国社会发展确立了科学指南和正确的价值引领，为实现“两个一百年”奋斗目标和中华民族伟大复兴的中国梦奠定了坚实的思想基础。

本文发表于 2015 年第 6 期

当前需要深入研究的十个重大经济改革议题

张卓元*

党的十八届三中全会做出的《中共中央关于全面深化改革若干重大问题的决定》(以下简称《决定》)，提出了许多新观点、新论述、新举措，为中国今后一段时期的改革与发展指明了方向。面对新形势新任务新要求，急需深入研究一系列重大改革议题。本文将主要探讨当前经济领域中的十个改革议题。

一、市场在资源配置中起决定性作用的适用范围

《决定》第一次在党的文献中提出使市场在资源配置中起决定性作用的论断，是《决定》最大的一个亮点。此前我国经济界和理论界还没有人明确提出过这一论断，说明这次《决定》走在改革理论最前列，值得我们认真学习、深刻领会。这里有一个问题很值得研究，就是市场在资源配置中起决定性作用的范围应如何科学界定？本文认为，市场在资源配置中起决定性作用主要适用于经济领域，并不像适用于经济领域那样适用于文化、社会等领域，因为文化、社会等领域有不少公共服务部分如义务教育、公共文化服务、基本医疗卫生服务、居民基本养老保险、廉租房建设等，其资源配置是不能由市场起决定性作用的。所以，《决定》明确指出，“紧紧围绕使市场在资源配置中起决定性作用深化经济体制改革”。还有，就是在经济领域，也有市场失灵部分，如自然垄断环节、关系国家安全部分等，但这只是较小部分，经济领域的主体部分，市场在

---

* 张卓元，中国社会科学院经济研究所研究员。

资源配置中应起决定性作用。这个问题值得进一步深入研究。

二、市场起决定性作用下中央政府和地方政府职能转换

这次《决定》明确用市场在资源配置中起决定性作用代替沿用了多年的基础性作用。做这种变更是为了进一步强调市场机制在资源配置中的支配作用，进一步从广度和深度上推进市场化改革，着力解决政府对资源的直接配置过多、对微观经济活动干预过多和审批过多；政府对市场监管不到位、影响公平竞争环境的形成和健全；政府公共服务和社会管理也不到位或缺位，远不能满足老百姓的需求；政府没有很好地依法打破各种形式的行政垄断甚至采取一些歧视性政策，妨碍非公有制经济的发展等等问题。这就要求政府转型，从越位领域退出，填补和做好原来缺位和不到位的工作，实现政府职能的转换，以便更好地发挥政府的作用。具体来说，正如《决定》指出的，“加强中央政府宏观调控职责和能力，加强地方政府公共服务、市场监管、社会管理、环境保护等职责”。可见，要落实市场在资源配置中起决定性作用，关键要推进政府改革，划清政府和市场的边界。政府要从多年来介入过深的经济活动中逐步退出，大幅度减少对资源的直接配置，最大限度减少政府对微观事务的管理，市场机制能有效调节的经济活动，一律取消审批，对保留的行政审批事项要规范管理，提高效率。同时加强服务职能，即从无所不能型政府转变为有限政府、服务政府、法治政府。近年来中央政府在改革审批体制方面动作很大，根据李克强总理 2014 年 3 月做的《政府工作报告》，国务院一年来已分批取消和下放了 416 项行政审批等事项，2014 年要再取消和下放行政审批事项 200 项以上。相对而言，地方政府改革特别是改变政府直接配置资源过多和对微观经济活动干预过多、改变软预算约束和依赖土地财政以及借了钱不准备偿还等方面还不够明显，也许地方政府改革应怎样迈步抓什么重点还不太清楚，值得我们很好研究。政府改革，肯定会触及一些政府官员的利益，需要中央全面深化改革领导小组强有力的推动才能迈步，同时也要不断研究和总结改革实践经验，寻找和推广好的做法和经验，以便更好地推进政府改革和职能转换。

三、积极发展混合所有制经济

《决定》提出，混合所有制经济“是基本经济制度的重要实现形式”，这是《决定》的又一个亮点。中国经过30多年的改革开放，伴随着经济的高速增长，国有资本、集体资本、非公有资本都呈现几十倍上百倍增长，居民储蓄存款也大量增加，到2013年8月，居民的银行储蓄存款余额已达43万亿元，其中定期存款超过27万亿元。在这种情况下，发展混合所有制经济，有利于国有资本放大功能、保值增值、提高竞争力，也有利于各种所有制资本取长补短、相互促进、共同发展。混合所有制经济可以说是股份制经济的升级版。股份制经济不一定是混合所有制经济，如一些发达国家的股份公司一般是私人资本的集合而不是不同所有制资本的集合，但混合所有制经济肯定是股份制经济。发展混合所有制经济，为深化国有企业改革进一步指明了方向。有数据表明，混合所有制经济比国有经济资产营运效率高、创新能力强。由于允许混合所有制经济实行企业员工持股，形成资本所有者和劳动者利益共同体，更有利于调动各方面积极性，增强企业活力和竞争力。近来，已有一些国有大型企业主动提出实行混合所有制，如中石化将对油品销售业务板块进行重组，引入社会和民营资本参股，实现混合所有制经营，其中，社会和民营资本比例不超过30%；① 中国电力投资集团公司也将在2014年启动混合所有制改革，允许民资参股部分中电投旗下子公司和建设项目，民资参股比例将达三分之一。② 混合所有制经济既可以国有资本控股，也可以非公有资本控股。当前要着重避免总是国有股一股独大、民间资本参股后没有多少发言权的现象；与此同时，也要防止在混合所有制改革中出现国有资产流失。有专家估计，目前混合所有制经济总体上占我国经济的比重为三分之一左右。按现在改革快速发展势头，估计到2020年我国混合所有制经济总体上占我国经济的比重有可能达到50%。可以想象，随着经济发展和改革深化，产权多元、自主经营、治理规范的混合所有制经

① 《中石化启动混合所有制改革油品销售业务引入民资》，新华网，http://news.xinhuanet.com/energy/2014-02/20/c_126162388.htm.

② 《中电投将启动混合所有制改革》，载《经济参考报》，2014年3月13日。

济，将会有长足的发展，成为社会主义市场经济的主要微观主体。因此，今后需要加强对混合所有制经济的研究，包括如何完善法规、政策，健全法人治理结构，真正做到在一个经济单位内部各类资本能得到同等保护产权、同等使用生产要素、同等受益，从而促进混合所有制经济健康发展。

四、国有资产监管机构从管企业向主要管资本转变

《决定》提出，“完善国有资产管理体制，以管资本为主加强国有资产监管，改革国有资本授权经营体制，组建若干国有资本运营公司，支持有条件的国有企业改组为国有资本投资公司”。这意味着国有企业和国有资产管理体制改革进入一个新的阶段。国资委主要管资本，也是同积极发展混合所有制经济相适应的，因为国资委要逐步致力于国有资本的优化配置，也就要求更好地发展混合所有制经济。看来，今后需要很好地界定各类国有资本的职能。总的来说，国有资本可以分为公益性和收益性两大类。公益性资本主要投资于提供公共服务和保障领域，包括基础设施、基础产业普遍服务部分等；收益性资本主要投资于重要竞争性产业和技术创新等领域，包括投资于引领科技进步具有国际竞争力进入世界500强的大型企业和跨国公司。与上述资本职能相适应，组建若干国有资本运营公司、投资公司，分别制定不同类公司对各个企业的出资和投资方式，确定它们的经营目标和考核体系。例如，对公益性资本运营公司，就不能以资本增值作为其主要考核指标，而应着重在成本控制、服务质量等方面提出要求。这些都需要在不断总结实践经验的基础上认真研究和逐步完善。同时，要借鉴国内外许多资本运营公司和投资公司的做法和经验，比如新加坡的淡马锡公司和我国汇金公司的资本运营和投资控股等做法，结合实际，认真研究探索最佳模式。《决定》要求到2020年国有资本收益上缴公共财政比例提高到30%，这是一个相当高的要求。这个改革举措2014年就有动作，3月25日财政部公布的2014年中央国有资本经营预算，明确从2014年起中央企业国有资本收益收取比

例在现有基础上提高 5 个百分点。[①] 过去有关单位把一些原本应进入成本的项目如下岗职工补助、企业办大集体员工工资补贴等，也列到利润中，然后再从企业上缴利润中支付上述费用，造成利润虚增，今后需要提高财务报表的真实性和准确性。如何提高企业财务报表的真实性和透明度，很值得我们认真研究。

五、激发非公有制经济活力和创造力

《决定》第一次明确指出，公有制经济和非公有制经济都是社会主义市场经济的重要组成部分，都是我国经济社会发展的重要基础；公有制经济财产权不可侵犯，非公有制经济财产权同样不可侵犯。实际上，改革开放特别是 1992 年以来，我国个体私营等非公有制经济迅速发展。2012 年，全国个体经济已从 1978 年的 15 万户发展为 4059 万户，从业人数达 8000 万人，注册资金近 2 万亿元；全国私营经济则从 1988 年的 4 万户发展到 1086 万户，从业人数达 1.2 亿人，注册资金 31 万亿元。现在，个体私营等非公经济对 GDP 的贡献已超过 60%，对国家税收的贡献已超过 70%，对就业岗位的贡献已超过 80%，占投资比重超过 60%，对促进经济增长、增加就业岗位、活跃经济生活、满足人民群众多方面的需要起着不可替代的作用。今后，要坚持权利平等、机会平等、规则平等，废除对非公有制经济各种形式的不合理规定，消除各种隐性壁垒，制定非公有制企业进入特许经营领域的具体办法。鼓励非公有制企业参与国有企业改革，鼓励发展非公有资本控股的混合所有制企业。同时，推进工商注册制度便利化，削减资质认定项目，由先证后照改为先照后证，把注册资本实缴登记制逐步改为认缴登记制。这些都将极大地激发市场活力和非公经济活力，2013 年新注册企业增长 27.6%，其中私营企业新增 30%，这是十多年来最高的。

---

① 《央企利润收取比例提高 5 个百分点》，载《经济参考报》，2014 年 3 月 26 日。

六、建设统一开放、竞争有序的市场体系的问题

《决定》强调，建设统一开放、竞争有序的市场体系，是使市场在资源配置中起决定性作用的基础。建立和健全现代市场体系，是推动资源配置依据市场规则、市场价格、市场竞争实现效益最大化和效率最优化的根本前提。为此，要建立公平开放透明的市场规则，要推进水、石油、天然气、电力、交通、电信等领域价格改革，完善主要由市场决定价格的机制。当前中国物价上涨率不高，2013 年 CPI 上涨率为 2.6%，2014 年估计上涨率不会超过 3%，是进行价格改革特别是资源产品市场化价格改革的有利时机，期待 2014 年价格改革有新的较大进展。《决定》还提出，实行统一的市场监管，清理和废除妨碍全国统一市场和公平竞争的各种规定和做法，严禁和惩处各类违法实行优惠政策的行为，反对地方保护，反对垄断和不正当竞争，以及建立健全社会征信体系等。这里需要特别指出的是，《决定》是第一次提出探索负面清单管理模式的。实行负面清单管理办法，是投资准入和市场监管的重大改革。按照这一制度，各类市场主体可依法平等进入清单之外的领域，也就是"非禁即入"。这就意味着将实现由"严进宽管"的审批制度向"宽进严管"的备案制度的转变，市场监管由事前监管为主转向事中和事后监管为主。这是我国加快现代市场体系建设迈出的实质性步伐。实行负面清单制度，是市场经济国家的通行做法，可以提高市场监管的透明度和法治化水平，较好地解决对非公有制经济的歧视性问题，对营造公平竞争的市场环境至关重要。中国(上海)自由贸易试验区已于 2013 年 9 月 29 日正式挂牌。当天，以 190 条管理措施构成的 2013 年版负面清单对外公布。这是中国首个负面清单。目前，上海自贸区正在抓紧修订 2014 年版负面清单。据有关负责人透露，2014 年版负面清单初步考虑缩减 40%，特别是在服务领域要加大开放。① 可见，在开头，负面清单的单子比较长不足为奇，一些国家的负面清单的单子也是很长的，有两百多项。需要研究的是单子如何切合我国实际，如何随着经济发展改革深化逐渐缩减，如何借鉴国外一些成

---

① 《上海自贸区将迎首轮评估》，载《经济参考报》，2014 年 3 月 26 日。

功做法和经验为我所用等。

七、构建和完善地方税体系

中国目前地方税税种少，税收少得可怜，有的地区80%的政府支出靠中央财政的转移支付，这在一定程度上刺激了地方政府拼资源拼环境并违规实行优惠电价地价等发展高耗能高污染行业和产能过剩行业，以便得到更多的增值税分成，形成恶性竞争和加重产能过剩。完善中央财政转移支付制度、构建和完善地方税体系成为加快转变经济发展方式和调整经济结构的当务之急。发达的市场经济国家的地方税有两个重要税种，一为房产税，二为消费税(价外税)。我国将来也许要参考这种税制。这次《决定》提出，加快房地产税立法并适时推进改革；调整消费税征收范围、环节、税率，把高耗能、高污染产品及部分高档消费品纳入征收范围，这是非常重要的改革举措，但需要认真研究在中国如何开征房地产税问题，立好法，适时开征，并要考虑如何逐步完善，使其逐渐成为地方税的一个主要税种。消费税的问题也要认真研究，包括研究如何使消费税逐渐成为覆盖全部消费品的价外税，并转变成为地方税的另一个主要税种，与此同时要适当降低增值税税率，比如降低三四个百分点，以支持开征作为价外税的消费税，尽量使消费者不致因税制改革而加重负担。这也是一个很复杂的问题，有待各方面认真研究，提出可行方案。

八、允许民间资本发起设立中小型银行等金融机构

《决定》首次提出，在加强监管的前提下，允许具备条件的民间资本依法发起设立中小型银行等金融机构。过去，尽管民间资本在股份制银行、城市商业银行、农村中小金融机构股本中占有很高比例，但是不允许民间资本作为中小型银行的单独发起者，一些民营企业家对此也有意见。这次提出开禁后，有关部门行动相当快，银监会已于2014年3月确定首批5家民营银行试点，实行共同发起人制度，即每家银行要求不少于两个发起人。首批5家试点银行的发起人和民营资本分别是：浙江杭州的阿里巴巴、万向集团；浙江温州的正泰集团、华峰集团；广东深圳的腾讯、百业源投资有限公司；上海的均瑶集团、复星集团；天津的商

汇集团、华北集团。[①] 可以想象，中小银行的发展将会改善为广大中小型实体经济企业提供的服务，也将有力促进利率市场化和建立银行存款保险制度的进程，从而推动金融改革的深化。

九、赋予农民更多财产权利

《决定》提出，保障农民集体经济组织成员权利，积极发展农民股份合作，赋予农民对集体资产股份占有、收益、有偿退出及抵押、担保、继承权。保障农户宅基地用益物权，改革完善农村宅基地制度，选择若干试点，慎重稳妥推进农民住房财产权抵押、担保、转让，探索农民增加财产性收入渠道。这是很重要的改革举措。目前农民财产性收入少得可怜，近两年农民财产性纯收入只占到他们人均纯收入的百分之二三。究其原因，是因为农民最大的财产权——土地收益权累遭侵犯，没有保障。要赋予农民更多财产权利，最主要的是尊重和保障农民的土地权益，改变地方政府对土地财政的依赖惯性，切实落实农民的财产权利，这对逐步缩小城乡居民收入差距也能起重要作用。

十、建立透明规范的城市建设投融资机制的问题

允许地方政府通过发债等多种方式扩宽城市建设融资渠道，允许社会资本通过特许经营等方式参与城市基础设施投资和运营，研究建立城市基础设施、住宅政策性金融机构。这对建立透明规范的城市建设投融资机制非常重要。我国地方政府债务这几年无序扩张，根据国家审计署 2013 年 12 月 30 日公布的关于地方政府债务审计结果，地方政府债务规模已从 2011 年底的 10.7 万亿元，增加到 2013 年 6 月底的 17.9 万亿元，相当于 GDP 的 33%，各方面都认为风险很大，急需规范约束。《决定》上面提出的，正是规范和约束地方政府债务的重大举措，也有利于城市基础设施建设等健康发展。

本文发表于 2014 年第 3 期

---

① 《民营银行破冰试点自担风险》，载《人民日报》，2014 年 3 月 11 日。

全面深化改革的动力解析*

龚培河　万丽华**

"任何运动形式，其内部都包含着本身特殊的矛盾。这种特殊的矛盾，就构成一事物区别于他事物的特殊的本质。"①全面深化改革就是一个通过实践活动持续展开的运动过程，我们可以从矛盾统一体角度分析全面深化改革的动力。

一、动力生成逻辑

改革开放是社会发展的动力，正如习近平所指出的"每一次重大改革都给党和国家发展注入新的动力、给事业前进增添强大动力，党和人民事业就是在不断深化改革中波浪式向前推进的"②。但改革本身也需要动力，因为改革不是推动社会发展的原初动因，在整个动力体系中，它只是通过制度安排实现生产力解放和发展的一种手段，是针对社会基本矛盾运动特点而积极采取的行为选择。

毛泽东在《关于正确处理人民内部矛盾问题》一文中强调，社会主义社会的生产关系和生产力之间、上层建筑和经济基础之间既相适应又相矛盾，其中，"相适应"是基本的、主要的，决定了本质上属于非对抗性质，不需要采取剧烈的阶级斗争的方式，而是通过调整和改革，使之更

---

* 本文系2014年国家社科重点基金资助项目"马克思主义动力论与全面深化改革的动力研究"(项目编号：14AKS002)的阶段性成果。

** 龚培河，南京信息工程大学马克思主义学院暨中国特色社会主义理论体系研究基地教授、江苏省中国特色社会主义理论体系研究基地特聘研究员；万丽华，南京信息工程大学社科处副研究员。

① 《毛泽东选集》，第1卷，北京：人民出版社，1991年，第308-309页。

② 《习近平关于全面深化改革论述摘编》，北京：中央文献出版社，2014年，第10页。

好地适应生产力发展的要求。也就是说，在现实性上，“两对”社会基本矛盾运动是通过各种制约社会发展的问题和解决这些问题的矛盾斗争表现出来的，在非对抗的情况下，改革就是解决这些问题从而为发展开辟道路的一种有效手段。所以，社会发展问题是引起改革动议的源泉。表面看来，全面深化改革是党中央自上而下推动的结果，但实际上是社会发展问题促使党中央做出全面深化改革动议。正如习近平指出的：“改革是由问题倒逼而产生，又在不断解决问题中而深化。”①

那么，到底是什么问题倒逼改革？改革为什么能够在不断解决问题中得到深化？归纳起来有四个问题：改革一直未解决或未触及的老问题（难啃的硬骨头）、改革本身积累的新问题、国际形势的挑战和对中华民族伟大复兴中国梦的追求。其中，前两者是与改革自身有直接关联性的问题，后两者是需要借助改革才能得到解决的问题。这四个问题都是发展过程中的问题（决定了社会基本矛盾运动是非对抗性质的），是当前社会主要矛盾的集中体现，它们构成四重压力，对我们党提出挑战。根据汤因比的“挑战—应战”理论，我们党是在四重压力造成的挑战下做出全面深化改革动议来进行应战的，正如习近平强调的：“实现党的十八大描绘的全面建成小康社会……实现中华民族伟大复兴的宏伟蓝图，要求全面深化改革。坚持和发展中国特色社会主义，不断推进中国特色社会主义制度自我完善和发展……要求全面深化改革。解决我国发展面临的一系列突出矛盾和问题……要求全面深化改革。”②所以，问题倒逼改革，改革破解问题。

但这只是引起改革动议的动力，改革要展开、要推进下去，还需要生成持续不断的动力。改革一旦落实到实践中来，改革动议时既定的矛盾统一体就发生了反转：曾经作为挑战一方的四重压力就变成了一种需要被消解的实践目标，即需要通过改革破解一系列现实问题后才能达到的目标，改革就变成了积极解决问题而实现这一目标的实践活动，结果在新的改革矛盾统一体中，改革变成矛盾主动的一方，四重压力所体现出来的需要通过改革解决一系列现实问题而达到的目标变成矛盾被动的

① 《习近平关于全面深化改革论述摘编》，北京：中央文献出版社，2014年，第13页。

② 同上书，第5页。

一方，二者形成了解决问题与被解决问题之间的矛盾斗争，“事物的自我转化取决于事物内部的主要矛盾的主要方面”[①]，动力便不断从为实现特定目标而积极破解问题的矛盾斗争中生成，改革就在不断解决问题中得到深化。

为什么四重压力一旦变成了一种需要被消解的实践目标，就能够源源不断产生改革所需要的动力？任何一个实践活动的原初性动力都来源于实践本身所确立并积极追求的目标。从矛盾统一体的同一性角度看，既然改革是被四重压力激活的，就意味着改革的使命就是通过解决横亘在改革前面的一系列社会发展问题，完善和发展中国特色社会主义制度、推进国家治理体系和治理能力现代化(总的目标)，促进社会公平正义、增进人民福祉(出发点和落脚点)，来消解四重压力。所以，消解四重压力就是全面深化改革这一实践活动所追求的终极性目标，动力就在追求消解四重压力这一目标的实践中涌现出来，但需要通过解决这样或那样的社会发展问题表现出来。需要指出的是，消解四重压力这一终极性目标与全面深化改革自身确立的总的目标是不同的，前者是抽象的逻辑规定，后者是现实要达到的效果；前者与全面深化改革的起因是一致的，二者构成了矛盾同一性，后者是前者在现实中的具体反映。

二、动力释放逻辑

动力生成取决于实践活动要追求的目标，是它产生的压力演化成动力；但动力释放则取决于实践活动过程遭遇的阻力，是在克服阻力的斗争中释放动力。若没有阻力，就不会释放动力，因为不克服阻力，就无所谓动力。从哲学上讲，阻力和动力是一对矛盾，释放动力的目的就是要排除阻力，所谓矛盾是事物发展的内在动力，就是因为事物内部的自我否定因素与自我肯定因素构成“动力—阻力”相互斗争的统一体，由于动力处在斗争的主动一方，所以事物获得了发展。但这绝不能说，阻力有利于动力释放，相反，作为矛盾的对立一方，阻力是动力释放的障碍，二者构成了博弈关系。

① 龚培河：《“四个全面”战略布局的内在逻辑与实践原则》，载《求实》，2016年第1期。

从来源上看，阻力无非分为内生性阻力和外来性阻力。内生性阻力是由实践活动所追求的目标激活的阻力，所以，与动力同源同根。外生性阻力是楔入到实践活动中来的阻力，在逻辑上与动力生成没有直接关联性。全面深化改革的阻力，从根本上讲，内生于引起改革动议的四重压力本身。四重压力一旦成为改革要追求的目标，就必然会以一个个鲜活的问题表现出来。当我们在改革推进过程中着手解决这些问题的时候，它们就是内生性阻力。因此，四重压力对全面深化改革来说，既是动力之源，也是阻力之根，二者构成一对矛盾。例如，宅基地使用权改革问题。在宅基地使用权制度规定中，存在着土地使用权时间有限性与住房所有权时间无限性之间的矛盾，当接近或达到土地使用权所限定的时间时，这个矛盾就会倒逼改革，成为改革的动力之源，但改革要解决的问题恰恰就是这个矛盾本身，所以，它也是改革的阻力之根。但这不能说，动力与阻力可以等量齐观，二者虽然同根生，但却不是齐步长，因为影响二者大小强弱变化的根据不一样，动力大小主要取决于矛盾激化程度，而阻力大小主要取决于利益相关性。宅基地使用权的矛盾很尖锐，所以改革动力较大，而对改革对象造成的主要是利益正相关性，所以改革阻力较小，容易释放改革动力。另外，还有些阻力，纯粹是从外部横插入改革中来的，如国外反华势力无端滋事干扰改革、诋毁改革等，它们强弱变化不受改革利益相关性影响，抑制动力释放的效果完全取决于“动力—阻力”相互博弈的结果。

动力释放受制于阻力，但阻力出场具有偶然性，决定了动力释放取决于实践过程本身，而不取决于逻辑上的动力生成环节。在两种阻力类型中，显而易见，外生性阻力是“邂逅”的，具有偶然性；但内生性阻力与实践活动本身休戚相关，是否具有偶然性，关键在于实践活动本身是否具有可确定性。在四重压力中，只有改革一直未解决或未触及的老问题是一个存量，其余的三个问题都是变量，其中，改革积累的新问题会随着改革深入而不断涌现，国际挑战也会随着时代变迁而不断变换形式，中国梦也不会止步于“两个一百年”奋斗目标，只要中国继续走和平发展道路，表征中华民族美好愿景的中国梦还会继续下去。将来或许会演变为三重压力或五重压力或多重压力，但压力本身不会在绝对意义上彻底消除，“在认识世界和改造世界的过程中，旧的问题解决了，新的问题又会产生”[1]，因此，即使纯粹是改革内生的阻力，虽然可以进行大致预测或预判，但不能精确预定，更何况还存在“邂逅”的阻力。所以，改革遭遇阻力的多少和阻力的大小，一切取决于改革实践本身，这决定了动力释放，也取决于改革的具体实践过程，而不是改革内在逻辑规定。

三、动力不足症结

当前全面深化改革存在动力不足现象，问题出在哪里？直观地看，似乎是动力生成出了问题。当前存在动力供给不足吗？从客观角度看，四重压力是改革动力生成的根源；但从主观角度看，四重压力终究只是客观存在的现象，它们能不能变成一种压力、一种挑战，前提是必须有人主动回应它们，把它们作为改革要追求的目标，因此，我们党敏锐的洞察力和敢于担当的精神是促使全面深化改革动力生成的主观条件。当前，四重压力唤起人们的改革意识显而易见，社会普遍欢迎改革，动力生成的客观条件没问题。而我们党实施全面深化改革的决心和意志也是毋庸置疑的，“在整个社会主义现代化进程中，我们都要高举改革开放的旗帜，决不能有丝毫动摇”[2]，动力生成的主观条件也没问题。由此观之，全面深化改革在动力生成环节上没问题，动力供给是充足的。

当前全面深化改革存在动力不足现象，辩证地看，应该是动力释放出了问题。虽然动力供给充足，但由于受到阻力的影响，动力释放遭遇瓶颈。解决全面深化改革动力不足的有效途径就在于消解阻力，疏通动力释放渠道。

虽然从逻辑上讲，所有的阻力都是动力释放的障碍，但一般性阻力在通常情况下不会对动力释放产生实质性抑制效应，所以不是要讨论的对象。全面深化改革阻力中的难点，即“难啃的硬骨头”，才会真正抑制动力释放。在这里要讨论的阻力，指的就是阻力中的难点。阻力中的难点在哪里？

需要指出的是，改革阻力本质上是一种客观事实，但需要通过人们

---

① 《习近平关于全面深化改革论述摘编》，北京：中央文献出版社，2014 年，第 8 页。
② 同上书，第 10 页。

对待改革的态度表现出来，即在现实层面上，我们看到的阻力是人们所持的改革态度，而不是作为一种纯粹客观事实的阻力。理论上讲，后者决定前者，前者反映后者，二者本质上是一致的。但人们的主观认知与客观事实之间毕竟不是“直通车”，存在反映与被反映关系，尤其在利益相冲突的情况下，人们自身的理性认知与秉承的改革态度甚至可能会自相矛盾，所以，客观事实上的阻力与人们对待改革的态度表现出来的阻力既相关又相异。探讨阻力难点，需要从这两个方面辩证地看问题。

除了不可评估的外生性阻力外，内生性阻力中的难点主要分为三种类型：一是改革的执行者同时也是改革的对象。我们党是改革的执行者，是动力释放的主体，但同时也是改革的对象，而且是改革的“从严治理”的对象，由此改革的最大阻力也是来自自身，因此必须有断腕决心，把权力关进制度的笼子里。二是曾经是改革的动力演变成改革的阻力，动力递减的同时阻力递增，二者此消彼长，大大增加了改革的难度。在改革之初，有些人利用优惠政策，率先富裕起来，成为改革的弄潮儿；但时过境迁，今天要进行的深度的制度调整，就会触及这些人的利益关系，他们有的人可能就会由改革的支持者变成改革的反对者，成为阻力。这两种阻力产生的根源无疑都是因为改革造成他们个人利益负相关性。实际上，社会上很多人反对改革，成为改革的阻力，也是因为利益负相关性，为什么偏偏这两种阻力是难点呢？就在于它们与改革动力存在着直接的盈亏关联性，能够直接掣肘改革动力，抑制动力释放。历史上很多改革，因“改革触动了一些既得利益集团的利益，他们的变法都遭遇了强大阻力，甚至弄得自己身败名裂”[①]。三是由改革成本衍生出来的阻力。对任何一个领域进行改革，投入动力本身就是一种成本，而改变原有的状态也会带来成本，在改革之初，这两个成本是必然要支付的，但改革收益却是预期的，存在着风险性，因此这必然会造成守成与变革之间的冲突，由此衍生出阻力，阻碍改革共识的凝聚，阻滞革新推进。

所以，这些阻力中的难点就是全面深化改革动力不足的症结所在，消解这些阻力难点，疏通动力释放渠道，就是破解动力不足的有效途径。

---

① 《习近平关于全面深化改革论述摘编》，北京：中央文献出版社，2014年，第45-46页。

四、克服动力不足的基本原则

要克服全面深化改革动力不足，就是要找到消解阻力难点的有效办法，疏通动力释放渠道。总的来说，需要遵循如下几条基本原则：

第一，坚持全面从严治党与全面深化改革辩证统一。在四个全面战略布局中，全面从严治党与全面深化改革辩证统一。党是改革的决策者和执行者，是动力生成的主观条件，也是动力释放的主体，如果党员干部借助改革之际贪污腐败，败坏党风，由此形成的阻力不仅会抑制动力释放，而且他们造成的不良影响会传递给人民群众，增加凝结改革共识的难度。因此，推进全面从严治党，以零容忍态度惩处腐败，“老虎”“苍蝇”一起打，把权力关进制度的笼子里，形成不敢腐的惩戒机制、不能腐的防范机制、不易腐的保障机制，树正气、迎新风，消除党自身的阻力，就会使动力释放获得强大的支持。

第二，坚持减少改革利益受损面与凝聚改革共识辩证统一。改革要顺利深入推进下去，就必须达成广泛的共识，凝聚人心。但要使人们支持改革，就必须满足一个基本条件：群众的切身利益与改革的实际效果或预期效果不直接冲突，因此，尽可能减少改革利益受损面是凝聚改革共识的必要前提，二者辩证统一。“如果不能给老百姓带来实实在在的利益，如果不能创造更加公平的社会环境……改革就失去意义，也不可能持续。”[①]减少改革利益受损面的有效办法就是通过增加或扩张利益流动渠道的方式，进行相对利益关系调整。社会内部存在一个贯穿社会各个领域、各个环节的利益流动网络。空间上看，它纵贯各个领域，横跨各个体制；时间上看，它贯穿从生产到分配再到消费的各个环节，构成一个网络，从而把整个社会联系起来，把各个人之间联系起来。全面深化改革是一项复杂的系统工程，但不管是经济体制改革还是非经济体制改革，最终都要对这个利益流动网络渠道进行创建、调整、疏通。要分好“蛋糕”，促进社会公平正义、增进人民福祉，就是要构建起公正合理的、畅通无阻的利益流动渠道，保证利益良性流动。一般说来，调整社会利益

① 《习近平关于全面深化改革论述摘编》，北京：中央文献出版社，2014 年，第 96 页。

流动渠道有两种基本方式：一是以缩窄甚至截断一条利益流动渠道为前提来扩张或者创建另一条利益流动渠道，进行绝对利益关系调整；二是通过单方面增加或扩张利益流动渠道的方式，进行相对利益关系调整。显然，绝对利益关系调整容易对改革对象造成利益负相关性，利益受损面较大，阻力较大，不利于形成改革共识；而相对利益关系调整在一定程度上规避了直接意义的利益负相关性，减少了利益受损面，阻力较小，有利于形成改革共识。当然改革有的时候需要雷厉风行，大刀阔斧，毫不妥协，但在条件允许的情况下，相对利益关系调整的方式也不失为灵活有效的办法。

第三，坚持顶层设计与摸着石头过河辩证统一。消解阻力不如预防阻力。改革如逆水行舟不进则退，改革越是遇到麻烦，改革风险越大，阻力就越容易滋生、蔓延，改革就会越困难。因此，要尽可能防止改革本身出现偏差，少犯错误、及时纠正错误，避免改革陷入困境。一方面，要加强顶层设计和整体谋划，把握好改革的重大关系，使各项改革相互配合，相得益彰。另一方面，坚持摸着石头过河原则，改革实际步骤要稳妥，先行先试必须建立在充分论证、实际调查基础上，循序渐进。摸着石头过河原则包含着两层意思：一是要勇于过河、敢于过河，不能被大河拦住进路，不敢下水；二是要谨慎过河、稳妥过河，不能盲目下水、鲁莽下水。一旦发觉出现偏差，要及时纠正，避免出现不可挽回的巨大纰漏，从而有效降低改革风险，消解改革成本带来的阻力。

第四，坚持舆论监督与正面引导辩证统一。习近平在党的新闻舆论工作座谈上指出，舆论监督和正面宣传是统一的。舆论本身就是战场，需要有意识地争夺制高点。虽然改革本身的得失成败是舆论导向的根据，但舆论会有放大效应，尤其在信息不明晰的情况下，想象和猜测加上别有用心的人的恶意引导，就会引起误判，把原本是主观上的误判变成实际阻力来干扰改革进程。所以要重视舆论宣传，正面报道改革成就，客观分析改革得失，理性阐释改革困境，热情讴歌改革愿景，让舆论变成动力之泉，而不是阻力之源。

第五，坚持“静要有定力”与“动要有秩序”辩证统一。习近平强调，

“一静一动，静要有定力，动要有秩序，关键是把握好这两者之间的度”[①]。何为“静”？就是不能改、不必改、不要改的部分不要改动。社会主义基本制度不能改，被实践证明是正确的具体制度不必改，有可能危害社会基本稳定性的具体制度暂时不要改。这部分要“静”，要有定力。何为“动”？就是必须改、能够改、可以改的部分一定改。内部矛盾已经激化的具体制度必须改，广大人民呼吁应该革新的具体制度能够改，存在不合理性的具体制度可以改。这部分要“动”，但“动”要有秩序，胆子要大，步子要稳，不能急躁冒进、急于求成。二者的“度”是什么？就是要静中求动，稳中求快，有效地把阻力限定在可控范围内，保持动力释放的畅通性。

本文发表于 2017 年第 4 期

① 《习近平关于全面深化改革论述摘编》，北京：中央文献出版社，2014 年，第 49 页。

全面深化改革需要关注的八个问题

陈红太*

一

坚持以公有制和按劳分配为主体，主要解决坚持市场经济的社会主义方向和保障人民主体地位，克服分配不公和贫富差距拉大问题。

坚持以公有制和按劳分配为主体，不仅是我国现行宪法的明文规定，也为我国改革开放以来历次党代会报告和章程所宣示。邓小平曾明确指出："一个公有制占主体，一个共同富裕，这是我们所必须坚持的社会主义的根本原则。"①而现实情况是，在所有制结构方面，实际上已经形成"国有经济为主导、民营经济为主体、外资经济为辅助"的格局；在按劳分配方面，资本化的股份制实际已经主导了诸多企业的改制和分配，相比其他大国包括发达资本主义国家，我国国民工资收入占 GDP 比例要小得多，而贫富差距要严重得多。② 邓小平曾多次明确指出："社会主义与资本主义不同的特点就是共同富裕，不搞两极分化"③，"如果导致两极分化，改革就算失败了"④。"分配的问题大得很。我们讲要防止两极分化，实际上两极分化自然出现"，"少部分人获得那么多财富，大多数人没有，这样发展下去总有一天会出问题。分配不公，会导致两极分化，到一定

---

* 陈红太，中国社会科学院政治学研究所研究员。

① 《邓小平文选》，第 3 卷，北京：人民出版社，1993 年，第 111 页。

② 国民工资收入占 GDP 的比重，欧美国家大约为 55%，南美 38%，非洲 20%，我国只有 12%左右。最高收入 20%人口与最低收入 20%人口的平均收入比，中国是 10.7 倍，美国是 8.4 倍，俄罗斯是 4.5 倍，印度是 4.9 倍，日本是 3.4 倍。

③ 《邓小平文选》，第 3 卷，北京：人民出版社，1993 年，第 123 页。

④ 同上书，第 139 页。

时候问题就会出来。这个问题要解决。过去我们讲先发展起来。现在看，发展起来以后的问题不比不发展时少”。① “中国情况是非常特殊的，即使百分之五十一的人先富裕起来了，还有百分之四十九，也就是六亿多人仍处于贫困之中，也不会有稳定。中国搞资本主义行不通，只有搞社会主义，实现共同富裕，社会才能稳定，才能发展。社会主义的一个含义就是共同富裕。”②

所以，党的十八大后中国社会主义市场经济完善和发展，必须旗帜鲜明、理直气壮地坚持公有制和按劳分配为主体。鼓励一切具有上述两种性质和发展趋向的生产方式以及经济组织形式和制度。对目前国有制和集体所有制企业以及具有共同富裕分配性质的民营企业，既要坚定不移地大力发展和扶持，也要按照公有制和按劳分配为主体原则对产权结构、企业组织形式、分配制度和经营方式进行完善。完善的重点是提高劳动在公有制企业和经济运行监管中的地位和作用，提高劳动者在企业分配决策和资产监管中的地位、份额和力度。习近平在2013年五一劳动节与劳模代表座谈时指出，“人民创造历史，劳动开创未来”，“全社会都要贯彻尊重劳动、尊重知识、尊重人才、尊重创造的重大方针，维护和发展劳动者的利益，保障劳动者的权利。要坚持社会公平正义，排除阻碍劳动者参与发展、分享发展成果的障碍，努力让劳动者实现体面劳动、全面发展”③。

二

执政党加强驾驭市场经济能力，主要解决在市场经济的负面效应面前，认识不够、估计不足和应对不力，避免权力与资本的利益捆绑、权力贪腐和不作为问题。

对市场经济的负面效应，必须要有比较清醒的认识和高度警惕。我国采取社会主义市场经济体制，实践证明是正确的。市场经济作为一种资源配置的基础性方式，对于有效整合各种经济社会资源、激发社会活

---

① 《邓小平年谱(1975—1997)》，下卷，北京：中央文献出版社，2004年，第1364页。

② 同上书，第1312页。

③ 《总书记同我们共话中国梦》，载《人民日报》，2013年5月1日。

力和动力，实现人的权利自由和解放，都有其他经济体制不能替代的优势。但在已经实行了几十年的市场经济实践面前，必须承认市场经济本身内含着一整套的价值观、组织和制度机制。其负面效应也已经逐渐地显露出来，从市场经济本身来看：市场主体遵循利润最大化原则，难以完全实现个人利益与社会效益的统一；市场竞争带有自发性、盲目性和波动性，会带来破坏和浪费甚至引发周期性经济危机；市场机制不能自行解决社会公平问题，必然会导致收入差距拉大，甚至会引起贫富两极分化；等等。

从市场经济对我国政治体制的作用来看：一方面市场经济客观要求我国政治体制必须满足自由和权利的法治化要求，尊重和保障人权，建立社会主义法治国家；另一方面市场经济也是滋生权力寻租和腐败的土壤。资本势力与权贵势力的结合和利益捆绑，已成为人民群众反映最为强烈的问题。它不仅放大了社会分配不公和贫富分化，极大地损害了党与人民群众的血肉联系，伤害了党的执政基础和政府公信力，弱化消解了我国长期坚持的社会主义理念和制度基础，也扭曲和伤害了市场经济自身的规律和应有效能。加强对市场经济负面效应的监管，已然成为共产党人在新时期的一项重大责任。不能任由市场经济发挥对上层建筑的基础性作用，丧失社会主义国家政权对市场经济的主导。社会主义市场经济相较于资本主义市场经济的最大优势，应该而且必须用“社会主义”理念矫正市场经济负面效应，使市场经济为社会主义人民当家作主所用，必须把提高劳动者在生产方式中的主体地位、倡导发展公有制并把共同富裕的理念和分配机制，贯彻到完善市场经济体制的全过程。

三

经济结构转型升级的取向，主要解决坚持科学发展、可持续发展和正确指导我国经济建设以独特的制度优势和创新性发展战略，跨越“中等收入陷阱”问题。西方金融危机和主权债务危机，就是因为去工业化、鼓励信贷消费、举债度日寅吃卯粮，高福利、高消费导致的恶果。西方凯恩斯主义，表面上似乎已经解决了传统资本主义发生的“生产过剩”问题，资本和劳动的冲突也得到了暂时的缓和与平衡，但在这种表象的背后，举债度日的高福利、高消费政策和生活方式需要国内可持续的经济发展和全球化市场垄断利益的支撑，而世界范围内新兴经济体的崛起和竞争，分割和弱化了发达国家垄断和维系的国际经济秩序，且垄断资本和利益集团的贪婪傲慢又拒绝与新兴国家平等合作，加之国内保护主义、大众形式民主对西方国家宏观调控能力的弱化，导致欧美国家实质又陷入了一场无法支撑高福利、高消费为特征的新的经济危机类型。这种新危机，在目前资本主义经济政治制度框架内还没有解决之法。

30 多年改革开放的经验以及我国有效应对国际金融危机冲击的实践，充分证明了我国宏观调控政策的有效性，而且在投资基础设施拉动经济可持续发展方面，在一些主体功能区进行的生态绿化改造、城乡一体化建设、资源和环境两型社会建设等的分区实验方面，在轻工制品、电子、汽车、机械制造等行业国际市场竞争力方面，都显示出自身独特的发展优势和制度优势。中国作为发展中国家，在追赶发达国家方面还有很长的路要走。中国生产力水平必须不断提高，在经济结构转型方面，要实现从要素驱动转向创新驱动，要素优化和产业升级。技术创新和产业升级等实体经济都需要必要的金融支持，都必须以投资为载体。在进一步加大扩内需，发展服务业的同时，应认真汲取西方金融危机教训：社会资源向金融服务与投资过度倾斜，经济的虚拟化成分日益上升，为获取更高利润从事无节制的金融“创新”却缺乏有效监管，崇尚高工资、高福利、高税收、高消费，过度举债，超前开支，这种发展模式容易滋生“不劳而获”的社会习气，减弱经济发展的韧性与活力，是不可持续的。西方金融危机告诉我们，只有发达稳健的实体经济，才是积累社会财富、打造竞争实力的基础，才是改善人民生活、应对外部冲击的保障。

四

加强党对意识形态工作领导，主要解决在信息化时代，党如何集中人民的意志并把党执政的方略和信念，及时准确完整地传达给人民大众，克服各种杂音对实现中国梦的干扰问题。

进入 21 世纪以来，我国在意识形态领域，越来越呈现极其复杂的局面。在什么是社会主义、西方人权宪政、国际共产主义运动、我国近现代以来尤其是对我党的历史和领袖人物评价等许多大是大非问题面前，认识非常混乱。百年宪政梦、普世价值、新自由主义、公民社会、西方新闻自由观、历史虚无主义、否定改革开放等言论和思潮，不仅在学界而且在互联网和社会上具有广泛影响。尤其是反社会主义、集体主义和人民民主法制化的西方个人主义、自由主义和人权宪政民主思潮，以及否定共产党领导和社会主义制度的各种言论，已经形成一股舆论势力，给党的意识形态工作领导权、管理权、话语权带来严峻挑战。

党的十八大以来，中国特色社会主义的理论、道路和制度，已经越来越清晰。对于我们搞的社会主义的本质，习近平给出了非常明确的回答："中国特色社会主义是社会主义而不是其他什么主义，科学社会主义基本原则不能丢，丢了就不是社会主义。一个国家实行什么样的主义，关键要看这个主义能否解决这个国家面临的历史性课题"①。"科学社会主义基本原则不能丢"这句话非常关键，因为历史经验证明，只有科学社会主义而不是其他什么主义，才能救中国和发展中国。这标志着我党对中国特色社会主义的本质认识实现了正本清源和一次新的升华。

当前，我们正在进行具有许多新的历史特点的伟大斗争，意识形态领域斗争就是一个十分重要的方面。在事关意识形态领域政治原则和大是大非问题上，我们必须增强主动性、掌握主动权、打好主动仗，增强阵地意识、斗争意识，巩固马克思主义在意识形态领域的指导地位，巩固全党全国人民团结奋斗的共同思想基础。必须大张旗鼓地宣传中华民族、解读中国特色社会主义理论、道路和制度，使实现中华民族伟大复兴中国梦的"两个一百年"奋斗目标深入人心，化作全民族和全社会的理想信念和共同追求，成为党在十八大后意识形态工作的主旋律，更加响亮，更加强劲。必须改变过去在科学社会主义信仰以及在党的领袖和历史面前的不作为和虚无主义态度，在政治大是大非等原则问题上决不能麻木不仁、组织回应乏力，必须旗帜鲜明、态度坚决，敢于斗争，敢于亮剑，让党内外人民群众强烈感受到党中央的鲜明立场和实事求是解决问题的态度和坚定意志。不能任由各种非科学社会主义的意识形态扭曲

① 习近平：《毫不动摇坚持和发展中国特色社会主义在实践中不断有所发现有所创造有所前进》，载《人民日报》，2013年1月6日。

和解构我国的改革方向和价值观，歪曲和丑化我国的社会主义政治制度和我党的领袖和历史。党必须对意识形态工作负起责任来，决不允许包括各种意识形态载体，明目张胆地反党反社会主义，传播腐朽奢靡堕落的价值观和生活方式；决不允许各种意识形态载体，为国际垄断资本和帝国主义战略充当带路党和颜色革命工具。概言之，意识形态领域的斗争和较量是长期的、复杂的，也是严峻的、紧迫的，一刻也不能放松和削弱。

五

处理好中央、地方和基层关系，主要解决如何进一步激发地方和基层积极性、继续推行分区域试验、鼓励区域性创新和竞争，通过多元化发展和实现区域经济和城镇化同步发展问题。

我国是一个资源分布和经济社会发展不平衡的大国。改革开放之初的一项重要举措，就是中央向地方和基层放权，充分调动地方和基层的积极性、主动性和创造性，并通过经济特区等区域性改革试验，探索全面协调多元发展的可行经验。邓小平在南方谈话中就指出："改革开放胆子要大一些，敢于试验，不能像小脚女人一样。看准了的，就大胆地试，大胆地闯。深圳的重要经验就是敢闯。没有一点闯的精神，没有一点'冒'的精神，没有一股气呀、劲呀，就走不出一条好路，走不出一条新路，就干不出新的事业。"①鼓励地方根据自身实际大胆试验，探索一部分地区先发展起来，以先发带后发，最终达到共同富裕。这是邓小平为改革发展确定的一条重要方针。这条方针为在中国这样的大国实现大一统的多元发展奠定了政治和政策基础。党对政府工作的领导和中央政府对地方区域政府的政令统一，绝不能以简单的行政命令和组织纪律一刀切的方式，弱化地方政府根据本地区实际探索科学发展的创新性模式，扼杀地方和基层实践创新、组织创新和制度创新的积极性和相互比较竞争发展的创业激情。

中国区域发展是重点发展县域经济还是城镇经济，这在不同发展区

---

① 《邓小平文选》，第3卷，北京：人民出版社，1993年，第372页。

域会有不同答案。在一些农业粮食主产区，强化县域经济的资源统筹功能仍具有合理性；但在一些城镇经济发达区域，经济社会资源的配置，一方面城镇需要有更多的自主权；另一方面乡镇街道一级政府职能逐渐转移到社会社区管理和公共服务领域，经济资源配置的权力逐渐转移到区甚至区以上行政单位。中国区域经济发展的多元化呈现更为丰富和复杂的格局。从中长远发展的观点看，中国区域经济的发展大势，将随着中国城镇化的快速推进，越发趋向于以大中城市来统筹配置经济社会资源，城乡发展的一体化建设将更加体现出符合资源统筹、优化配置和区域协同的模式优势。目前我国的城镇化率已超过 50%，按照国际城市化和我国城镇化发展自身经验，我国城镇化率在未来 20～30 年，将继续以 1%左右的速度增长，到中国梦实现的第二个一百年奋斗目标，我国的城镇化率完全可以达到 70%以上的国际平均水平。这意味着在未来的 20～30 年里，我国还将出现大大小小多个城市或城镇化群。中国的国家和社会结构必将被城镇格局和基层街道社区格局所替代。从目前经验出发，我国市场化资源配置最佳规模大致在副省级或比较大一点的地市级城市规模。而未来社会服务和管理的责任将逐渐转移到基层街道社区。地市级城市的市场化资源配置职能及街道社区公共服务和社会管理职能将越发凸显。所以，中国区域经济的发展重心，应该逐渐从县域经济转到城市经济上来，更加看重城市化对区域经济的资源配置功能及乡镇街道的社会管理和公共服务职能。

六

处理好政府改革与社会组织关系，主要解决政府改革的正确性和有效性，以及社会组织发展和功能定位问题。

改革开放以来，中国的政府改革，大致按着建立社会主义市场经济体制和社会主义法治国家的需要，从改革开放初的政企分开和转变经济社会管理职能，到加大对行政审批制度改革力度，努力从经济引资和行政审批型政府，逐渐向建立服务型和法治政府转变。从政企分开到政资分开、政事分开、政社分开。政府改革的大致趋向是向着“小政府大社会”的政府模式转型。

推进以政府、市场、社会三分开为导向的政府改革，需要思考的问题是，如果以宪法规定的社会主义政治、经济、社会关系来规范，由于有中国共产党的领导，中国的政府组织与市场经济组织和社会组织之间的关系，在本质上不同于资本主义国家政府与市场和社会组织之间的关系。政府公权力与市场和社会法人权利之间，不是相互对立、监督或制衡关系。在社会主义初级阶段，无论宪法规范还是实践需要，共产党就是要对整个社会包括市场经济，承担正确领导和政治保障的责任。政府对市场经济和社会的服务和管理，由于有公有制和按劳分配为主体的经济组织和分配形式，有共产党和政府对公有制经济的直接的组织领导和监管责任，党组织在“两新”组织的基层建设中发挥全覆盖作用，基层社会党政关系事实上一体化，因而实际上完全厘清政府与市场和社会组织之间的关系，不是那么简单。政府不仅要对党的领导和党的组织原则负责，更要对广大人民群众的根本利益及各种利益诉求和权利保障负责。政府推进科学发展、全面深化改革的责任，不是减轻了，而是更重了。

开放社会组织还有必须引起党和政府严重关切的问题，就是国际性非政府组织对国内社会组织的各种资助，实际有很深刻的政治经济背景。中亚地区发生的各种“颜色革命”以及北非地区发生的“茉莉花革命”等国家动荡事件，包括我国少数民族地区和内地发生的一些群体性事件的背后，都有国际性非政府组织在发挥影响和作用。西方敌对势力针对我国综合国力逐渐强大，已经改变了以往直接军事、政治和经济对抗，改为采取“文化渗透以及软着陆”的和平演变策略，通过大众传媒大规模、长期性、全覆盖式的宣传，流行文化商品输出，培养知识分子代理人等方式，对我国进行个人主义和自由主义文化和价值观的持久传播和渗透。因此，对社会组织的开放和发展，一方面党和政府要持鼓励和支持的态度，另一方面更要加强和担负起对社会组织的领导和监管责任，两者均不可偏废。

七

处理好城镇化与农民土地以及权益保护，主要解决城镇化进程中，土地、劳动力和资本等社会资源的权利保护和优化配置利用，以及以绿色生态观念发展现代农业和推进城镇化改造问题。

以推进城镇化和市场化作为解决经济结构转型的突破口，以解决目前消费和投资拉动的平衡问题、解决长期以来经济过热产生的产能过剩问题，解决城乡之间土地、劳动力、资本、管理等生产要素的潜能开发和资源优化整合、充分利用问题，实现市场经济在更为广阔的空间尤其是广大农村发挥更大的配置效能，保持我国经济可持续发展，为实现中华民族伟大复兴的中国梦奠定坚实的物质经济基础。从中国经济的现状出发，城镇化和市场化确实是能解决问题和产生实效的好政策，但推进城镇化建设和农村现代化和产业市场化建设，绝不能采用或变相采用行政化手段，违背科学发展规律、市场化规律和法治化原则，像过去一些地方发生的为了官员政绩和面子工程，在缺乏工业园区和产业规模化基础、农民就业保障以及其他基本民生保障的前提下，搞"被城镇化""被上楼""被社区化""被居民化""被产业规模化"等。

各地城镇化的成功实践证明，城镇化和农业现代产业化实际是一个国家现代化向区域城乡结构、产业结构和社会结构不断延伸和自然发展的过程。当农民有了规模化产业化发展需要，当工业发展和园区经济足可以保障城镇化后的就业问题、生活保障和养老医疗住房等一系列民生需要问题，农民的城镇化热情和积极性还是非常高涨的。但城镇化和农业现代化绝不能搞一刀切、一种思路、一个政策模式。国家已经从整个现代化的布局出发，根据全国城市化地区、农业地区和生态地区三大格局，确定了优化开发、重点开发、限制开发和禁止开发四种类型，并确定实行区域性、针对不同政策单元差别化分类政绩考核体系，这对于依据市场化和现代化规律，形成多元化大一统的区域特色发展格局，具有非常重大的现实意义和深远意义。因此，要切实把《全国主体功能区规划》落到实处。

城镇化的推进和发展要依据国家主体功能区建设规划，确定各地区域性城镇化发展的推进策略和方针，并把生态绿色理念、多元发展理念贯彻到城镇化建设中去。要认真总结城乡一体化综合实验区，在城乡规划、城乡产业、城乡市场体制、城乡基础设施建设、城乡公共服务、城乡管理体制的一体化建设以及民生导向和缩差共富经验，认真总结各地各类新农村建设和集体共富经济社会共同体小城镇发展经验。在充分总结经验和科学调研规划的基础上，扎扎实实地推进城镇化建设，探索创造出真正符合中国国情和广大农民现代化需求和利益保障的新型城镇化发展之路。

八

健全协商民主，主要解决在社会结构多元化和利益诉求复杂化的新形势下，如何通过协商对话达成利益共识、扩大民主参与，推进基层民主向社会民主、地方区域民主以及党际民主发展的问题。

改革开放以来，中国在民主政治建设方面取得的最显著成就，比较公认的是基层民主和社区自治的大发展。“四大民主”——选举民主、决策民主、管理民主、监督民主，在广大的基层农村乡镇街道社区蓬勃开展起来。各地通过不断地探索创新，发明和发现了许多适合社会主义市场经济与和谐社会建设的基层民主政治实现形式。其中，尤其以建构新形势下基层村民社区议事决策为主要形式的协商民主，利于解决在工业化、城镇化、农业现代化进程中的农民土地和宅基地以及各种资产资源的权益保护，减少和避免因工业商业园区建设、公共基础设施建设、城镇规划开发建设、规模化农业产业发展等过程中，形成的土地征用、房屋拆迁、就业保障、社区管理以及许多涉及老百姓民生权和民主权产生的维权冲突、越级上访和群体性事件等问题。在党委和政府组织的领导和协调下，主要通过组织对组织而不是分散的无组织群体之间的对话，通过律师以及懂法知法的权威或开明人士介入，以法治化形式开展的各方直接对话和利益协商，形成利益共识和达成矛盾谅解，效果显著。

我国的基本政治制度和体制运作，不仅具有协商民主的优良传统和内在机制，基层民主自治创新经验也充分证明了协商民主是可以满足人们不断增长的权利保障和政治参与需要的好的有效的民主实现形式。因此，十八大报告明确指出：“健全社会主义协商民主制度。完善协商民主制度和工作机制，推进协商民主广泛、多层、制度化发展。通过国家政权机关、政协组织、党派团体等渠道，就经济社会发展重大问题和涉及群众切身利益的实际问题广泛协商，广纳群言、广集民智，增进共识、增强合力。”“加强同民主党派的政治协商。深入进行专题协商、对口协商、界别协商、提案办理协商。积极开展基层民主协商。”

中国目前社会矛盾的一个鲜明特征就是维权事件频发、多发，突出体现在民众和局部利益的私权与公共权力以及政府权之间、劳工权利与企业资本之间的权利矛盾和冲突。健全协商民主，把基层议事决策创建的协商民主，推向更为广泛的建设领域，尤其是在工业化、城镇化、农业现代化土地流转以及村社民生建设领域，推向并运用到县域、城市以及各行各业等更高层级，改变过去维稳问题上的治标不治本、各级政府充当“消防员”“灭火队”以及拦截行动员和通过物质利益摆平“无理访”等被动尴尬局面，通过公开透明、广泛参与的组织化协商，公正、公平、法治化地解决人民群众的各种权利保障和利益诉求，是全面深化民主政治建设最为切实、紧迫的任务。

本文发表于2015年第5期

让生产要素的活力竞相迸发

赖德胜*

《中共中央关于全面深化改革若干重大问题的决定》(以下简称《决定》)提出了全面深化改革的战略意义、战略目标、战略思路和战略部署，是指导我国今后一个时期社会经济发展的纲领性文件，是我国最新版的政治经济学。《决定》强调要“让一切劳动、知识、技术、管理、资本的活力竞相迸发，让一切创造社会财富的源泉充分涌流，让发展成果更多更公平惠及全体人民”①。在某种意义上，《决定》通篇都是围绕着活力如何迸发、财富如何涌现和成果如何共享而展开的，其中下面三点十分重要。

第一，使市场在资源配置中起决定性作用。历史已经证明，市场是一种最有效的资源配置方式，我国30多年来的经济快速增长，在很大程度上就是得益于市场作用的不断发挥，我国经济理论发展所围绕的主线之一也是政府与市场的关系。十四届三中全会提出，要让市场在资源配置中发挥基础性作用，这在当时是一种重大理论突破，极大地促进了体制改革的深化和要素活力的激发。但在实践中，市场的作用还没有得到充分发挥，“政府之脚”对“市场之手”的抑制仍普遍存在，比如，市场体系还没有建立起来，市场规则不统一，行政分割、行政审批、行政垄断等还比较严重，这限制了资源的优化配置，甚至导致资源的错配置。我们经常讲经济增长要转到创新驱动的道路上来，但效果并不理想。原因何在？一个重要原因是市场没有在劳动、知识、技术、管理、资本配置中起决定性作用。《决定》提出要让市场在资源配置中发挥决定性作用，将市场在资源配置中的作用从“基础性”提高到“决定性”。这是对市场作

---

* 赖德胜，北京师范大学经济与工商管理学院教授。

① 《中共中央关于全面深化改革若干重大问题的决定》，北京：人民出版社，2013年，第3页。

用认识的深化，表明市场的作用不仅指它在资源配置中的力度、深度、广度等，更在于要减少政府对资源配置的直接干预，充分发挥微观主体的自主性，赋予企业和个人自由的决策权和选择权。这就是《决定》所说的，要“加快形成企业自主经营、公平竞争，消费者自由选择、自主消费，商品和要素自由流动、平等交换的现代市场体系，着力清除市场壁垒，提高资源配置效率和公平性”①。这是对传统的政府主导型市场模式的告别，同时也彰显了党中央对市场化改革的决心。

第二，允许混合所有制经济实行企业员工持股。《决定》提出“公有制经济和非公有制经济都是社会主义市场经济的重要组成部分，都是我国经济社会发展的重要基础”②，要积极发展混合所有制经济，认为它是公有制为主体、多种所有制经济共同发展的基本经济制度的重要实现形式。同时，允许混合所有制经济实行企业员工持股，形成资本所有者和劳动者利益共同体。这不仅是所有制形式的变化，为国有企业改革和私营经济的发展提供了广阔的空间，更为要素活力的迸发提供了广阔的空间。《决定》提到要使劳动、知识、技术、管理、资本等要素的活力竞相迸发，其实他们的背后都是人，分别是普通劳动者、知识分子、技术人员、管理人员和投资者。因此，活力迸发实质上是要使人的活力迸发。实行员工持股，加强知识产权运用和保护，促进科技成果资本化，意味着将有更加和谐的劳动关系，科技创新有更高更稳定的经济回报，这对人的创新潜能的激发，将会是非常有效的制度保障。

第三，发展成果考核评价体系更加重视劳动就业、居民收入、社会保障、人民健康状况。要素活力迸发所带来的成果并不会自动地公平惠及全体人民，这为很多国家的发展所证明。当下所热议的所谓“中等收入陷阱”现象，其中一个重要原因就是经济增长没有伴随着财富的共享和结构的变革，有增长而无发展，结果停滞不前。发展成果只为少数人所占有，不仅发展不可持续，也与社会主义的本质要求背道而驰。社会主义市场经济要求发展成果要更多更好地惠及全体人民，实现共同富裕，因此，必须加快社会事业改革，解决好人民最关心最直接最现实的利益问

---

① 《中共中央关于全面深化改革若干重大问题的决定》，北京：人民出版社，2013 年，第 11-12 页。

② 同上书，第 8 页。

题，更好地满足人民各方面的需求。为此，要改革发展成果考评体系，改变过去片面追求经济增长速度的做法，实现无水分的增长。要以人为本，更多地考虑经济增长中的就业质量、居民收入、社会保障和人民健康，使发展成果更多更公平地惠及全体人民。

我们的改革是要实现活力迸发、财富涌现和全民共享的有机结合，这是社会主义市场经济的本质要求。要素活力的迸发和社会财富的涌现，有赖于市场在资源配置中发挥决定性作用，市场是效率的前提。但发展成果不会自动地惠及全体人民，这需要政府发挥应有而及时的作用，政府是公平的保障。因此，要处理好政府和市场的关系，既要使市场在资源配置中起决定性作用，又要更好地发挥政府作用。这是对过去30多年经验教训的总结，更是为未来的改革发展指明了方向。

本文发表于2013年第6期

中国新一轮政府改革的重点和方向*

燕继荣**

当前，中国的国家治理面临着两大前所未有的挑战：第一，转型的挑战。经过30余年的改革发展，中国人民的民主权利、生活水平和文明程度等都得到了前所未有的提高，时至今日，中国社会又面临着新的转型和发展，各种社会问题和矛盾集中爆发，这一方面为社会的快速转型和发展提供了机会，另一方面也给政府管理和政策制定带来了挑战。第二，新信息技术的挑战。传统的信息传播基本上以集中和单向为主，现代的信息传播逐渐开始走向分散和多向，任何人都有可能成为信息传播的中心。这种新的信息技术深刻地改变着社会的方方面面，政府必须改变传统的治理方式，应对信息技术的挑战。

一、中国新一轮政府改革的实践

为了应对国家治理面临的挑战，把中国的改革和发展继续深入推进，党中央和国务院一再强调要对我国的政府管理机构和体制进行改革和创新。2012年11月，中共十八大提出："稳步推进大部门制改革，健全部门职责体系。"2013年2月，中共十八届二中全会通过了《国务院机构改革和职能转变方案》，并获得十二届全国人大一次会议批准。2013年7月，国务院总理李克强签署国务院令，公布《国务院关于废止和修改部分行政法规的决定》，废止了《煤炭生产许可证管理办法》，并对25件行政法规的部分条款予以修改。2013年10月，李克强总理部署推进公司注册资本

---

* 本文系2008年度教育部政治学研究基地重大课题"中国政府治理机制研究"(项目编号：08JJD810160)的研究成果。

** 燕继荣，北京大学政府管理学院教授。

登记制度改革，进一步创新政府监管方式，放宽市场主体准入，简政放权。十八大之后的新的政府改革既涉及政府体制的改革，也涉及政府职能的转变。

(一)大部制改革

新一届政府推行的大部制改革事实上从2007年就已经正式提出，并已经出台了一些具体的改革措施，进行了一些改革尝试。2007年，中共十七大提出："规范垂直管理部门和地方政府的关系。加大机构整合力度，探索实行职能有机统一的大部门体制，健全部门间协调配合机制。"2008年3月15日，十一届全国人大一次会议第五次全体会议表决通过《第十一届全国人民代表大会第一次会议关于国务院机构改革方案的决定(草案)》，这是中国共产党十七大提出"探索实行职能有机统一的大部门体制"后的首轮改革。这次改革涉及调整变动的机构共15个，正部级机构减少4个，新组建了工业和信息化部、交通运输部、人力资源和社会保障部、环境保护部、住房和城乡建设部。改革后，除国务院办公厅外，国务院组成部门设置27个。

2012年，中共十八大进一步提出："稳步推进大部门制改革，健全部门职责体系。"2013年，中共十八届二中全会通过了《国务院机构改革和职能转变方案》，并获得十二届全国人大一次会议批准。本次改革的主要内容是：(1)实行铁路政企分开，完善综合交通运输体系。将铁道部拟订铁路发展规划和政策的行政职责划入交通运输部。组建国家铁路局，由交通运输部管理，承担铁道部的其他行政职责。组建中国铁路总公司，承担铁道部的企业职责。不再保留铁道部。(2)将卫生部的职责、人口计生委的计划生育管理和服务职责整合，组建国家卫生和计划生育委员会。同时，将人口计生委的研究拟订人口发展战略、规划及人口政策职责划入发改委。国家中医药管理局由国家卫生和计划生育委员会管理。不再保留卫生部、人口计生委。(3)将食品安全办的职责、食品药品监管局的职责、质检总局的生产环节食品安全监督管理职责、工商总局的流通环节食品安全监督管理职责整合，组建国家食品药品监督管理总局。不再保留食品药品监管局和单设的食品安全办。(4)将新闻出版总署、广电总局的职责整合，组建国家新闻出版广电总局。不再保留广电总局、新闻出版总署。(5)将现国家海洋局及其中国海监、公安部边防海警、农业部中国渔政、海关总署海上缉私警察的队伍和职责整合，重新组建国家海洋局，由国土资源部管理。(6)将现国家能源局、电监会的职责整合，重新组建国家能源局。不再保留电监会。改革后，国家能源局继续由发展改革委员会管理。经过本轮大部制改革，国务院正部级机构减少 4 个，其中组成部门减少 2 个，副部级机构增减相抵数量不变。改革后，除国务院办公厅外，国务院设置组成部门 25 个。

大部制改革就是要进行政府结构与功能的优化，目的是解决部门之间职能交叉重叠、权限职责不清，引起的政出多门、决策拖而不决，进而影响政府提供公共服务的问题。十八届二中全会指出："行政体制改革是推动上层建筑适应经济基础的必然要求，要深入推进政企分开、政资分开、政事分开、政社分开，健全部门职责体系，建设职能科学、结构优化、廉洁高效、人民满意的服务型政府。"①政府的决策机制应当具有一定的灵活性，以不断适应社会迅速变迁的需要，如果政府决策拖延，不能进行有效的治理，将直接影响经济和社会的发展，进而损害政府的形象和公信力。

(二)行政审批制度改革

行政审批制度改革是本届政府改革的另一个重点，其核心和特点在于：简政放权，转变职能，激发社会活力。众所周知，行政审批作为政府管理的重要手段，属于事前监管和直接管理的范畴。政府管理中大量采用事前监管和直接管理的方式，不利于市场机制的发挥，影响社会自由和自主发展。因此，2002 年以来，政府多次进行了以削减行政审批项目为主的行政审批制度改革。尤其是 2004 年 7 月 1 日正式实施《行政许可法》以来，中国政府大幅度削减行政审批项目。据统计，上一届政府分六批共取消和调整了 2497 项行政审批项目，占原有总数的 69.3%。本届政府本着"凡公民、法人或者其他组织能够自主决定，市场竞争机制能够有效调节，行业组织或者中介机构能够自律管理的事项，政府都要退出；凡可以采用事后监管和间接管理方式的事项，政府一律不设前置审批"的原则，于 5 月 13 日宣布进一步取消和下放 133 项行政审批项目。从目前

① 《中国共产党第十八届中央委员会第二次全体会议公报》，中国共产党新闻网，http://news.12371.cn/2013/02/28/VIDE1362051363403567.shtml.

公布的项目清单来看，范围涉及经济领域投资、生产经营活动项目，以及企业投资扩建民用机场、城市轨道、能源工程等重头项目的审批权力，其中发改委的审批项目占主要比例。这些事实表明了新一届政府继续加大改革力度的决心。

本届政府决心要将目前保留的1700多项行政审批事项再削减三分之一以上，我们乐观其成。行政审批制度改革的深层意义还在于实现政府管理方式的变革，也就是要使政府管理从主要依赖“审批式管理”(事前监管和直接管理)向主要通过“服务式管理”(事后监管和间接管理)转变。

尽可能减少行政审批，并不意味着要将行政审批减少到零。行政审批是必要的，它有正面功能，比如危险品的生产和销售，潜在危害公共安全的事项，这些都需要严格审批。但是，行政审批如果过宽过多，就会从总体上抵消其正面价值，增加负面效应。所以，一般的原则是：明确哪些事务需要审批，哪些事务不需要审批；哪些审批权限归属中央，哪些审批权限归属地方。十二届全国人大一次会议审议通过的《国务院机构改革和职能转变方案》，已经在减少和下放投资审批事项、生产经营活动审批事项、资质资格许可和认定以及改革工商登记制度等方面做了详细规定，政府今后的任务就是抓紧落实，并且制定相应的时间表。可以想见，此次国务院宣布取消和下放133项行政审批项目，不过是整个改革行动的第一步。

毫无疑问，行政审批改革涉及许多部门利益，会遇到很大阻力，因此，能够贯彻“能减则减”的原则，如此大幅度地削减行政审批项目，这固然显示了领导人的决心和勇气，但也必须认识到，政府改革的长远目标在于实现政府管理方式的转变；从数量上削减行政审批只是转变政府职能、改变政府管理方式的开始；今后更大的挑战在于大量削减行政审批之后如何转变政府职能。

这里需要特别警惕的是：取消和下放行政审批项目后，政府变成“不管型”政府。削减了政府部门的审批权，相关部门可能以此为借口，对以往的管理事务采取放任自流的态度，不再承担管理和服务的责任。要强调的是：弱化了政府事前监管的环节，就要强化政府事中监管和事后监管的流程；减少了政府“审批式管理”的机会，就要增加政府“服务式管理”的内容。所有这些调整和改变，必须以法律为依据和准则，而法治政府和责任政府的建设，更是一件任重道远的事情。

二、中国政府改革的方向

政府改革不仅是政治家们关注的焦点，学者们也从不同的角度阐述着政府改革。新制度主义经济学家道格拉斯·诺斯的“诺斯悖论”为我们思考政府改革提供了有益的理论帮助。诺斯指出：“国家的存在是经济增长的关键，然而国家又是人为衰退的根源。”①“诺斯悖论”告诉我们两个重要论断：第一，政府的存在对经济发展具有至关重要的作用，政府通过界定产权，可以减少交易成本；第二，政府也可能成为人为经济衰退的主要原因，一个国家经济衰退的原因很可能恰恰在于政府本身。

我们也可以把这一论断用在国家的社会管理上，国家的存在既能保障和促进社会稳定，又能诱发和累积社会矛盾，造成社会不稳定。国家的存在不仅是人类摆脱“丛林法则”，建立社会秩序的关键，而且也是人类社会繁荣昌盛的前提。然而，如果国家过多地干预社会事务，也会给社会带来灾难：一方面，会造成政府与民争利，国富民弱，另一方面，也会造成社会资本萎缩，社会信任流失，进而导致社会关系紧张，不稳定性事件增多。

日裔美国学者福山认为，对于很多国家的改革来讲，最好的路径是在缩减国家职能范围的同时提高国家力量的强度。② 因此，要应对转型时期社会矛盾逐年增多，群体性事件不断攀升的势头，必须进行制度创新，改变政府管理的模式，变全能政府为有限且有效的政府。对于那些政府不该管或者管不好的社会事务，政府应当坚决退出这些领域，甚至对于那些政府可以管理也可以不管理的事务，为了培育民众的自治精神，政府也应当让民众来自我管理，这意味着要建立有限的政府；对于那些离开政府就没有办法管好的社会事务，政府必须承担责任，尽力把这些事

---

① ［美］道格拉斯·诺斯著，陈郁、罗华平译：《经济史中的结构与变迁》，上海：上海三联书店，1991年，第20页。

② ［美］弗朗西斯·福山著，黄胜强、许铭原译：《国家构建——21世纪的国家治理与世界秩序》，北京：中国社会科学出版社，2007年，第16页。

务管好，这意味着要建立有效的政府。①

政府既要“有限”，以避免专制暴政，同时必须要“有效”，以防止无政府状态。这意味着，在进行改革和社会管理创新的过程中，不仅要对政府权力严加限制，而且要赋予它足够的权威、能力和自主活动空间，让政府能够积极为善，保护和促进自由。

(一)建立有限政府，投资社会资本

理想的政府体制是一个对公共权力进行监督和制约的政府，也就是说政府的权力有一定的边界，是一种有限的政府。孟德斯鸠说：“一切有权力的人们都容易滥用权力，这是万古不易的一条经验”，“从事物的性质来说，要防止滥用权力，就必须以权力约束权力。”②政府直接干预经济和社会，往往是低效且容易发生腐败的，必须限制政府的范围，防止政府之手到处伸张。在一些西方国家，“政治家们的目标不是社会福利的最大化，而是追求自己的私利。独裁者运用他们的权力来维护自己的地位，将资源配置给自己的政治支持者，打击政敌，中饱私囊，以牺牲社会福利为代价”，“通过民主选举的政治家一般也不会追求社会福利最大化”，“民主政治中的获胜的多数派经常执行一些破坏性的政策，利用再分配来剥夺那些失败的少数派。”③

那么，在当前的社会管理过程当中，必须认识到人的局限性，不能始终把希望寄托在某些个人的道德和能力上，而要用制度来约束人和权力。无限的权力必然带来无穷的腐败，无所不管的政府腐蚀的不仅是政府本身，而且是整个社会肌体。戈登·图洛克通过研究认为，中国封建社会长期以来由于政府的腐败，虽然取得了辉煌的成就，拥有灿烂的文明，但民众的生活却并不轻松。在中国古代，“那些想要在社会上出人头地的人，几乎所有的才智和精力都花在了获得或维持权力的惠顾上。生活虽是不确定的，但是对赢者而言获利颇丰。物质上进步缓慢也是这个

① 燕继荣：《变化中的中国政府治理》，载《经济社会体制比较》，2011年第6期。

② [法]孟德斯鸠著，张雁深译：《论法的精神》，北京：商务印书馆，1993年，第154页。

③ [美]安德烈·施莱弗、罗伯特·维什尼编著，赵红江译：《掠夺之手——政府病及其治疗》，北京：中信出版社，2004年，第3、4页。

体制的特征。”①为什么会出现这样的情况，最重要的原因是中国传统的王朝政府是一个全能的政府，它掌管着社会的一切资源，控制着经济、社会和文化，所以，官僚机构有更多的机会也更容易进行权力寻租活动。因此，必须为政府权力划定一定的界限，防止权力滥用阻碍社会进步和经济发展。

在政府权力之外，更要让社会发挥其充分的作用，鼓励民众和社会组织进行自我管理。中共十七大报告明确要求，“发挥社会组织在扩大群众参与、反映群众诉求方面的积极作用，增强社会自治功能”。十八大报告指出：“改进政府提供公共服务方式，加强基层社会管理和服务体系建设，增强城乡社区服务功能，强化企事业单位、人民团体在社会管理和服务中的职责，引导社会组织健康有序发展，充分发挥群众参与社会管理的基础作用。”

鼓励民众广泛参与公共事务和促进社会自治的努力。用政治学和社会学的术语来说，就是积累社会资本。罗伯特·帕特南在《使民主运转起来》一书中，十分清楚地阐明了社会资本对于经济发展、制度绩效以及民主政治的重大作用。帕特南认为，所谓社会资本就是指普通公民的民间参与网络，以及具有诸如信任、互惠关系、交往规范等特性的社会网络，它们能够促进社会合作，提高整个社会的效率。② 几乎所有的研究都指向一个共同的结论：社会资本能够创造价值。社会资本的增长可以减少交易费用、降低交易成本，从而使其他资本要素得到增值；能够提高政府管理绩效，使民主真正运转起来；可以通过一定的组织机制将个体成员组织起来，提高团体和社会的凝聚力，创造和谐社会。

社会资本理论将民主化的建设、政府再造工程以及社会建设的工作重心引向社区组织和非政府组织的发展方面。鼓励和发展非政府组织成为构建和谐社会、建设民主政治的投资方向。社会资本存在于广泛的社会关系和网络结构中，而社会组织（因血缘而形成的家庭、因生活地域而形成的社区、因经济利益而形成的行会和商会、因共同志趣而形成的俱

---

① ［美］戈登·图洛克著，王永钦、丁菊红译：《特权和寻租的经济学》，上海：上海人民出版社，2008年，第91页。

② ［美］罗伯特·帕特南著，王列、赖海荣译：《使民主运转起来》，南昌：江西人民出版社，2001年，第17页。

乐部和协会、因共同经历而形成的同学会老乡会等)是社会关系和社会网络结构的主要载体。因此，社会组织，特别是各类社会志愿组织(民间组织)，被认为是社会资本的发轫之始。鼓励民间组织发展并参与到社会管理事务中来就等于增殖社会资本。

福山在对中国、意大利、法国、韩国、日本和德国的社会结构进行比较研究时认为，那些家庭占据核心地位的社会往往呈现一盘散沙状态，而那些自发性社团组织占据核心地位的社会具有较高的凝聚力(集体行动能力)。他分析得出的重要原因在于，以家庭为单位的社会结构所产生的社会资本，远远少于以各种社会中层组织(社团组织)为基础的社会网络所产生的社会资本。根据福山的分析，依据社会资本的主要来源，可以把社会划分为低信任度和高信任度两大类型。前者指信任只存在于血亲关系的社会，后者指信任超越血亲关系的社会。家庭中的信任虽然异常牢固，但其“信任半径”要小于社会网络。福山的理论说明，如果把权力高度集中的黑社会组织、犯罪团伙视为一种类型，把自发组织、民间社团视为另一种类型，两相比较，前者的“信任半径”小于后者，其“普遍信任”低于“特殊信任”，而后者可能正好相反。①

(二)建立有效政府，推动公共服务创新

有效的政府应当能够激励自己的政府官员，使他们能够根据经济和社会发展的需要，建立公平有效的法律制度和市场体系，给人们提供长远的经济预期，防止机会主义短期行为，不断推进公共服务创新，满足人民群众的需要，推动社会的发展进步，促进社会的长治久安。为此，政府应该做到以下几点：

首先，有效的政府应当能够管理好政府官员。当前我国一少部分政府官员腐败问题比较突出。在这个问题上，中国共产党应当清醒地认识到问题的严重性，健全反腐败法律制度，防控廉政风险，防止利益冲突，更加科学有效地防治腐败。

中国几千年来一直是一个“官本位”国家，因此，政府官员的作风和行为对于全社会的风气来说至关重要。所以，两千多年前孔子所说的“政

---

① [美]弗朗西斯·福山著，彭志华译：《信任——社会美德与创造经济繁荣》，海口：海南出版社，2001年，第62-68页。

者正也，子率以正，孰敢不正”，对今天的官员仍然有很好的明示作用。因此，用制度来确保政府官员带头遵守规则，信守契约，按照规则和契约办事，不仅有利于加强执政党自身的执政地位，而且对于改变整个国家的风气和面貌都有非常重要的作用。

其次，有效的政府必须建立有效的经济制度、规范的经济秩序和严格的市场监管体系，为各市场主体创造公平的竞争场所和有序的市场环境。当前，许多政府部门，在不该“伸手”的时候到处“插手”，而在该“出手”的时候却出现了严重的缺位现象。各地不断出现的食品安全问题就是比较突出的例子，以至于高层领导不得不承认：“这件事情我们不好意思，很不好意思。不好意思什么？就是现在好东西多得很，但是吃起来有点不大放心……越白的面越不踏实，越亮晶晶的大米越不敢吃。”①政府应投入更多的精力把该管的事情管好，食品安全问题严峻，需要相关部门在生产、流通、销售等各个环节上做到有效监督。

第三，有效的政府必须要解决社会突出的问题和矛盾，为社会提供有效的公共产品和公共服务，让改革发展的成果惠及全体人民。环境污染问题亟须政府加强治理；大学生就业、社会保障、医疗卫生等领域还需提升公共服务质量。比如，建立和完善从中央到地方的就业工作服务体系，提供基本的公共教育、公共医疗和社会保障以满足民众的基本需求。再比如，政府应当建立有效的住房保障体系，如果最基本的公共需要长期得不到满足，人们的积极性将会受到挫伤，激情就会减退，服务社会的信念也会逐步动摇。

三、结论

老子有句名言：“治大国若烹小鲜。”这句话可谓真知灼见，没有掌权者的有效管理，社会就会如一盘散沙，陷入无序状态；然而，管理者掌握着统治大权，如果政府过多地干预社会活动就会增加百姓负担，导致百姓收入减少，生活水平无法提高。

---

① 《代表谈食品安全问题王岐山回应：这事不好意思》，搜狐网，http：//news. sohu. com/20110306/n279672224. shtml.

在当前，要维持社会秩序，促进社会发展，离不开国家的一定作为；同时，为了防止统治者滥用权力导致社会活力受到抑制，政府又必须把职能限制在一定的范围之内。老子的话对我们进行政府改革的启示有两个方面：一方面，我们要建立一个有限的政府，把政府权力关进笼子里，让市场和社会发挥更多的作用，增强社会的活力，增加人民之间的信任度，提高人民群众自我管理的能力；另一方面，我们要建立有效的政府，加强市场监管和社会治理，为人民提供良好的市场环境和稳定的社会秩序，不断创新，为人民提供满意的公共产品和公共服务。

本文发表于2013年第6期

农村社会保障制度改革：现状与出路

李迎生*

党的十八大提出到2020年全面建成小康社会的宏伟目标。为实现这一宏伟目标，在社会保障方面，党的十八大提出要“统筹推进城乡社会保障体系建设”，要“坚持全覆盖、保基本、多层次、可持续方针，以增强公平性、适应流动性、保证可持续性为重点，全面建成覆盖城乡居民的社会保障体系”，要“整合城乡居民基本养老保险和基本医疗保险制度”等战略部署和具体要求。相对于城镇社会保障制度建设而言，农村社会保障制度建设长期滞后，目前城乡社会保障制度在许多方面都存在着明显差距，对全面建成小康社会目标的实现构成了严重障碍。为落实“统筹推进城乡社会保障体系建设”这一重大战略部署，当务之急是应当加快农村社会保障制度的建设与改革。

一、农村社会保障制度作为改革重点的依据

(一)从我国社保制度的历史变迁看，需要将农村社保制度作为改革重点

计划经济时期，农村社会保障的欠账太多，农民作为工业积累和国家发展的代价承担者贡献很大，但其总体福利待遇偏低。当时，在城镇，我国建立了以就业为核心的国家/企业社会保障制度，城镇居民大多是国有或集体企业职工，享受养老、医疗等一系列社会保险项目和子女教育、生活补助等众多福利待遇。然而，在农村，改革开放前，我国实行以土地为基础的家庭保障为主、社会(国家/集体)救助为辅的社会保障模式，这种二元社保模式城乡差距明显，一方面，在这一模式中，农村社会保

* 李迎生，中国人民大学社会与人口学院、社会学理论与方法研究中心教授。

障制度处于空缺状态，只有零星的如五保供养制度、救灾救济制度等项目，另一方面，虽然二元保障模式在当时发挥了特定作用，满足了我国工业资本积累的需要，但当时广大农村地区却是工业资金和原材料的源泉，农民也成为了工业积累的代价承担者。比如，农业税一直是我国工业积累的一项重要进账，从1949年到2003年，我国农业税累计征税额达3945.66亿元。而且，为快速积累经济发展所需资本，1953年我国开始对粮食、棉花等农产品实行统购统销政策。统购的农产品通常以限购价转为工业部门的生产和生活资料，但农民却需高价买入农业生产资料，到1983年取消统购统销政策，农民通过工农业产品“剪刀差”对工业的贡献超过6000亿元。[①] 农村和农民对我国计划经济时代的贡献之大可见一斑，但针对农民的社会保障制度却长期处于空缺状态，我国社会保障制度的农村欠账必须填补，农业和农民对国家发展的贡献应该得到回报。

(二)当前我国城乡差距仍然较大，城乡社会保障制度不平衡，社保待遇悬殊

有学者认为，我国当前城乡差距主要体现在三个方面，“即收入、基础设施和社会权利”[②]。这三方面内容基本能够概括当前我国城乡经济社会发展水平差距的现实。从城乡居民收入角度看，近年来，党和政府从统筹城乡发展的角度出发，更加注重“三农”问题，千方百计增加农民收入，但城乡居民收入这些年仍呈现拉大趋势。1978年，我国城市人均可支配收入为316.0元，农村人均纯收入为133.6元，城乡人均收入比为2.36∶1。2012年我国城镇居民人均可支配收入为24 565元，农村居民纯收入为7917元，城乡居民收入比为3.10∶1，城镇和农村居民的收入水平仍保持3倍以上的差距。从城乡基础设施条件来看，“十一五”期间，我国农村地区的饮用水、电力、交通、医疗、教育、公共服务等基础设施有了很大改善，但当前与城市相比仍有较大差距，当下我国正在推行的城乡基础设施一体化工程，正是基于这一现实的考量。从社会权利角度看，尽管近年来，“农民权利越来越受到重视，以平等权为核心的权利

---

① 《我国进入农业反哺时期》，食品安全网，http://www.foodqs.cn/news/gnspzs01/200582310416.htm.

② 柯炳生：《三种城乡差距及其解决之道》，载《解放日报》，2010年10月21日。

保障被视为解决农民问题的根本问题”[①]，但由于农村社会保障的历史欠账太多，我国城乡社会保障制度仍存在较大差距。

（三）社会主义新农村建设需要构建覆盖城乡的社会保障体系

当前，我国正在积极推动社会主义新农村建设，城乡统筹发展、城乡一体化趋势也日益明晰，构建覆盖城乡的社会保障体系是新农村建设、城乡一体化建设的重要组成部分。作为我国社保体系的一块“短板”，农村社会保障制度理应成为今后改革的重点领域。深化农村社会保障制度改革是全局性工作，“是同国家关于工业化和城市化的整体战略密切相连的”[②]。另外，农村人口老龄化趋势加快也是社保制度改革必须优先考虑的客观现实。所以，现阶段农村社会保障制度改革必须紧密围绕城市化、工业化和人口老龄化三大趋势展开。从城市化角度来说，2005 年到 2009 年，我国城镇化率从 43％提高到 46.6％，平均每年增加 0.9 个百分点。2011 年我国城市化率已经超过 50％。2013 年，中国城镇化率预期将达到 53.37％。在农村人口大量涌入城市的同时，城镇规模也在不断扩大，其中必然涉及被征地农民的社保问题，维护和发展失地农民的基本权益缺不了应有的社会保障。从工业化角度来说，未来的社保制度不仅要覆盖城镇，更应该覆盖农村，尤其要解决在城乡间流动的农民工群体社保问题。从老龄化角度来说，2010 年我国超过 60 岁的老年人为 1.74 亿，约占总人口的 12.8％，预计到 2015 年，我国 60 岁以上老年人口将达到 2.16 亿，约占总人口的 16.7％，而届时农村老年人数约为老年人口总数的 60％。[③] 如何尽快发展完善“新农保”将是“十二五”时期我国社会保障制度改革的重点工作之一。

（四）扩大内需，刺激消费需要加快社会保障事业特别是农村社会保障事业的发展

“比较合理的国民收入结构应该是居民收入大约占 GDP 的 60％左右，

---

① 崔卓兰、赵静波：《农村社会保障制度的价值取向与制度创新——以城乡一体化为视角》，载《吉林大学社会科学学报》，2010 年第 5 期。

② 郑泽金、陕大海、杨成珍、施灏：《农村社会保障制度改革研究的三种视野——关于政府依法推进农村社会保障制度改革的思考》，载《社会主义研究》，2008 年第 6 期。

③ 民政部：《我国未来 5 年步入人口老龄化加速发展期》，新华网，2011 年 2 月 25 日。

非居民收入应该占40%"[①]，但我国的比例正好相反，广大城乡居民面对房价上涨、医疗费用与教育费用畸高，有钱不敢花。适当、有效的社会保障制度能够起到收入分配"调节器"作用，尤其是对城乡居民消费行为发挥激励引导作用。所以，要消除人们消费的后顾之忧，应该大力发展民生事业，加快构建覆盖城乡的社会保障体系，尽快弥补农村社会保障的缺口。

正如习近平同志在十二届全国人大一次会议闭幕会上的讲话中所指出的："生活在我们伟大祖国和伟大时代的中国人民，共同享有人生出彩的机会，共同享有梦想成真的机会，共同享有同祖国和时代一起成长与进步的机会。"加快农村社会保障制度改革，统筹推进城乡社会保障体系建设，是实现包括广大农民在内的全体中国人民共荣共享的需要。

二、农村社会保障制度发展现状

(一)近年来我国农村社保制度取得的成绩

近年来，党和政府做出了工业反哺农业、城市带动乡村的战略部署，积极推进社会主义新农村建设，以统筹城乡发展的科学思维，大力推行城乡一体化建设。在一系列利好政策与措施的积极作用下，我国农村社会保障事业的发展取得了令人瞩目的成就，主要体现在以下几个方面：

1. 新型农村合作医疗制度不断完善

2003年，我国新型农村合作医疗制度试点建设启动。"新农合"的筹资实行个人缴费、政府补贴和集体扶持相结合，中央对中西部及贫困地区的农民不断加大财政转移支付的力度，以"大病统筹"方式实现了农民在疾病风险下的互助共济。近年来，随着深化医药卫生体制改革的顺利推进，"新农合"得以不断完善。据国家卫生计生委发布的2012年新农合进展情况及2013年工作重点的通报称，2012年，全国参加"新农合"人数为8.05亿人，参合率超过98%，继续稳定在高位；实际住院补偿比为55%，与上年相比提高了约7个百分点，最高支付限额提高到不低于6万元；在门诊统筹地区，实际门诊补偿比约为49%，比上年提高了约9个

---

① 蒲晓晔、赵守国：《我国经济发展方式转变中的动力结构优化》，载《求索》，2010年第8期。

百分点。2013年将进一步提高“新农合”筹资标准和保障水平。参合率继续保持在95%以上。各级财政对“新农合”的补助标准进一步提高到每人每年280元，人均筹资水平达到340元左右。优化统筹补偿方案，政策范围住院费用报销比例达到75%左右，最高支付限额不低于8万元。普遍开展门诊医疗费用统筹，逐步提高门诊补偿水平。[①] “新农合”的全面实施标志着我国农村医疗保障制度体系基本建成。

2. 农村社会养老保险制度改革实现重大突破

2009年，国务院发布了《关于开展新型农村社会养老保险试点的指导意见》，开始在全国10%的市、县、区进行“新农保”试点。“新农保”也采取个人缴费、集体补助、政府补贴相结合的筹资方式，将16～60周岁未参加城镇职工基本养老保险的农民纳入参保范围。到“十一五”末，“新农保”参保人数已达1亿人，覆盖了24%的地区，已经领取待遇人数达1828万人，[②] 农村社会养老保险事业实现重大突破。

3. 农村社会救助制度逐渐健全

2006年新的《农村五保供养工作条例》实施，规定五保供养资金由地方财政专门预算安排，中央政府对贫困地区予以补助。2007年，国务院决定在全国建立农村最低生活保障制度。按照《关于在全国建立农村最低生活保障制度的通知》要求，农村低保资金由地方政府负责，中央和省级政府予以适当支持。同时农村医疗救助工作也广泛开展。目前，“我国已基本建立了以农村居民最低生活保障制度和农村五保供养为基础，以医疗、住房、教育、司法等专项救助和临时救助为重要内容的新型社会救助制度体系”。[③] 同时，在政府财政的强有力支持下，农村社会救助标准也逐年提高。

(二)当前我国农村社保制度中存在的问题

近年来，我国农村社会保障制度建设取得的成就是不容否定的，但并不能因此掩盖现实中存在的问题与不足。当前，我国农村社会保障制

① 卫计委：《2013年对新农合补助将提高到每人280元》，中新网，http://www.chinanews.com/gn/2013/05－03/4785619.shtml.

② 《社会保障“十一五”》，载《中国医疗保险》，2010年第12期。

③ 张车伟、张士斌：《农村社会保障制度建设及其制度障碍》，载《湖南社会科学》，2010年第1期。

度仍然存在一些不足之处，需逐步加以解决。

1. 农村社保覆盖面仍然过窄

经过近年来的扎实推进和艰苦努力，农村社会保障制度的覆盖率确实有了大幅度提高，其中，新型农村合作医疗的覆盖面已达95%以上，“十二五”期间实现制度全覆盖应该问题不大。但农村社保制度中的其他项目覆盖面仍然过窄，尤其是现有的社保制度对从事非农产业的农村户籍人口如个体经营者、灵活就业者特别是农民工等特殊群体的保障严重不足。到2009年末参加基本养老保险的农民工人数为2647万人，虽比上年末增加231万人，但与2亿多农民工大军相比，覆盖面仍显过窄。另外，到2009年底，我国城市化过程中衍生出的大批被征地农民参加社会保障人数为2500多万人，比上年约增加1200万人，[①] 但其中仍有很多人缺乏基本的社会保障。

2. 保障水平低，城乡差距大

城镇社会保障制度较农村社保制度发育更早，因而体制机制更为成熟，造成了保障水平城乡差距较大，农村社保待遇水平有待逐步提高。例如，按照当前“新农保”的制度设计安排，我国农民每月领取的退休养老金至多几百元，这与城镇职工基数较高且不断上调的退休养老金相比，差距明显。城乡医疗保障待遇也存在较大差距。另外，截至2013年1月，城市最低生活保障支出水平为239.8元/(人·月)，农村最低生活保障支出水平为111.7元/(人·月)，[②] 其城乡差距也是在两倍以上。

3. 农村社保基金来源有限

根据有关政策，农村社会保障体系中的养老和医疗两项制度均采取个人缴费、集体补助和国家支持的筹资形式，这种形式一方面确保了个人、集体和国家三方的责任、义务，但另一方面，我国地区间发展水平差异大，农民个人的经济状况也千差万别，造成了全国范围内农村社会保障筹资难度大。退而言之，尽管当前政府文件规定，对个人缴费困难

---

① 数据均来源于《2009年度人力资源和社会保障事业发展统计公报》，载《中国人力资源社会保障》，2010年第7期。

② 《2013年1月份社会服务统计月报》，中华人民共和国民政部网站，http://files2.mca.gov.cn/cws/201303/20130319173033814.htm.

的农民实施国家补助，但由于我国现今的农村集体经济发展也存在这样那样的问题，所以，最终可能会出现的结果是，本该由政府出资的部分政府出资了，而本来由个人和集体出资的部分也由政府财政“兜底”，这无疑会增加财政负担。

三、农村社会保障制度下一步改革的目标与路径

根据党的十八大提出的全面建成小康社会的目标，针对农村社会保障制度现存的问题，本文认为，我国农村社会保障制度下一步改革所要实现的预期目标主要有二，即全覆盖和可衔接。社会保障制度城乡居民全覆盖是确保经济社会发展成果惠及全体人民、保障城乡居民基本生活的必然举措，而社保项目间的可衔接是保证社保制度科学性、完备性、机动性、公平性的应然条件，二者都是进一步深化我国社保制度的迫切要求。

进入21世纪以来，我国农村社会保障事业发展迅速，取得了重大进步。下一步应在国家统筹城乡发展总体规划思路的基础上，继续深化社保制度改革，渐趋推进社会保障制度的城乡一体化。为此，实现社会保障全覆盖是首要一步，实现社会保障制度的可衔接是关键一步。

社会保障制度全覆盖指的是我国的社会保障制度尽快覆盖所有城乡居民，实现“应保尽保”。当前，我国已然具备了社会保障制度全覆盖的可行性条件，一方面，随着国民经济的持续快速发展，政府财政收入年年攀高，为社会保障制度的全覆盖提供了坚实的物质保障，另一方面，在政府财政收入不断攀升的同时，我国城乡居民的收入也快速增长，多数人完全有能力参保。此外，2007年6月，继上海浦东新区、天津滨海新区设立并发展之后，经国务院批准，重庆与成都双双成为“全国统筹城乡综合配套改革试验区”，“明确将促进城乡社会保障协调发展列为试验的重要内容”①，这将为建立全覆盖社会保障体系提供重要经验，创造良好环境。根据国家“十二五”规划及相关规划，预计“十二五”期末应该基本能够实现全覆盖的目标。

---

① 王国奇、王立明：《如何构建全覆盖城乡社会保障制度》，载《求索》，2008年第6期。

社会保障制度可衔接是指社会保障项目如社会保险、社会救助、社会福利、慈善事业等的相互配套与衔接及社会保障项目在城乡、人群、地域之间的衔接整合。我国社保制度可衔接目标的依据在于，一是社会保障各项目现今仍然存在严重的相互矛盾、脱节的现象；二是社会保障各项目的可衔接有利于城乡居民，尤其是流动人口利益保障的最大化；三是社会保障制度的可衔接有助于提高社会保障制度自身的科学性、完备性、公平性；四是社会保障制度的可衔接能够避免福利资源的浪费，提高资源利用效率。下一步实现社保制度相互衔接的可能性在于，以制度的全覆盖为基础，以政府的统筹规划为条件，以实现广大人民群众切实利益为出发点，在政府强大财力的支持下稳步推进。

针对前述农村社会保障制度存在的问题，现阶段农村社会保障制度的改革可从以下几个方面着手：

首先，全面完善，突出重点。一方面，应促进现有农村社会保障项目不断完善。以“新农合”为例，自 2003 年以来，虽然在覆盖面上迅速扩大，实现了预期目标，但由于其侧重“大病统筹”，而“门诊统筹”功能不足，这与农民日常门诊就医量大的现实不相符，也影响青壮年农民的参保积极性。因此，下一步，在进一步强化大病统筹、缓解乃至预防农民因病致贫、因病返贫的同时，巩固门诊统筹试点业已取得的成果并继续扩大门诊统筹覆盖范围。另一方面，应突出重点推进农村社会保障制度的改革与创新。由于农村社会保障各项目建设时间和投入力度不同，因此应差别对待，比如，与“新农合”、农村低保不同，“新农保”在 2009 年才正式试点，它适应了我国日益严峻的老龄化趋势，因而应将其作为未来几年农村社保制度建设的重点内容。

其次，按照新型城镇化的要求推动农民工等特殊群体社会保障的市民化。推动城乡衔接的社会保障制度建设无法回避农民工、失地农民等特殊群体的社保问题，由于这两类群体情况较为复杂，解决的策略亦有多种，但建议采取以雇佣关系为基准分别处理的原则。[①] 一方面，依据雇佣关系尽快将农民工群体纳入城镇职工社会保障制度，实现在务工地“应

① 夏明会、宋光辉：《农村社会保障模式改革——基于公民身份和雇佣关系的视角》，载《调研世界》，2010 年第 5 期。

保尽保”。当然，按照新型城镇化的要求，不同类型城镇应当区别对待，小城市(镇)可完全放开，大中城市应有所限制，可设置一定的准入条件。另一方面，将失地农民中拥有固定职业的居民也纳入城镇职工社保制度，其余根据实际居住地或户籍地直接纳入城镇居民社保制度或农村社保制度。

再次，推动城乡社会保障制度的衔接乃至整合。社会保障主要项目(制度)在推进全覆盖的同时，在可衔接上要做出切实的规划，力求取得突破。其中，可选择低保作为突破口，在“十一五”时期已经实现全覆盖的基础上，可先行推进该项目的城乡衔接乃至统一。医疗保障的城镇居民医保及“新农合”的全覆盖近期即可实现，可先行实现城乡衔接乃至统一。至于城镇居民医保及“新农合”与城镇职工医保的衔接，也可进行改革的尝试。而“新农保”及城镇居民社会养老保险制度，在“十二五”时期主要是推进全覆盖，“可衔接”可放到“十三五”时期来完成。

最后，切实履行政府的责任。必须强调，切实履行政府责任是发展我国社会保障事业的关键。面对目前城乡社会保障制度差距仍然较大的客观现实，同时借鉴国际经验，政府应对农村社会保障制度建设给予必要的倾斜和侧重。在制度的设计论证阶段，决策者必须客观全面地了解当前我国的城乡差距，立足现实，做出科学决策。针对农村地区因病致贫、因病返贫的实际，政府在推进“新农合”时，应通过合理设计，不断提高医疗费用的报销比例，切实减轻农民负担。在制度实施和政策执行上，政府应广泛开展宣传工作，让更多的农民了解到参保的益处所在。另外，政府应采取措施，切实提高基层社保人员的专业素质，为农民提供更为优质的服务，在资金、资源投入上，财政应向农村倾斜。

本文发表于2013年第4期

全面深化改革时期的利益让渡与社会合作

王道勇*

利益是所有社会成员都极为关注的焦点问题，能否顺利地实现社会成员间的利益让渡是判断一个社会文明发达程度的重要标志。当前，我国已经进入了全面深化改革新时期，无论是增量改革还是存量改革都急需利益让渡的配合。因此，探讨以社会合作的形式进行利益让渡所需要的基本条件、利益让渡的可行方法及效果等问题，具有重要的理论价值和现实意义。

一、全面深化改革急需利益让渡

党的十八届三中全会明确提出，“当前，我国发展进入新阶段，改革进入攻坚期和深水区”①，全面深化改革面临两大阻力——利益固化的藩篱和思想观念的束缚。世界各国既往的改革经验和教训表明，在利益固化的背景下，改革很难深入推进，因为改革要推进，势必进行利益调整，从而导致部门利益、行业利益、地方利益、群体利益等相互博弈，并且可能会异化为不同利益群体对既得利益的全力维护，以及对改革新生收益的全力争夺，从而撕裂整个社会。为此，党的十八届三中全会特别强调，未来的改革不仅要“及时反映和协调人民群众各方面各层次利益诉求”②，而且全党同志都要“正确处理中央和地方、全局和局部、当前和长

---

* 王道勇，中共中央党校科学社会主义教研部教授。

① 《〈中共中央关于全面深化改革若干重大问题的决定〉辅导读本》，北京：人民出版社，2013年，第7页。

② 同上书，第50页。

远的关系，正确对待利益格局调整”①。2015 年，习近平在做党的“十三五”规划建议说明时更是明确警示，如果改革推进得不好，“今后 5 年，可能是我国发展面临的各方面风险不断积累甚至集中显露的时期”②。可以说，未来的全面深化改革的关键就是要消除利益固化局面，在改革中化解风险，增进社会的整体福祉。

在利益分配不均的前提下，排除极端的激进的做法，消除利益固化的主要渠道就是进行利益让渡。所谓利益让渡，就是指某一或某些社会行动主体依据一定的规则向其他社会行动主体让渡出部分利益，以实现社会整体利益最大化的过程与状态。在全面深化改革时期，无论是进行增量改革还是进行存量改革，都急需进行利益的让渡。

从增量改革角度看，在全面深化改革时期，增量改革能否推进将直接取决于存量改革的成效如何。增量改革主要是通过改革创造出新的收益，并且对这些收益进行普惠性分配，这类改革的基本特征是只有受益者而没有直接的利益受损者，是一种“皆大欢喜”型的改革，改革推进的阻力较小。但随着改革的不断进行，我国的增量改革未来能否深入，关键就在于相关的存量改革能否成功。例如，随着经济进入新常态，经济增速从高速增长转向中高速增长，中央和地方各级财政增幅下降，未来的增量改革如普及学前教育、普及高中阶段教育、中职中专学生逐步减免学杂费等举措，所需的资源就只能从存量改革中获得，这样增量改革就会直接与调节过高收入、大中城市户籍制度、渐进式延迟退休等存量改革直接相关，此时只有“人人参与，人人尽力”，包括人人自愿地进行利益让渡，才有可能实现真正的“人人共享”。③

从存量改革角度看，在全面深化改革时期，直接进行利益让渡的存量改革比以往也明显增多。改革开放以来，我国的存量改革如国有企业改革等一直在推进，但这种存量改革主要是为了实现社会整体利益最大

① 《〈中共中央关于全面深化改革若干重大问题的决定〉辅导读本》，北京：人民出版社，2013 年，第 57-58 页。

② 习近平：《在党的十八届五中全会第二次全体会议上的讲话（节选）》，载《求是》，2016 年第 1 期。

③ 《〈中共中央关于制定国民经济和社会发展第十三个五年规划的建议〉辅导读本》，北京：人民出版社，2015 年，第 43 页。

化而让一方将利益让渡出来，没有直接的利益受让方；在全面深化改革时期，这类存量改革仍然大量存在，近两年推进的如反腐败、权力清单、全面依法治国、绿色化等都是需要一方进行利益出让的存量改革。更重要的是，除了这种传统的单方利益让渡型的存量改革之外，更多的是在两个以上的利益群体之间进行利益增损的存量改革。例如，早期的教育改革主要是“普九”、高校扩招等，而现在却是优质教育资源的公平分配、高校招生名额省际调剂、异地中考高考改革等，这是在突破利益固化，防止社会流动缓慢化，它需要直接从一个或多个利益群体中拿出利益，并且直接将之转移给另一个或多个利益群体。这种既有直接受损者又有直接受益者的改革，最易引起人民内部的利益之争。如果作为利益出让方的利益群体强烈反弹，很多存量改革就可能会出现“空转”现象，即耗费了大量改革资源，但最终改革却不了了之。极端的情况甚至可能会出现“跑步机”式改革，即为了对利益对立各方进行均衡，满足各方的利益诉求，采取“明改而实不改”的方式进行改革，这种改革短期内具有很强的迷惑力，只有在十几年几十年后回望之时，才会发现各方的利益都没有得到满足，社会整体利益不仅没有得到提升，反而因为改革而有所下降。可以说，无论是出现以上哪种改革后果，都会使社会整体利益受损，整个社会的改革发展徘徊不前。

二、以社会合作推进利益让渡

从人性角度看，无亲缘关系的社会成员之间能够进行广泛的合作是人类社会的主要特征。[①] 中国30多年的改革开放已经促使人们走出“囚徒困境”，促进了人与人之间的合作。[②] 在全面深化改革时期，为了不引起利益群体之间的利益之争，顺利实现利益让渡，更需要社会合作意识和社会合作行动的配合。也就是说，社会合作是利益让渡的基本前提。具体而言，以社会合作意识和行动推进利益让渡，包括以下一些基本内容：

一是实现利益让渡需要不同利益群体在思想上摆脱极端意识的束缚。

---

① 韦倩、姜树广：《社会合作秩序何以可能：社会科学的基本问题》，载《经济研究》，2013年第11期。

② 张维迎：《社会合作的制度基础》，载《读书》，2014年第1期。

若所有人都普遍具有相对剥夺感、不确定感和不安全感，认为改革过程中自身获得较少而其他群体获得过多，利益让渡就很难成为现实。因为在这种状况下，所有社会群体对其他社会群体都比较敌视，难以在利益出现冲突时保持较为理性开放的态度，更谈不上相互间进行利益让渡。正如18世纪法国唯物主义哲学家狄德罗所说：“人的善良或邪恶，是由于有一种符合一致利益使他们联合起来，或者有一种背道而驰的利益把他们划分开来。”①为此，在全面深化改革进程中，一定要摆脱极端意识的束缚。一方面，相对强势群体要摆脱“精英”意识的束缚。在过去数十年的改革过程中，相对强势群体在引领经济社会发展、创造就业岗位等方面都发挥了巨大作用，其经济地位、政治权利和社会声望都在上升，就会有意无意地形成“我是精英”的意识。这种精英心理会无意间将自身与普通民众尤其是利益受损群体对立起来，使利益出让的难度增大，利益固化格局无法调整。另一方面，其他社会群体也要摆脱“无条件同情弱者”意识的束缚。人类社会天生有同情弱者的群体意识，我国自古更有平均主义的思想传统；由于存量改革需要从强势群体身上拿出利益，于是整个社会就会出现“示弱”效应，很多社会群体都会自认是弱势群体，从而将弱势群体这个概念无限泛化，届时真正的弱势群体的声音就会被淹没，他们的需求的迫切性就会被稀释和淡化，最终的受害者还是真正的弱势群体。未来我们所要做的是“有条件地同情弱者”，即要区分哪些弱势群体是值得同情的和必须同情的。②

二是在摆脱极端意识束缚的基础上，所有利益群体都要通过理性对话逐步达成一些基本的社会合作共识。从改革性质来看，需要形成的一个基本共识就是，未来的改革是为了增进整体利益而进行的艰难调整，虽然痛苦，但它只是在根本利益完全一致的基础上进行的具体利益调整，在社会整体福祉提升后所有社会群体都会从中受益。从改革进程来看，需要形成的一个基本共识就是，存量改革具有明显的复杂性和反复性，改革的正面效应显现具有时差性，这种正面效应的显现需要人民的全面参与和耐心等待，其正效应在几年、十几年甚至数十年后才能充分显现，

---

① 转引自张玉堂：《利益论——关于利益冲突与协调问题的研究》，武汉：武汉大学出版社，2001年，第260页。

② 王道勇：《存量改革时期的利益协商与社会合作》，载《教学与研究》，2015年第11期。

整个社会对改革的成效既要有耐心，更要全面参与、积极支持改革举措的设计、出台、磨合、修正和实施。从利益让渡来看，需要形成的一个基本共识就是，除了政府主导下的垂直的、权威式的利益协调机制之外，还需要完善利益出让方和利益受让方之间平等的利益协商机制。正如美国学者西摩·马丁·李普塞特指出的，必须“建立正常的渠道使一些相冲突的利益得以表达，从长远看，它能巩固国家政权”[①]。对于这种平等的利益协商机制的建立完善，政府也应当持积极开放的态度，在政府的积极参与下，将之进一步完善，从而为利益让渡提供多样化的平等协商平台。

三是在思想不走极端和形成社会合作共识的基础上，整个社会还需要对消除利益固化的行动方向达成共识，从而为利益让渡扫清最后的障碍。法国社会学家涂尔干认为，近代社会中，成员间的差异日益增加，但能够通过分工合作相互连接在一起，这种归因于劳动分工的团结就是“有机”团结。[②] 其实，不同分工背后是一个固定的利益分配结构，社会分工形成了所有人均认可的利益分配局面，社会合作式的“有机”团结才能成为现实。利益一旦固化，各利益群体对利益分配局面认知不一致甚至大相径庭，那么他们参与进一步改革的动力和合力都会大幅下降。解决利益固化问题，关键在于防止社会流动缓慢化和社会阶层封闭化，使社会上层永不松懈，社会中层永不满足，社会底层永不绝望。[③] 唯有如此，各个利益群体才有可能在利益让渡过程中真正实现共赢共生，整个社会结构也才能向着现代化方向迈进。具体而言，一方面，要解决好同代人内部社会流动缓慢化问题。每个社会向上流动的机会分布是不均匀的，只有那些具备一定条件的人才有可能上升，这个条件应当是知识、才能和机会。另一方面，要增强代际流动的活性。只有代际流动率高，受自致性因素影响大，社会结构才是弹性的、开放的，利益格局的调整才会有足够的操作空间。

---

① [美]西摩·马丁·李普塞特著，张华青等译：《一致与冲突》，上海：上海人民出版社，1995年，第138页。

② [法]埃米尔·涂尔干著，渠东译：《社会分工论》，北京：生活·读书·新知三联书店，2001年，第91-92页。

③ 郑杭生：《抓住社会资源和机会公平配置这个关键》，载《求是》，2013年第7期。

三、利益让渡的主要形式

在形成以社会合作推进利益让渡的社会氛围的过程中，可以依据实践状况在操作层面上进行具体的利益让渡。总结当前各地各领域正在进行的利益让渡实践，进行利益让渡具体可以考虑以下三种基本方式：

一是“资源共享”式利益让渡。这种利益让渡的基本特征是以新生增量资源推进存量改革，即在进行存量改革时不触及利益出让方的根本利益，而是让利益出让方利用自身优势创造出新的资源并分配给利益受让方，从而实现整体利益的最大化。这种利益让渡方式借鉴了过去的增量改革因为没有直接利益受损者而较易推进的经验，让利益出让方的利益受损程度最小化，是一种处于增量改革与存量改革过渡阶段的利益让渡方式。例如，近年来为实现区域义务教育资源的均衡配置，北京市对初中升高中的招生政策进行了“校额到校”改革。2014 年，北京市将区域内各优质高中招生总计划的 30％分配到区域内的所有初中。在 2015 年进行调整的基础上，2016 年北京市进一步规定，对于通过统招升入优质高中的学生比例低于 50％的初中校，以定向分配到校的方式补足名额，即保证当年进入普通初中校学习的学生，在 3 年后有 50％以上的学生能够通过校内竞争升入优质高中继续学习。这些新增的优质高中入学名额主要靠新生增量资源来实现，即各优质高中保持现有的统招规模不变，扩大各优质高中的办学规模，新增的招生名额部分用于定向定量名额分配。这种“资源共享”式利益让渡方式的优点是没有触动利益出让方的根本利益，改革阻力小，改革措施推进较为顺利，是在利益让渡过程中被接纳程度较高的改革形式。但这种利益让渡方式的局限性也较为明显，即并不是所有改革领域都可以采取这类推进方式，而且当没有新增资源的空间时，这类改革方式就会失去用武之地。

二是“削峰填谷”式利益让渡。这种利益让渡的基本特征是直接进行“劫富济贫”式的利益再分配，即在确认一方或多方社会群体的利益存量额度后，从存量利益较多的一个或多个利益出让方的现有存量利益中切割出一部分，将之直接转移给另一个或多个利益受让方，这是一种最简单也最直接的利益让渡方式。例如，2016 年 4 月，国家教育部和发改委印发执行各地各部门普通高等教育招生计划和相关工作方案，首次公布了各省高校生源计划调剂具体人数。按照跨省生源计划调控方案，高等教育资源丰富、2016年升学压力较小的上海、江苏、浙江、福建等12个省市，将向中西部10个省区调剂共16万生源计划，其中教育大省湖北、江苏分别减少4万和3.8万生源计划，目标是提高中西部地区和人口大省的录取率、缩小录取率最低省份与全国平均水平的差距，逐步实现省际高等教育招生名额的相对均衡，从而不让贫困地区的孩子输在起跑线上。在存量性质的改革措施日益增多的背景下，这种“削峰填谷”式的利益让渡非常普遍，正在或即将在全国推进的基础养老金全国统筹、县域义务教育资源均衡配置、调节过高收入政策等都是典型的代表。“削峰填谷”式利益让渡方式的优点是过程简单、操作方便、效果的可预期性强。但这种利益让渡方式的不足之处也很明显：一方面，如果让渡规则不明确甚至不公平，这种利益让渡最容易引起利益冲突；另一方面，在“削峰填谷”的过程中，如果让渡出来的利益含金量不大，那么这种利益让渡的改进效果就会大打折扣。

三是“协商妥协”式利益让渡。这种利益让渡的基本特征是相互妥协，即在政府引导和参与下，利益出让方和利益受益方通过相互间的平等对话，在充分表达、协商、谈判后，各自主动退让一步，利益出让方主动出让一部分利益，利益受让方对自身的利益诉求进行下调，从而在一定规则的支持下逐步实现利益的让渡，最终实现整体利益最大化。在现代社会中，这种相互妥协式的利益让渡方式是最为典型的存量改革形式。例如，近年来农民工子女在大中城市异地中考高考问题备受关注。在这里，不同的利益主体的利益诉求迥然不同，对于刚入城的农民工子女、长期在城市生活的农民工子女，以及市民子女来讲，无论是彻底地无差别地放开限制，还是完全关上通道，总会对一些利益群体不公正。2010年以来，广东省实施外来务工人员积分服务管理制度(简称积分制)，通过系统的顶层设计，分别从积分入户和积分入学两个方面着手，建立了外来务工人员有序融入城市的制度性通道。广东省中山市积分制的计分标准由基础分、附加分、扣减分三部分构成。积分累计达到30分，农民工子女可申请进入小学和初中入学；积分累计达到60分，农民工就可以申请积分入户的排名，并按排名先后和名额情况实现积分入户。“积分制”这一制度设计以“权利与义务对等”为原则，通过梯度划分，让农民工子女能够分群体、分层次、分时间段地进入大中城市入学入户，参加城市的中考高考，是一种各利益相关方都能够接受的制度安排。这种做法体现了城市社会对初到城市的农民工的接纳和激励，对于已经为本地区发展做出多年贡献的农民工而言也是一种公平的制度设计，而对普通市民的冲击也相对较小。在此过程中，政府、市民、常住城市农民工以及新来的农民工都需要进行“各让一步”式的利益妥协：政府对所有城市社会成员要一视同仁，提供更好的公共服务；市民则要主动进行心理调适并让渡出一部分利益；城市常住农民工则要积极努力达到入户入学标准，让子女获得中高考机会；新来的农民工则要通过自身努力积累，逐步实现人生目标，在不远的未来让自己的子女也有机会在城市中参加中高考。广东省推进的农民工子女积分制入学政策，是一种典型的通过社会合作达成共赢共生的利益让渡方式。其优点是改革过程是逐步推进的，规则较为清晰、公正，照顾到不同利益主体的利益诉求，改革的负面影响小。但其不足之处是到目前为止不同利益主体自主协商、相互妥协的过程，如听证会、人大代表表决，以及农民工工会表达意见等，仍然较为缺乏，不同利益主体之间平等协商的程序仍需完善。

正如美国学者科恩指出的：“如果对立各方认为不妥协地维护其势不两立的立场，比维护他们同在的社会更为重要，这个社会就必然会毁灭。”①一定意义上讲，只有当社会成员学会依据一定的规则、利用利益妥协的办法来解决社会冲突，只有当自主地进行利益协商和利益妥协已经成为解决社会冲突的主要方式时，这个社会才是一个真正成熟的现代社会。从这个角度看，无论是“资源共享”式利益让渡、“削峰填谷”式利益让渡，还是“协商妥协”式利益让渡，未来利益让渡方式的完善，最重要的着力点应当是，确保即使没有一个强大外力的主导，不同利益主体也能够自主地通过协商和妥协顺利地实现利益的让渡。

---

① ［美］科恩著，聂崇信、朱秀贤译：《论民主》，北京：商务印书馆，1988年，第186页。

四、利益让渡的改进效应

利益让渡的结果如何，是评价一种改革措施和利益让渡形式优劣的最终标准。从理论上看，通过社会合作进行利益让渡可能会产生三种完全不同的改进效应。

利益让渡的最佳改进效应当然是帕累托改进，即至少有一个利益群体在利益让渡过程中获益，但却没有真正意义上的利益受损者，社会整体利益得以增加。如果所有利益群体都从利益让渡中得到利益盈余，那么理所当然地属于帕累托最优状态了。在增量改革过程中，帕累托改进是常态现象，甚至帕累托最优状态也有可能会出现。但在存量改革时期，由于涉及利益增损，这种帕累托改进仅存在于理想状态中，现实中很难寻找到其实践形式。

利益让渡最糟糕的改进效应是改革效应为负，即利益让渡后，利益出让方剥夺感严重，利益受让方获得感不强，社会并没有因为利益让渡而实现总利益的最大化，具体表现为在利益让渡过程中和让渡完成后，不同利益群体之间的关系更加紧张，既得利益群体开始采取保守的自我保全策略，而相对弱势群体也倾向于采取激进的行动策略，公众没有形成社会妥协意识，社会公平正义和法治等利益让渡的基本规则也被抛诸脑后。这是所有利益主体都不愿意见到的客观状态。之所以出现这类负改进的结局，关键是在进行利益让渡时，利益让渡所需要的社会合作状态等前置条件没有得到充分满足。

第三种改进效应是卡尔多-希克斯改进。1939 年，福利社会学家约翰·希克斯在评估不同的公共政策效果和经济状态时提出，在一种状态下，如果一种改革使改革受益者的所得足以补偿改革受损者的所失，并且已经找不到进一步改进的余地，那么这种状态就是总体利益最大化的，改革就达到了卡尔多-希克斯效率。按照科斯定理，如果交易成本为零，成功的谈判和协商可以使卡尔多-希克斯改进变成帕累托改进。但由于实践中总会有交易成本，而且交易成本一般为正，因此这种转变也是不可操作的。按照卡尔多-希克斯改进的标准，如果能使社会整体收益增大，变革也可以推进，关键是要确定好补偿方案。在全面深化改革的过程中，存量改革日益增多，这种卡尔多-希克斯改进应当成为大多数利益让渡型改革所追求的主要目标。

在全面深化改革新时期，利益让渡无时无刻不在进行之中，但利益让渡所需要的前提条件可能却一时间无法完全得到满足，在改革共识和合力没有完全形成的前提下进行利益让渡，将是一种常态。为此，未来在实践中不仅要利用好合适的利益让渡方式，更要促成不同利益群体对利益让渡的必然性形成统一的认识。因此，在全面深化改革的过程中，我们需要根据改革推进的状态，持续对全面改革过程中出现的新问题新情况进行充分的社会讨论，形成理论与实践的良性互动。

本文发表于2016年第5期

三、全面依法治国

依法治国需与以德治国相结合

奚广庆*

中共十八届四中全会通过的《中共中央关于全面推进依法治国若干重大问题的决定》(以下简称《决定》)，是依据马克思主义世界观方法论，总结我们党治国理政的历史经验，继承中华民族政治文明发展优秀成果，提出的坚持走中国特色社会主义法治道路、建设中国特色社会主义法律体系的重大论断，深刻阐明了建设社会主义法治国家的性质、方向、道路和抓手，是中国走向法治国家新的里程碑，为推进全面深化改革提供了政治法制保障，对实现中华民族伟大复兴的中国梦具有重大意义。《决定》的第一部分阐明了全面推进依法治国必须坚持的 5 条基本原则，其中一条是"坚持依法治国和以德治国相结合"。习近平总书记在 2014 年 10 月中共中央政治局第 18 次集体学习时，进一步强调了"礼法合治""德主刑辅"这个中国古代治国理政的精髓。

一、奉行"礼法合治"是中华民族治国理政智慧的宝贵结晶

中华民族有 5000 多年丰富的政治文明发展史。我们的先贤，不仅创造了郡县制度、官吏制度、科举制度、刑律制度、朝议谏议制度、监察制度等农耕时代比较完备的国家治理制度、体制和法规，而且在长期实践过程中，形成了治国理政的宝贵思想与文化，取得了治国理政的成功业绩，为人类政治文明的发展留下了许多重要遗产。实行法治和德治的有机结合，坚持"礼法合治""德主刑辅"的治国理政要旨，就是中国对人类社会治国理政思想独特的创造性贡献。

---

* 奚广庆，中国人民大学马列主义发展史研究所教授。

早在春秋战国时代，儒家学说创立者孔子，就反复论述坚守礼义道德，礼法结合对治国理政的极端重要性："政者，正也。子帅以正，孰敢不正?"(《论语·颜渊》)为政要"居之无倦，行之以忠""博学于文，约之以礼"(《论语·雍也》)。"道之以政，齐之以刑，民免而无耻，道之以德，齐之以礼，有耻且格。""为政以德，譬如北辰，居其所而众星共之。"(《论语·为政》)"苟正其身矣，于从政乎何有？不能正其身、如正人何?"(《论语·子路》)战国时代的孟子，也反复论述"仁政"的理念，认为"仁者无敌"(《孟子·梁惠王上》)。"先王有不忍人之心，斯有不忍人之政矣。以不忍人之心，行不忍人之政，治天下可运之掌上。"(《孟子·公孙丑上》)"不信仁贤，则国空虚；无礼义则上下乱。"(《孟子·尽心下》)可见早在2500多年前，我国古代政治思想家就阐明了治国理政中礼义道德的重要力量，礼法合治的内涵和意义，特别是对帝王和立法执法司法等各层次官员提出了治国理政要遵循道德礼义的明确规制。

在这些丰富的治国理政思想文化的熏陶下，我国历朝历代的统治集团，不断地总结治国理政的历史经验与教训，逐步形成了一套在坚持法治基础上重视礼义和道德建设，推进依法治国的具体制度。

比如，自汉唐以来，就逐步建立起一种对帝王加强礼义培育、道德教化的学习制度。一些帝王吸取历史经验为讨论治国理政之道而特设了御前讲席，对君王和官宦进行道统高于政统的教育，力图用天道和道德礼义来制约皇权的无限膨胀。到宋代正式定为"经筵"制度，就是规定所有帝王和其继承者以及各部大臣都必须系统接受治国理政之道的教育，明了遵行礼义和道德规范的重要意义。明代更严格了这个制度。万历朝首辅张居正专门编写了看图说话的教本《帝鉴图说》，精选了117个正反面治国理政案例，给帝王官宦生动地讲解国家兴衰存亡的道理。清朝继承了这个制度，自顺治朝正式开设"经筵"并加以坚持。同治元年(1862年)，专门开讲"经筵"，设立15个专题，以南书房张之万等编写的《治平宝鉴》为教本，还结合宋、元、明、清四代帝王的政治故事，讲解历史，讨论现实，明了遵行礼义、坚守道德事关朝廷兴衰成败大业。历史事实表明，坚持礼义道德培育在吏治建设中的实际作用是不可忽视的。

对于我国古代的这些治国理政宝贵文化遗产，我们党一向坚持从推进我国法治建设和党的建设的高度加以总结和继承，并进行创造性的转化和提升，使之成为法治国家建设和党的思想政治组织建设的智慧源泉。我们党早在革命年代就把思想建设摆在党的建设的首位，坚持用中国化马克思主义这个现代的“礼义”武装全党，并且坚持建设日益完备系统的学习制度和干部培训制度，即现代的“经筵”制度，从而建设成功一个强大的统一的马克思主义先进政党。这个伟大成就充分证明，中华政治文明的优秀成果是推进当代中国政治发展的重要思想源泉。正如习近平总书记 2014 年 12 月 20 日在澳门的讲话中精辟指出的：“中华民族在几千年历史中创造和延续的中华优秀传统文化，是中华民族的根和魂。”①

在全面推进依法治国的进程中，更需要开掘丰富宝贵的古代政治思想资源。改革开放以来，中国共产党之所以能够在法治体系还不够完备的条件下，成功地推进社会主义市场经济的建设发展，顺利进行中国特色社会主义基本经济制度的建设，取得举世瞩目的经济文化社会发展成就，一个重要因素就是我们党在几十年里坚持党的思想建设与学习制度，积累了强大的“礼义”和“道德”的精神财富。在新时期里，推进全面深化改革和依法治国，我们要更加努力地总结、继承、提升和弘扬这些具有世界历史性意义的政治文明成果。

二、坚持法治和德治相结合是全面推进依法治国的重要保证

奉行“礼法合治”，坚持依法治国和以德治国相结合，是中华政治文明的智慧结晶，更是实现建设中国特色社会主义法治体系，建设社会主义法治国家思想与文化的重要保证。

法律是治国之重器，良法是善治前提。依法治国是保证国家兴旺发达、人民幸福安康、社会长治久安的重要政治保障，是最可靠最稳定的治理。努力建设中国特色社会主义法治体系和社会主义法治国家，树立法治观念和法治权威，让人民具有法治理念，敬畏法律，遵守法律，为经济社会发展提供强大的法律政治保证具有重大意义。但是，又必须深刻认识到，推进依法治国的根本目的是实现全面建成小康社会，实现中

① 习近平：《在庆祝澳门回归祖国 15 周年大会暨澳门特别行政区第四届政府就职典礼上的讲话》，载《人民日报》，2014 年 12 月 21 日。

华民族伟大复兴的中国梦。我们必须从社会主义建设的战略全局来认识和推进依法治国，孤军奋战是不能成功的，搞“唯法主义”也是不可取的。

唯物史观阐明，人类社会是一个以现实的人为中心、由经济政治思想文化道德法律社会等多个领域、多种因素构成的紧密联系、相互作用的不断发展变化的社群体系。人类社会发展史证明，成功进行治国理政，一定要从人类社会这个复杂的多层次多领域的有机整体的实际出发，科学全面认识社会的各种资源的地位和相互作用，合理有效地配置各种资源，各归其位，各行其政，充分发挥各种力量的积极作用，才能够有效、稳妥地凝聚正能量、化解多种难题，推动社会的发展进步。

人类社会发展实践揭示出，在治国理政中，社会道德是一项基础性的、体现着人民群众意志和社会发展规律的、行之有效的社会规范；社会礼义，则是人类社会在长时期治国理政实践中积淀下来的、有效进行社会治理必须把握和遵行的思想理念、价值观念和行动准则，是治国理政思想观念上的重要保证。因此，我们在推进依法治国中，必须按照唯物史观的观点，遵循人类社会发展规律，代表和维护人民群众的权益，认识和重视道德礼义的力量和作用，大力建设崭新的社会主义法治文化。

在一个有13多亿人口、56个民族、已经跃居世界第二大经济体的社会主义大国里，在党的领导下，建设中国特色社会主义法治体系，形成完备的法律规范体系、高效的法治实施体系、严密的法治监督体系、有力的法治保障体系，形成完善的党内法规体系，推进依法治国、依宪治国、依法执政、依宪执政，实现科学立法、严格执法、公正司法、全民守法，促进国家治理体系和治理能力的现代化，是一个艰巨复杂的系统工程。法治建设是为了人民、依靠人民、造福人民、保护人民。法律的权威源自人民的内心拥护和真诚信仰，人民群众是依法治国的主体和力量源泉。不仅要造就强大、优秀、高素质的法治工作队伍，更需要全党同志、全国人民同心同德地努力奋斗。为了保证人民群众依照法律规定，通过各种途径和形式管理国家事务，管理经济文化事务，管理社会事务，需要让全国人民明白，法律既是保障自身权利的有力武器，也是必须自觉遵守的行为规范。在党的领导下，对全国人民进行法治教育的同时，坚持加强道德的教化与培育，即党的基本理论、基本路线、基本纲领和社会主义核心价值观的教育，才能够让人民以正确的世界观、价值观牢固树立起学法尊法守法用法的意识，日益自觉地为了国家的发展和自己的权益掌握、遵守和运用法治的武器。

建设中国特色社会主义法治体系作为系统的社会工程，首先需要搞好立法，形成一个完备的以人为本、符合社会发展需要的社会主义法律规范体系。建设这项现代的法律体系，要求立法者除了必须精通法治的专业知识和能力外，还必须进行系统的道德礼义的培育，严格遵循人类社会发展规律，社会主义建设规律，正确把握我国的历史条件和社会主义发展改革的需要，树立和恪守以人为本、立法为民的理念，充分反映人民群众的期待和意志。这样才能推进科学立法、民主立法，不断建设和完善符合国家改革发展需要的、维护人民权益的社会主义的法律体系。

法律的生命在于实践，法律的权威也在于实践。我们要建设和完善高效的法治实施体系，必须在党的领导下，创新执法体制，完善执法程序，推进综合执法，严格执法责任，建立权责统一、权威高效的依法行政体制，让各级政府的全部工作日益走上法治的轨道，加快建设职能科学、权责法定、执法严明、公开公正、廉洁高效、守法诚信的法治政府。完成法治文化理念的社会创新和变革任务，必须坚持党的基本路线、基本纲领、基本经验和基本要求的指导，必须自觉践行社会主义核心价值观，弘扬中华民族政治文明孕育的优秀成果，也就是坚持“礼法合治”，把德治和法治有机地结合起来。

公正是法治的生命线。我们必须完善司法管理体制和司法权力运行机制，规范司法行为，加强对司法活动的监督，努力让人民群众在每一个司法案件中感受到公平正义。这就需要完善确保依法独立公正行使审判权和检察权的制度；优化司法职权的配置，健全侦查权、检察权、审判权、执行权的相互配合、相互制约的体制机制；要坚持以事实为根据，以法律为准绳，推进严格司法；要坚持人民司法为人民，依靠人民推进公正司法，通过公正司法维护人民权益。全面贯彻党的基本路线、基本纲领和社会主义核心价值观教育是建设和坚持公正法治必不可少的思想保证。

奉法者强则国强，奉法者弱则国弱。实现建设现代法治中国这样史无前例的伟大事业，一个重大任务，就是必须在党的领导下，建设一支忠于党、忠于国家、忠于人民、忠于宪法的社会主义法治工作队伍，必须不断提高他们的思想政治素质、业务工作能力、职业道德水准。还要建设强大的社会主义法学教育和研究基地，源源不断地培养正规化、专业化、职业化、具有高度思想政治素质、职业素养与专业水平的法治人才和后备人才，特别要建设政治立场坚定、理论功底深厚、熟悉中国国情的高水平法学家和专家团队。这就要求我们必须牢固树立礼法结合的科学理念，坚持进行马克思主义中国化最新理论成果的教育，培育和践行社会主义核心价值观，弘扬中华民族传统美德，培育社会公德、职业道德，家庭美德、个人品德，建设高素质的法治工作队伍和高水平的专家团队。

因此，《决定》深刻地阐明，国家和社会治理需要法律和道德共同发挥作用。必须一手抓法治、一手抓德治，既重视发挥法律的规范作用，又重视发挥道德的教化作用，以法治体现道德理念、强化法律对道德建设的促进作用，以道德滋养法治精神、强化道德对法治文化的支撑作用，实现两者的相辅相成、相得益彰。这既是对治国理政实践经验的深刻总结，也是对法治和道德在社会发展中历史作用和相互关系的科学揭示，是我们推进依法治国，建设法治国家的一项根本保障。

三、实行法治和德治相结合是正确解决改革发展重大问题的有效方法

历史实践表明，中国人根据自己的世界观、历史观、价值观，在国家建设和社会治理中，以经济发展、人民安康为基础，同时充分重视和发挥法律和道德的共同作用，贯彻“礼法合治”“德主刑辅”治国理政的方略，符合人类社会发展的规律，有利于维护社会发展的正常秩序，对于正确处理社会发展改革中面临的许多复杂问题是一个有效的方法。

20 世纪世界社会主义发展史表明，在经济文化比较落后的国家建设社会主义，由于生产力发展和社会财富积累都没有达到很高的程度，长时期里都不可避免地存在着社会分工和阶层差别。恩格斯说：“分工的规律是阶级划分的基础”。[①] 在欠发达的社会主义国家，在专门从事生产和服务劳动的大多数人之外，始终存在着脱离直接生产服务业劳动的阶层，

① 《马克思恩格斯选集》，第 3 卷，北京：人民出版社，1995 年，第 756 页。

它掌管着社会的共同事务，经济社会劳动管理、国家事务、司法、科学、艺术、体育等等。现代社会发展变革的历史进程表明，这种社会分工和社会分层是不可超越的，虽然它在发挥积极推动作用的同时也有其消极负面的作用。要马上消灭它，不仅是不可能的，而且会不可避免地造成社会发展的某种混乱和停滞。

历史告诉我们，对于走上社会主义建设道路的国家来说，如何认识和破解这个难题，是一个前所未有的复杂艰巨的历史性任务。

恩格斯 1891 年创作的《法兰西内战》导言指出，夺取了国家政权的工人阶级，为了防止政府及其官员从人民的公仆变为人民的主人，必须采取两项办法：一是把各种公共管理的岗位交给由普选选出的人担任，选举者能够随时撤换他们。二是对所有公务员只付给跟其他工人同样的工资。① 历史证明，这只是针对欧美发达国家工人政党在向社会主义过渡时期的预想而提出的一种设计。20 世纪世界社会主义的发展实践无比复杂和曲折。对于欠发达的社会主义国家来说，这不能不是一个非常艰难的迂回曲折的探索过程。

俄国十月革命胜利后，苏共取得了国家政权，建立了新型的苏维埃人民政府，成为历史上第一个执政的共产党，党的干部都成了各级政府的官员。最初，苏共比较清醒和自觉，采取了一些防范措施，保持执政党及其官员的人民公仆本质。后来，苏共越来越失去对执政党及其官员变质问题的自警自省自律，没有按照恩格斯的要求，在苏共成为执政党的新条件下，从思想道德、制度体制法规和党的领导等各方面进行改革和创新，探索和建设一个社会主义的科学民主依法执政的国家政治体系和党的领导体系，日益严重地放纵干部利用权力牟取私利。几十年下来，不仅国家经济、政治、文化、社会发展受到抑制，而且党政官员特别是领导层蜕变为一个具有既得利益和各种特权的、高踞于人民头上的官僚统治阶层，人民公仆变为人民主人，最终导致一个存在了 70 多年的社会主义国家解体。

中国共产党人早在 20 世纪 60 年代，就看到了苏共领导层的官僚化蜕变现象。毛泽东分析了官僚主义阶层的性质和危害，提醒全党保持高度

① 《马克思恩格斯选集》，第 3 卷，北京：人民出版社，1995 年，第 13 页。

的警觉，发动了“文化大革命”，力图用群众运动大民主的方式来杜绝官僚主义者阶层的滋生。“文化大革命”的实践结果表明，这样理解、对待和解决欠发达社会主义国家的社会阶层划分这个复杂的社会问题，不符合人类社会发展规律和欠发达国家社会主义建设规律，不利于社会主义建设事业的顺利发展。

改革开放以来，在建设中国特色社会主义的道路上，中国共产党人全面深刻总结世界社会主义发展的经验教训、我国自新中国成立以来的历史经验特别是“文化大革命”的深刻教训，吸取我国古代政治文明“礼法合治”的积极成果，开始了新的历史性探索。

探索过程中，我们需要遵循人类社会发展规律和社会主义建设规律，不超越历史阶段去立即消灭社会的阶层划分，也不急于求成地消灭社会管理层与科学文化体育精英阶层，而是创造性地运用“礼法合治”的治理思维，在制度和法规上保证他们合理地有享有有益于社会进步的权益，同时又积极引导他们遵循社会主义的世界观、人生观、价值观，做人民的公仆，积极为人民、为社会主义事业服务。不断地加强制度、体制、法规的建设，摸索科学界定干部的权力边界，把权力关进制度的笼子。坚决依据国家法律和党规党法来反对和清除官僚主义、违法乱纪，严肃查处各种滥用权力、以权谋私、贪污腐败的行为。不断加强和完善监督检查纪检反贪机构的建设，完备以民为本的社会主义治国理政体系。同时，始终坚持和弘扬党的思想政治优势、发挥优良作风传统的强大力量，持续全面地用党的基本理论、基本路线、基本纲领、基本经验和基本要求这些现代的“礼义”来教育和武装全体党员与干部，还要在全国人民中广泛深入进行社会主义精神文明的建设，开展社会主义核心价值观的教育，培育社会公德、职业道德、家庭美德和个人品德。我们党把执政党的建设摆在十分突出的位置，创新探索，常抓不懈，形成了以人为本、执政为民的价值理念和科学民主依法执政的体制机制。自20世纪80年代以来，在党内先后进行了整党整风的教育活动、“三讲”教育活动、“三个代表”重要思想学习教育活动、保持党的先进性教育活动、学习实践科学发展观活动，特别是十八大以来扎实深入开展了党的群众路线教育实践活动。在总结前几次教育活动经验的基础上，把活动的重点放在县处级以上的干部，结合新的情况认真地开展了领导班子的批评和自我批评，强化了整改，让教育实践成果尽快得到落实。以零容忍开展反腐败斗争，“老虎”“苍蝇”一起打，不断加强和完备标本兼治的对策，取得了全党全国人民公认的成就。所有这些，都使党的威信空前提高，党的领导更加坚强有力，国家制度更加完备巩固，中国特色社会主义事业展现了前所未有的灿烂前景，开拓了欠发达国家建设、巩固和发展社会主义的新路径。

这些成果，极大地丰富和发展了恩格斯关于工人阶级政权建设的理论，极大地彰显了中国共产党人继承前贤“礼法合治”“德主刑辅”优秀成果形成的德治和法治相结合的治国理政方略的伟大力量，是科学社会主义发展中史无前例的卓越创举。我们要在迎接具有许多新的历史特点的伟大斗争中，在贯彻落实党的十八大和十八届三中、四中全会精神，发展和完善中国特色社会主义制度，推进国家治理体系和治理能力现代化的伟大进程中，认真学习、贯彻和弘扬我们党关于现代治国理政、依法治国这些最新政治智慧与思想成果，坚定推进国家现代化，全面深化改革，全面推进依法治国，实现中华民族伟大复兴的中国梦，同时也为21世纪人类世界政治文明的丰富发展贡献中国人的智慧。

本文发表于2015年第1期

论法治中国的实践逻辑

辛　鸣*

党的十八届四中全会以全面推进依法治国为主题，再次吹响了建设法治中国的号角。中国社会在迈向法治中国的历史进程中，全面推进依法治国，旗帜鲜明地彰显“四个维护”的价值追求，以建设中国特色社会主义法治体系作为总抓手，把“三个共同推进”和“三个一体建设”作为工作总布局。这一系列战略部署反映的是坚持和发展中国特色社会主义的本质要求，体现的是让法治中国走得更稳、走得更快、走得更好的实践逻辑。

一、准确的功能定位

法治是现代社会最突出的标志、最核心的价值，也是现代国家治理的鲜明特征和基本方式。但是，正如列宁曾经讲的，“只要再多走一小步，看来像是朝同一方向多走了一小步，真理就会变成错误”。[①] 崇尚法治是必然的，崇拜法治却是错误的；相信法治是必须的，迷信法治却是有害的。如果我们不能对依法治国有科学准确的定位，无限地拔高，不切实际地想当然，以为法治可以包打天下，甚至可以重新塑造国家，则不仅不会为全面推进依法治国注入正能量，反倒可能会产生副作用，让依法治国流于空谈，甚至误导中国走向法治国家的努力方向。

对于今日中国社会来说，我们一定要明确依法治国本身不是目的，作为治国方略其指向是实现国家治理体系和治理能力现代化，是要通过

---

* 辛鸣，中共中央党校研究室教授。

① 《列宁选集》，第 4 卷，北京：人民出版社，2012 年，第 211 页。

依法治国让我们的国体与政体更完善、更有效，而不是改变我们的国体和政体；是要通过依法治国实现中华民族伟大复兴的中国梦。法治可以改变一个国家的面貌，可以优化一个国家的状态，但改变不了也不能去改变一个国家的性质及其基本制度。

关于依法治国的这一实践定位，中国共产党的认识很深刻，党的十八届四中全会讲得也很清楚。在四中全会的《中共中央关于全面推进依法治国若干重大问题的决定》(以下简称为《决定》)开篇中有一段话："全面建成小康社会、实现中华民族伟大复兴的中国梦，全面深化改革、完善和发展中国特色社会主义制度，提高党的执政能力和执政水平，必须全面推进依法治国。"①讲的就是关于依法治国的定位问题。这段话涵盖了中国共产党十八大以来正在做的三件大事："全面建成小康社会"是十八大提出的，"全面深化改革"是十八届三中全会要求的，"全面推进依法治国"则是四中全会的主题。三年三个"全面"，绝非无意的巧合，更不是简单的文字排比，贯穿其中的是当代中国实现中华民族伟大复兴中国梦的路线图。因此，习近平总书记在做《决定》说明时指出，四中全会体现的就是这"三个全面"的逻辑联系。②

而在十八届四中全会结束不久，习近平总书记在江苏调研时，又提出了第四个"全面"，即"全面从严治党"。③ 从"三个全面"到"四个全面"，既是坚持和发展中国特色社会主义实践的客观要求，又是对坚持和发展中国特色社会主义规律认识的深化，更是建设法治中国的逻辑必然。十八届四中全会提出的加强党内法规制度建设，就是全面从严治党的重要举措之一。在这"四个全面"中，全面建成小康社会是奋斗目标，有目标则有方向；全面深化改革是动力，有动力能成事；全面推进依法治国是保障，有规矩成方圆④；全面从严治党是主心骨，任凭风浪起，稳坐钓鱼台。

---

① 《中共中央关于全面推进依法治国若干重大问题的决定》，北京：人民出版社，2014 年，第 2 页。

② 习近平：《关于〈中共中央关于全面推进依法治国若干重大问题的决定〉的说明》，载《人民日报》，2014 年 10 月 29 日。

③ 《主动把握和积极适应经济发展新常态推动改革开放和现代建设迈上新台阶》，载《人民日报》，2014 年 12 月 15 日。

④ 辛鸣：《"三个全面"绘就中国路线图》，载《南风窗》，2014 年第 23 期。

党的十八大提出，到 2020 年，也就是中国共产党建党 100 周年的时候要全面建成小康社会。“依法治国基本方略全面落实，法治政府基本建成，司法公信力不断提高，人权得到切实尊重和保障”[①]等等，这些在四中全会上被高度聚焦的内容早就被当作全面小康的内涵写进了十八大报告。经过数十年的发展，中国小康社会建设诚然取得很大的成就，用我们常说的话就是已经总体实现小康。但细究起来这一小康社会依然还是低水平的、有差距的，还是发展很不平衡、很不协调，内容也很不全面。现在距 2020 年倒计时已经剩下不到 6 年时间了，如何尽快补上全面小康的“短板”，就要靠全面深化改革注入动力，靠全面推进依法治国保驾护航，靠全面从严治党打造坚强政治核心。

因此，作为中国共产党人在迈向中华民族伟大复兴历史征程中形成的新的战略布局，“四个全面”一体两翼，中有核心。目标是体，动力与方略是翼，伟大光荣正确的中国共产党是当之无愧的核心，当仁不让的主心骨。四管齐下，绘就中国发展新蓝图；四足鼎立，共同撑起中华民族伟大复兴中国梦。着眼于全面小康的全面深化改革就是以更大的政治勇气和智慧，不失时机深化重要领域改革，坚决破除一切影响全面小康的思想观念和体制机制弊端，构建系统完备、科学规范、运行有效的制度体系，使各方面制度更加成熟更加定型；着眼于全面小康的全面推进依法治国则是更好统筹社会力量、平衡社会利益、调节社会关系、规范社会行为，使我国社会在深刻变革中既生机勃勃又井然有序；着眼于全面小康的全面从严治党，旨在于通过全面加强党的思想建设、组织建设、作风建设、反腐倡廉建设、制度建设，增强自我净化、自我完善、自我革新、自我提高的能力，确保党在全面建成小康社会进而实现中华民族伟大复兴的进程中始终成为坚强领导核心。

其实，中国社会的全面深化改革早就与全面推进依法治国协同推进了，而全面从严治党犹如一根红线始终贯穿其中。十八届三中全会《决定》的第八、九、十这三部分所讨论的内容与四中全会的内容完全一致，甚至第九部分的题目就是“推进法治中国建设”。[②] 因为全面推进依法治国

---

① 《十八大以来重要文献选编(上)》，北京：中央文献出版社，2014 年，第 14 页。

② 同上书，第 529 页。

所需要的制度体制要通过全面深化改革培育、形成、确立。这也就是为什么习近平总书记把这两个《决定》称之为“姊妹篇”：“党的十八届四中全会通过了全面推进依法治国的决定，与党的十八届三中全会通过的全面深化改革的决定形成了姊妹篇。全面深化改革需要法治保障，全面推进依法治国也需要深化改革。”①至于说在全面深化改革中碰到的“老大难”“硬骨头”“雷区”“险滩”，在全面推进依法治国中遭遇的思想不适应、行为不规范、制度不完备等问题，当然要靠全面从严治党去化解，但它们同时也为全面从严治党提示了入手处与着力点，让全面从严治党更加有的放矢。

通过“四个全面”的逻辑关系来对依法治国进行功能定位，绝非简单的“法律工具主义”。法律虽不能成为政治权力的工具，却必须也必然是国家治理的手段，不能本末倒置，体用易位。法治是通过提供制度化方案来实现对国家的治理，因而法治必然是对既定社会制度框架的法治化，是对社会制度的维护与改良，不是对社会制度的否定与颠覆。离开了特定的社会制度，法治就失去了其赖以运行的基础；抛开社会制度搞法治是买椟还珠。对于今日中国社会的法治建设来说，这一制度基础就是中国特色社会主义制度。正如马克思所强调的：“在现代国家中，法不仅必须适应于总的经济状况，不仅必须是它的表现，而且还必须是不因内在矛盾而自相抵触的一种内部和谐一致的表现。”②

二、坚定的道路自觉

当代中国建设社会主义法治国家的目标是明确的，但是如何走向社会主义法治国家，如何真正实现依法治国，不同的路径选择会产生截然不同的结果。一个国家走向法治之路要与这个国家的经济基础、社会发展水平、文化历史传统、集体心理行为等相契合、相适应，简单生硬地照抄照搬不仅行不通，还会引发更严重的问题。“坚定不移走中国特色社会主义法治道路”就是十八届四中全会凸显出来的道路自觉。

---

① 《习近平主持召开中央全面深化改革领导小组第六次会议强调学习贯彻党的十八届四中全会精神运用法治思维和法治方式推进改革》，载《人民日报》，2014 年 10 月 28 日。

② 《马克思恩格斯选集》，第 4 卷，北京：人民出版社，1995 年，第 702 页。

中国特色社会主义法治道路并不是一句抽象的话语，而是有着十分确定的内涵与要求的。十八届四中全会从两个方面对中国特色社会主义法治道路进行了说明。

首先是“五个坚持”：坚持中国共产党的领导，把党的领导贯彻到依法治国全过程和各方面；坚持人民主体地位，把人民作为依法治国的主体和力量源泉；坚持法律面前人人平等，任何组织和个人都必须尊重宪法法律权威，都必须在宪法法律范围内活动，都依照宪法法律行使权力或权利、履行职责或义务，都不得有超越宪法法律的特权；坚持依法治国和以德治国相结合，以法治体现道德理念、强化法律对道德建设的促进作用，以道德滋养法治精神、强化道德对法治文化的支撑作用，实现法律和道德相辅相成、法治和德治相得益彰；坚持从中国实际出发，围绕社会主义法治建设重大理论和实践问题，推进法治理论创新，发展符合中国实际、具有中国特色、体现社会发展规律的社会主义法治理论，为依法治国提供理论指导和学理支撑。① 这“五个坚持”是中国特色社会主义法治道路的底线原则，如果在这五个方面放弃了、退让了，就会犯“颠覆性错误”，不可弥补、无法挽回。

较之于从党的十六大以来一直沿用的提法，“坚持党的领导、人民当家作主、依法治国有机统一”，“五个坚持”从正面阐明了中国特色社会主义法治道路的基本原则，立场与态度更加明确坚定，内涵也更加具体清晰。但这还不是全部。习近平总书记明确指出，坚持党的领导，坚持中国特色社会主义制度，贯彻中国特色社会主义法治理论，“这 3 个方面实质上是中国特色社会主义法治道路的核心要义，规定和确保了中国特色社会主义法治体系的制度属性和前进方向”②。

我们注意，在这“五个坚持”和“三大核心要义”中，两次都提到了“坚持党的领导”，并且都列在第一位。这是因为“法治需要前进方向，党的领导是法治的政治保证”③。

---

① 习近平：《关于〈中共中央关于全面推进依法治国若干重大问题的决定〉的说明》，载《人民日报》，2014 年 10 月 29 日。

② 《中共中央关于全面推进依法治国若干重大问题的决定》，北京：人民出版社，2014 年，第 5-8 页。

③ 辛鸣：《核心要义背后的法治逻辑》，载《深圳特区报》，2014 年 11 月 18 日。

政治是法治的前提，政治方向决定着法治的方向。不管多么自诩为超越政治的法治，其立脚之处一定是特定的政治土壤，不是这一种就是那一种。中国特色社会主义政治发展从根本上决定着中国社会法治建设的目标、价值与形态，决定着中国特色社会主义法治道路的前进方向。

中国特色社会主义法治建设是为了人民、依靠人民、造福人民、保护人民，是要保证人民当家作主，发展社会主义，是着眼于实现基于人民立场的公平正义。如何做到这一切，把党的领导贯彻到依法治国全过程和各方面是最根本的保证。人民是依法治国的主体，但这一主体地位只有在中国共产党的领导下才能得到真正保障，变为现实的政治力量；人民是依法治国的力量源泉，但这一力量也只有在中国共产党的领导下才会组织起来，浩浩荡荡，众志成城。

其次是为什么坚持中国共产党的领导能解决制度和法律背后更为深层的问题呢？这在于中国共产党的性质，在于中国共产党的信仰。马克思主义告诉我们，判断一个政党的性质，最主要的是看它的纲领和路线代表什么人的利益。世界上成千上万的政党，只有中国共产党把“没有自己的利益”写入政党党章，只有共产党把实现人的自由全面发展的共产主义社会作为奋斗目标。关于这一点，恩格斯说得很透彻：“一个新的纲领毕竟总是一面公开树立起来的旗帜，而外界就根据它来判断这个党。”①在一个代表了社会发展大方向，代表了人民群众根本利益的政党领导之下，中国社会的法治建设就有了正确的前进方向，不再是就法治论法治。

十八届四中全会不仅主题是依法治国，更是强调“坚持依法治国首先要坚持依宪治国，坚持依法执政首先要坚持依宪执政”②。这是中国共产党对中国特色社会主义法治道路的坚定坚持与明确阐述。正如习近平总书记所讲：“在走什么样的法治道路问题上，必须向全社会释放正确而明确的信号，指明全面推进依法治国的正确方向，统一全党全国各族人民认识和行动。”③中国共产党已经把中国特色社会主义法治道路的原则、要

---

① 《马克思恩格斯选集》，第3卷，北京：人民出版社，1995年，第325-326页。

② 《中共中央关于全面推进依法治国若干重大问题的决定》，北京：人民出版社，2014年，第9页。

③ 习近平：《关于〈中共中央关于全面推进依法治国若干重大问题的决定〉的说明》，载《人民日报》，2014年10月29日。

义和决心表述得如此清楚。

三、鲜明的价值追求

法治本身就是人类社会最宝贵的价值追求。"法治"作为社会主义核心价值观中的重要内容之一，表达的正是对法治价值的高度认可。但法治中国绝不是为法治而法治，法治价值从来不是也不能是抽象的，一定要与经济社会发展的目标相一致，并且体现在具体的国家治理、政治发展、社会进步与人民幸福的实践中。因此，在今日中国社会，依法治国有极其具体而又明确的价值追求，这就是十八届四中全会提出的"四个维护"：坚决维护宪法法律权威，依法维护人民权益、维护社会公平正义、维护国家安全稳定。

（一）宪法法律的权威是法治的前提

区别现代法治社会与传统法律社会的关键性标志就在于法律在社会中是否有权威。在人类社会发展的进程中，有很多封建帝王君主甚至包括奴隶主也标榜法律，其所制定的法律甚至门类还很齐全，但他们是把法律作为工具去管制别人，把法制作为手段来谋取私利。法律在他们面前是没有权威的，只有法律而无法治。只有进入现代社会，把法律从皇权王权中剥离出来获得了权威，法治才有了前提。

建设法治中国要维护法律的权威，更要维护作为法律之宗、法律之本的宪法的权威。关于这一点，习近平总书记在首都各界纪念现行宪法公布施行30周年大会上讲得明确而坚定、有力而坚决："维护宪法权威，就是维护党和人民共同意志的权威；捍卫宪法尊严，就是捍卫党和人民共同意志的尊严；保证宪法实施，就是保证人民根本利益的实现。"①

维护宪法法律权威，一定要把宪法法律当作一个整体，全面遵循宪法法律的要求，完整体现宪法法律的精神，不能断章取义，不能各取所需。例如，既要向社会、向公民讲清楚宪法规定的"公民的合法的私有财产不受侵犯"，这是现代文明社会最基本的要求；更要向社会、向公民讲清楚宪法规定的"社会主义的公共财产神圣不可侵犯"，这是社会主义国

① 《十八大以来重要文献选编(上)》，北京：中央文献出版社，2014年，第87页。

家的本质要求。

(二)人民权益是法治的根本

马克思在谈民主制国家的时候，特别强调："不是人为法律而存在，而是法律为人而存在；在这里法律是人的存在，而在其他国家形式中，人是法定的存在。"①民主制国家的类型或许很多，人民当家作主的性质与特点让中国社会当之无愧位列其中。正因为如此，人民的权利权益不仅是中国法治的出发点，也是中国法治的重要着力点。我们要依法保障全体公民享有广泛的权利，保障公民的人身权、财产权、基本政治权利等各项权利不受侵犯，保证公民的经济、文化、社会等各方面权利得到落实。排斥最广大群众在外的、少数精英群体自娱自乐的法治模式在中国社会不具有政治合法性，也注定得不到最大多数群众的支持。

在此需要特别提出的是，权利不具体到个体难说落实，但权利不从整体考虑则丧失了前提。中国特色社会主义法治要把保障每一个中国人个体的权利落到实处，就一定要先保障个体背后群体的权利。如果人民群众作为一个整体在社会中的地位不能从政治层面上得到切实的认可与保障，个体的权利也就成了无源之水、无本之木。这也就是中国特色社会主义法治道路把坚持人民主体地位作为重要原则提出来的原因所在。

(三)公平正义是法治的灵魂

公平正义是一个社会赖以存在、运行、发展、繁荣的条件，也是法治最突出的价值指向。不能矫正社会自然发展中出现的不公平不正义已是法治的遗憾，因为法律安排和法律程序导致不公平不正义更是法治的耻辱。应该说在现代社会中这两种类型的不公平不正义现象都还存在，我们把维护社会公平正义明确提了出来，不仅是对法治的期待，更是对法治的要求。

当然，在不同发展水平上，在不同历史时期，不同思想认识的人，不同阶层的人，对社会公平正义的认识和诉求也会不同。对于经过数十年快速发展转型进入新常态的中国社会，具体而不是抽象的、真实而不是虚幻的公平正义，最根本的指向就是促进共同富裕。邓小平讲过："社

---

① 《马克思恩格斯全集》，第3卷，北京：人民出版社，2002年，第40页。

会主义最大的优越性就是共同富裕，这是体现社会主义本质的一个东西。”[①]离开了共同富裕谈公平正义是不彻底的公平正义，不着眼于共同富裕的公平正义是打了折扣的公平正义，法治中国的建设一定要从最基本的制度安排、最根本的法律设计上体现这一价值要求。在此基础上，要依法公正对待人民群众的诉求，努力让人民群众在每一个司法案件中都能感受到公平正义，决不能让不公正的审判伤害人民群众感情、损害人民群众权益。

（四）国家安全稳定是法治的价值底线

法治指向秩序，秩序形成安全，法治不是也不可能与国家社会的安全稳定相对立。尤其当前我国国家安全内涵和外延比历史上任何时候都要丰富，时空领域比历史上任何时候都要宽广，内外因素比历史上任何时候都要复杂，维护安全稳定的挑战也丝毫不比历史上任何时候轻松。依法治国一定要服务于国家总体安全，为“以人民安全为宗旨，以政治安全为根本，以经济安全为基础，以军事、文化、社会安全为保障，以促进国际安全为依托的中国特色国家安全道路”提供坚强有力的法治保障，而不能抽象地谈论超历史、超现实的法治价值。我们不能被西方发达国家的所谓“人权高于主权”的论调牵着鼻子走。正所谓“皮之不存，毛将焉附”。在现实的国际环境中，没有完整、全面、坚强的国家主权做保障，所谓的人权保障只能是一厢情愿。现在国际社会中那些处于国家动乱之中的民众，西方发达国家许诺给他们的人权是空中楼阁，虚无缥缈。

这“四个维护”是贯穿法治中国政策设计和制度安排的基本要求，只有这样，才能让依法治国的方略成为实现“两个一百年”奋斗目标、实现中华民族伟大复兴中国梦的可靠法治保障。中国社会之所以对法治提出这样具体而清晰的价值要求，是因为“社会不是以法律为基础的。那是法学家们的幻想。相反地，法律应该以社会为基础。法律应该是社会共同的、由一定物质生产方式所产生的利益和需要的表现，而不是单个的个人恣意横行”[②]。马克思一百多年前的话语对于今日中国社会依然是发人深省的。

---

① 《邓小平年谱(1975－1997)》，下卷，北京：中央文献出版社，2004 年，第 1324 页。

② 《马克思恩格斯全集》，第 6 卷，北京：人民出版社，1961 年，第 291-292 页。

四、全面的法治体系

早在20世纪90年代中后期，党的十五大就提出建设社会主义法治国家的目标，并在随后把依法治国作为党领导人民治理国家的基本方略写入宪法。经过十多年的实践前行，中国社会在迈向法治国家的道路上取得了极为丰硕的成果。2011年3月10日，时任全国人大常委会委员长吴邦国在第十一届全国人民代表大会第四次会议上做工作报告时宣布："一个立足中国国情和实际、适应改革开放和社会主义现代化建设需要、集中体现党和人民意志的，以宪法为统帅，以宪法相关法、民法商法等多个法律部门的法律为主干，由法律、行政法规、地方性法规等多个层次的法律规范构成的中国特色社会主义法律体系已经形成。"①

但是法律体系的建成并不等于法治国家的建成，仅仅有法律体系是不够的。全面推进依法治国是一个系统工程，不仅要有法可依，更要让法律在经济社会发展的全过程发挥作用。因此，十八届四中全会把全面推进依法治国的总目标扩充为两句话，在"建设社会主义法治国家"前面加上了"建设中国特色社会主义法治体系"，并且明确提出中国特色社会主义法治体系有五大子系统：完备的法律规范体系、高效的法治实施体系、严密的法治监督体系、有力的法治保障体系以及完善的党内法规体系。习近平总书记把建设中国特色社会主义法治体系称为"总抓手"："全面推进依法治国涉及很多方面，在实际工作中必须有一个总揽全局、牵引各方的总抓手，这个总抓手就是建设中国特色社会主义法治体系。依法治国各项工作都要围绕这个总抓手来谋划、来推进。"②把这五大体系建设好了，也就解决好了建设社会主义法治国家进程中科学立法、严格执法、公正司法、全民守法以及依规治党这些重大而基本的问题。

(一)科学立法，形成完备法律规范体系的源头活水

截至2013年，我国有243部现行有效法律，680多件国务院制定的

---

① 《吴邦国在第十一届全国人民代表大会第四次会议上的工作报告》，新华网，http：//news. xinhuanet. com/politics/2011lh/2011－03/18/c _ 121203794. htm.

② 习近平：《关于〈中共中央关于全面推进依法治国若干重大问题的决定〉的说明》，载《人民日报》，2014年10月29日。

现行有效行政法规，8000余件地方性法规和其他立法确认的具有法律性质的规范性文件。从数量上说已不算少，称之为中国特色社会主义法律体系名副其实。但是法律体系只有更完备没有已完备，随着经济社会的发展，法律必须不断充实、修改、丰富、发展，科学立法依然任重道远。比如，贯彻落实总体国家安全观，加快国家安全法治建设，抓紧出台反恐怖法等一批急需法律，推进公共安全法治化，构建国家安全法律制度体系；又如，用严格的法律制度保护生态环境，加快建立有效约束开发行为和促进绿色发展、循环发展、低碳发展的生态文明法律制度等等。

特别需要提出的是，科学立法不仅体现在遵循立法规律，增强法律法规的及时性、系统性、针对性、有效性，降低立法成本，避免立法浪费，把公正、公平、公开原则贯穿立法全过程，更要体现在站对、站稳立法立场，在立法中恪守以民为本、立法为民的理念，使每一项立法都符合宪法精神、反映人民意志、得到人民拥护。

（二）严格执法，建设高效法治实施体系的“先手棋”

法律在实施中彰显存在，又在实施中确立权威。我国各级行政机关是实施法律法规的重要主体，据统计，80％以上的法律和法规都是通过行政机关的具体职能活动来实施的。这样一种法治实施模式与状态对行政机关严格执法提出了很高的要求。没有行政机关的严格执法，高效法治实施体系就不可能开好头、起好步。

严格执法要通过深化行政执法体制改革来实现，如十八届四中全会提出的健全行政执法和刑事司法衔接机制，建立健全行政裁量权基准制度，完善纠错问责机制等一系列制度安排，就旨在把执法权装进制度的笼子里，既不能以权压法、以身试法，也不能法外开恩、徇情枉法。在体制改革的基础上再深入一步就是建设法治政府，这是严格执法，形成高效法治实施体系的基础工程。之所以出现选择性执法、寻租执法、钓鱼执法等现象，之所以行政权力可以任意膨胀、政府责任可以随意消解，根源在于政府角色定位有误。通过建设职能科学、权责法定、执法严明、公开公正、廉洁高效、守法诚信的法治政府，把政府的定位科学化、事权规范化、行为法治化，法治实施体系就有了一个新的起点。

（三）公正司法，为法治监督体系筑就正义底线

公正司法是维护社会公平正义的最后一道防线，要让人民群众在每一个司法案件中都感受到公平正义，严密的法治监督体系不可或缺。法治监督体系旨在要求司法既不能受权力的干涉，也不能内部腐败“吃了原告吃被告”。司法不受权力干涉就要强化依法独立公正行使审判权和检察权的制度，独立本身就是最大的监督，尤其是建立起领导干部干预司法活动、插手具体案件处理的记录、通报和责任追究制度，更会让那些试图以言代法、以权压法、徇私枉法的领导干部心存忌惮，“手莫伸，伸手必被捉”。而推进以审判为中心的诉讼制度改革，实行办案质量终身负责制和错案责任倒查问责制，以及完善检察机关行使监督权的法律制度，加强对刑事诉讼、民事诉讼、行政诉讼的法律监督，完善人民监督员制度等，是着眼于彻底消除法外开恩，办关系案、人情案、金钱案的司法痼疾。

（四）全民守法，夯实法治保障体系的社会基础

只有全民守法才是真正意义上的法治社会，而全民守法离不开法治保障体系。法治保障体系首先要在让人民群众信仰法治上下功夫。“法律的权威源自人民的内心拥护和真诚信仰。”[①]写在纸上的法律不一定管用，深入人民心里的法律才有力量。法律如何才能深入人心，让人民群众真信？法律必须对人民群众确实有好处，能够切实保障他们的权利，而不仅仅是管制约束。当绝大多数群众感觉到他的权利能够通过法治得到充分的保障，甚至不曾知晓的权利通过法治得到了、丰富了、拓展了，自然就相信法治了。同时，法治保障体系要夯实基础。毋庸讳言，通过司法途径维权成本很大，程序也繁琐、复杂。通过多层次多领域依法治理，特别是深化基层组织和部门、行业依法治理，支持各类社会主体自我约束、自我管理，发挥市民公约、乡规民约、行业规章、团体章程等社会规范在社会治理中的积极作用，就可以把很多的法律争端与法律诉求消化在走向司法程序之前。当法治保障体系把这些都做到的时候，全体人民自然就会成为社会主义法治的忠实崇尚者、自觉遵守者、坚定捍卫者，全民守法也就水到渠成。

（五）依规治党，完善的党内法规体系是制度基础

党的领导是社会主义法治最根本的保证。如何让党的领导在全面推

---

① 《中共中央关于全面推进依法治国若干重大问题的决定》，北京：人民出版社，2014年，第26页。

进依法治国的历史进程中能得到有力的体现、充分的保证？打铁先得自身硬，执政党从思想到行为要适应依法治国的要求。在这一过程中首要的就是让中国共产党成为像习近平总书记所要求的“有规矩”的政党。

我们要通过加强党内法规制度建设，完善党内法规制定的体制机制，形成配套完备的党内法规制度体系，运用党内法规把党要管党、从严治党落到实处，促进党员干部带头遵守国家法律法规，提高党员干部法治思维和依法办事能力，增强党的依法执政的能力和水平。

形成配套完备的党内法规制度体系，要以党章为根本依据。党章是总规矩，是总原则、总要求。同时经过进一步的制度细化，把这一系列“总”切实体现在政党的执政实践中。比如，在保障党员权利、发展党内民主、改革用人制度、加强基层组织、推进作风转变、规范权力行使、严明党的纪律、强化党内监督等方面都依照党章总规矩来制定一系列更有针对性、指导性和可操作性的“分规矩”，使党依法执政的制度基础更加巩固。

结　语

实践逻辑首先表现为实然，法治中国就是这样一步一步走出来的，就是在破解一个一个问题中成熟完善的。但是，实践逻辑也一定是内含并体现应然要求的，法治中国的建设不会也没有背离法治的基本规律、基本价值，对法治性质的强调、对法治道路的自觉、对法治功能的清醒等等，体现的都是对法治建设基本规律的自觉遵循与运用。应然与实然的有机统一塑造出了法治中国的实践逻辑，也开启了建设法治中国的新时代。

本文发表于2015年第1期

法安天下　德润人心

——把社会主义核心价值观融入法治建设

莫纪宏*

党的十八届四中全会明确提出了全面推进依法治国必须“坚持依法治国和以德治国相结合”原则，在党的正式文件中第一次把以德治国与依法治国作为治国理政同等重要的方式来对待。作为治国理政的重要方式之一，以德治国究竟与依法治国有何不同？为何在依法治国的治国方略提出之后还要再提出以德治国？两者为何要有机结合起来共同发挥作用，这些都是当前国家治理和社会治理面临的重大理论与实践问题。

一、以德治国的由来、基本内涵、价值要求及其正当性

(一)以德治国的由来

在中国历史上，把“德”与“治国”联系起来，最早起源于春秋战国时期郑国的政治家和思想家子产。公元前533年，子产任郑国相，提出一系列富国强兵的政策。在国家治理上选贤任能，主张以众为师，以德治国，主张“德，国家之基也”(《左传·襄公二十四年》)。子产任相期间，郑国逐渐强盛，百姓安居乐业。

德主刑辅是我国历代封建王朝基本的治国方略，最早可追溯到周礼，其理论源头来自儒家的礼治和德治思想。儒家治国理政思想既强调以德治国，也不排斥法治，主张礼法合治、德主刑辅。《论语》中说：“道之以政，齐之以刑，民免而无耻；道之以德，齐之以礼，有耻且格。”(《论语·为政》)纵观中国古代“德治法治”相结合的思想，从孔子提出“宽猛相

---

* 莫纪宏，中国社会科学院法学研究所研究员。

济”，到孟子提出“徒善不足以为政，徒法不能以自行”（《孟子·离娄上》）；从荀子提出“隆礼重法”，到汉代董仲舒强调“阳为德，阴为刑”（《汉书·董仲舒传》）；从唐代提出“制礼以崇敬，立刑以明威”，到宋元明清时期一直延续德法合治，都体现了德治与法治相结合的治国之道。

当然，历代封建统治者提倡德主刑辅的治理理念，其出发点还是为了维护封建皇权的合法性以及封建统治阶级的利益，根本特征还是属于人治。德也好，法也罢，都属于统治者的统治工具和手段，只不过德更偏向于怀柔，法则倾向于控制。德治和法治中治的对象不可能是封建统治者自己，而是作为被统治者的广大劳动人民群众以及服务于封建统治政权的各级官吏。

中国共产党人的根本宗旨是全心全意为人民服务。道德也好，法律也罢，都属于国家治理和社会治理的方式，对于所有的社会成员一体适用。尤为重要的是，中国共产党作为中国人民和中华民族的先锋队，更要以严格的纪律和规矩来要求党组织和党员的行为，党要求社会组织和普通民众做到的事，自己首先要做到，而且还要做好，为人民群众树立榜样。所以说，中国历代封建王朝推崇的德主刑辅治国之策并不符合共产党人的执政理念。

从中国共产党的成长历史来看，一直比较重视纪律、规矩、法律在管党治党及治理国家和社会中的作用，但也没有放弃思想上的教育和引导。始终坚持抓好思想建设，坚持以马克思主义为指导，以符合共产党人奋斗纲领的先进道德和价值观来规范和约束党组织和党员的一言一行，成为党建工作行之有效的措施和手段。党的历代中央领导集体都高度重视党的思想路线，对于思想政治工作一刻也没有放松。

1. 以德治国与党对思想工作的高度重视有关

毛泽东在《山东有可能成为战略转移的枢纽》中指出：“掌握思想领导是掌握一切领导的第一位。”[①]正是掌握了思想政治工作这个强大的精神武器，共产党才逐渐走向强大，最终夺取了全国政权。为了加强思想政治工作，毛泽东提出了“支部建在连上”的组织原则，并使之成为建党、建军的一项基本原则和制度。1927 年 9 月，毛泽东率秋收起义余部挺进井

① 《毛泽东文集》，第 2 卷，北京：人民出版社，1993 年，第 435 页。

冈山途中，有感于南昌、秋收起义相继失败，认识到“这是缺乏革命中心力量招致革命失败的血的教训”。遂确定在江西永新三湾村改编部队，实行“支部建在连上”：在连队设党支部，在优秀士兵中发展党员，在班排设党小组，在连以上设党代表并担任党组织书记。这就在部队建起严整的党组织体系，通过及时和有效地掌握士兵的思想动态，为党全面建设和掌握部队提供了可靠的组织保证。

邓小平也非常重视思想政治工作的重要性。在《贯彻调整方针，保证安定团结》一文中他旗帜鲜明地指出：“我们说改善党的领导，其中最主要的，就是加强思想政治工作。”[①]针对一些领导干部淡化意识形态工作重要性的现象，他说：“四个坚持、思想政治工作、反对资产阶级自由化、反对精神污染，我们不是没有讲，而是缺乏一贯性，没有行动，甚至讲得都很少”[②]。他强调，“总结历史经验，坚持四项基本原则十分重要，特别是坚持社会主义和党的领导，决不能放松，否则我们非垮台不可”[③]。

2. 以德治国概念的正式提出

党的十五大正式提出了“依法治国，建设社会主义法治国家”的治国方略，这是我们党执政史上具有历史里程碑意义的重大决策。依法治国方略的提出，吸取了新中国成立后长时期轻视法治，特别是“文革”期间严重破坏法治的历史教训，解决了法律在治国理政中的核心地位问题，为中国特色社会主义现代化建设事业提供了可靠的制度保障。当然，从科学执政的角度来看，我们党在新时期面临的执政环境是极其复杂的，法治可以建立社会的基本价值秩序，但变动不居的社会现实又需要执政党具有巨大的理论和制度创新的勇气，不能墨守成规，而要大胆改革。对于法治与社会发展需要不相适应的部分，就需要运用先进的道德理念和社会主义核心价值观来加以规范和引导，不论是管党治党，还是治国理政，都不能把依法治国方略简单化，必须要从治国理政的实际情况出发，注重综合治理，充分发挥各种治理手段在治国理政中的不同功能和治理功效的合力，实现国家治理和社会治理方式的最优化。在众多的治

---

① 《邓小平文选》，第 2 卷，北京：人民出版社，1983 年，第 365 页。

② 《邓小平文选》，第 3 卷，北京：人民出版社，1993 年，第 305 页。

③ 《邓小平年谱(1975—1997)》，下卷，北京：中央文献出版社，2004 年，第 1295 页。

理手段中，反映了社会主义核心价值观要求的先进道德是不可忽视的治理方式。2000 年 6 月，江泽民在中央思想政治工作会议上的讲话中指出："法律与道德作为上层建筑的组成部分，都是维护社会秩序、规范人们思想和行为的重要手段，它们互相联系、互相补充。法治以其权威性和强制手段规范社会成员的行为。德治以其说服力和劝导力提高社会成员的思想认识和道德觉悟。道德规范和法律规范应该互相结合，统一发挥作用"①。2001 年 1 月，在全国宣传部长会议上，他进一步明确提出了"把依法治国与以德治国紧密结合起来"的治国方略，至此，以德治国与依法治国一道进入了治国理政的治理方式体系之列，以德治国在国家治理和社会治理中的重要地位和作用也得以正名。

胡锦涛在 2008 年 12 月 18 日召开的纪念党的十一届三中全会 30 周年大会上的讲话中，从加强社会主义精神文明的角度进一步强调了坚持依法治国和以德治国相结合的重要意义。在认真总结党的十一届三中全会以来 30 年中坚持物质文明与精神文明一起抓的经验基础上，他强调，任何时候都不能以牺牲精神文明为代价换取经济的一时发展。30 年来，我们既重视物的发展即社会生产力的发展，又重视人的发展即全民族文明素质的提高，坚持物质文明和精神文明两手抓，实行依法治国和以德治国相结合，以科学的理论武装人、以正确的舆论引导人、以高尚的情操塑造人、以优秀的作品鼓舞人，着力培育有理想、有道德、有文化、有纪律的公民，不断提高全民族的思想道德素质和科学文化素质，为改革开放和社会主义现代化建设提供强大精神动力和智力支持、营造良好舆论环境。胡锦涛在讲话中还第一次明确地提出加强社会主义核心价值体系建设对于社会主义精神文明建设的重要作用："我们把社会主义核心价值体系建设作为主线，贯穿到国民教育和精神文明建设全过程，坚持不懈地用马克思主义中国化最新成果武装全党、教育人民，用中国特色社会主义共同理想凝聚力量，用以爱国主义为核心的民族精神和以改革创新为核心的时代精神鼓舞斗志，用社会主义荣辱观引领风尚，巩固全党全国各族人民团结奋斗的共同思想基础。"②

---

① 《江泽民文选》，第 3 卷，北京：人民出版社，2006 年，第 91 页。

② 胡锦涛：《不能以牺牲精神文明为代价换取经济发展》，中国新闻网，http://www.chinanews.com/gn/news/2008/12-18/1492724.shtml.

3. 习近平关于以德治国的重要讲话精神

党的十八大以来，以习近平同志为核心的党中央高度重视依法治国与以德治国的有机结合，对以德治国在管党治党和治国理政中的重要作用给予了充分肯定。党的十八届四中全会审议通过的《中共中央关于全面推进依法治国若干重大问题的决定》把“坚持依法治国和以德治国相结合”作为全面推进依法治国，建设中国特色社会主义法治体系，建设社会主义法治国家必须遵循的五项原则之一，并明确提出：国家和社会治理需要法律和道德共同发挥作用。必须坚持一手抓法治、一手抓德治，大力弘扬社会主义核心价值观，弘扬中华传统美德，培育社会公德、职业道德、家庭美德、个人品德，既重视发挥法律的规范作用，又重视发挥道德的教化作用，以法治体现道德理念、强化法律对道德建设的促进作用，以道德滋养法治精神、强化道德对法治文化的支撑作用，实现法律和道德相辅相成、法治和德治相得益彰。

为了进一步阐述依法治国与以德治国之间的辩证关系，充分发挥以德治国在管党治党和治国理政中的重要作用，2016 年 12 月 9 日中共中央政治局就我国历史上的法治和德治进行第三十七次集体学习，习近平在主持学习时强调，法律是准绳，任何时候都必须遵循；道德是基石，任何时候都不可忽视。在新的历史条件下，我们要把依法治国基本方略、依法执政基本方式落实好，把法治中国建设好，必须坚持依法治国和以德治国相结合，使法治和德治在国家治理中相互补充、相互促进、相得益彰，推进国家治理体系和治理能力现代化。他指出，法律是成文的道德，道德是内心的法律。法律和道德都具有规范社会行为、调节社会关系、维护社会秩序的作用，在国家治理中都有其地位和功能。法安天下，德润人心。法律有效实施有赖于道德支持，道德践行也离不开法律约束。法治和德治不可分离、不可偏废，国家治理需要法律和道德协同发力。[①] 由此可见，“坚持依法治国和以德治国相结合”是马克思主义中国化在治国理政领域的重要体现，是执政党科学执政、民主执政和依法执政的重要指导思想。

---

① 习近平：《坚持依法治国和以德治国相结合》，新华网，http://news.xinhuanet.com/legal/2016－12/10/c_1120093133.htm.

（二）以德治国的基本内涵和价值要求

以德治国，其内涵完全不同于中国历史上为封建王朝所推崇和广为采用的德治，而是中国共产党作为执政党适应新时期管党治党和治国理政的要求，根据中国特色社会主义国家治理和社会治理的实践需要提出的治国理政的崭新命题，是中国共产党作为执政党科学执政、民主执政和依法执政理念的重要表现形式。以德治国就是要以马克思列宁主义、毛泽东思想、中国特色社会主义理论体系以及习近平总书记系列重要讲话精神和治国理政新理念新思想新战略为指导，以为人民服务为核心，以集体主义为原则，以爱祖国、爱人民、爱劳动、爱科学、爱社会主义为基本要求，以职业道德、社会道德、家庭美德建设为落脚点，积极建立适应社会主义市场经济发展的社会主义思想道德体系，并使之成为全体人民普遍认同和自觉遵守的规范。以德治国是执政的中国共产党人借鉴中国历代的治国之道，吸取国外法治国家管理国家事务和社会事务的经验教训，在新的历史条件下，对如何管理国家事务，如何管党治党，如何教育引导人民崇尚高尚的精神生活集体思考的理论结晶，是作为依法治国方略的必要补充，以德治国的提出充分体现了以习近平同志为核心的党中央依法执政理念的重要特色。

中共中央办公厅、国务院办公厅印发了《关于进一步把社会主义核心价值观融入法治建设的指导意见》，其中指出，社会主义核心价值观是社会主义法治建设的灵魂。把社会主义核心价值观融入法治建设，是坚持依法治国和以德治国相结合的必然要求，也是加强社会主义核心价值观建设的重要途径。

由于以德治国作为治国理政的重要方式具有自身独立的国家治理和社会治理价值，因此，以德治国发挥作用的方式以及对人们行为的具体要求也有自身的特点。具体说，以德治国对人们日常行为有以下几方面的价值要求：

一是以德治国首先要求依法治国中的法应当符合最低限度的道德标准的要求，具有最低程度的公共道德性，以德治国是引导依法治国具有最低正当性的价值标准。以德治国的规范功能和社会作用可以做广义和狭义两种区分。从广义上说，依法治国中的法作为人们的行为规则，集中体现了符合社会成员价值观要求的公共道德，依法治国是实现以德治国最重要的手段。全面推进依法治国本身就是运用制度化的手段来弘扬以德治国的总体价值要求，依法治国的推进就是以德治国的实现。

二是以德治国中的德在狭义上表现为集中体现了马克思主义伦理观和价值观的无产阶级的先进道德，其核心内容表现为社会主义核心价值观，即富强、民主、文明、和谐；自由、平等、公正、法治；爱国、敬业、诚信、友善。社会主义核心价值观的道德要求要远远超越于一般社会公共道德所坚持的道德标准。由于依法治国已经为以德治国搭建了制度化的基础性平台，因此，从尊重法律权威和充分有效地发挥以德治国的规范功能和社会作用的角度来看，社会主义核心价值观理应融入法治建设总体框架中来发挥自身的作用。

三是以德治国要在管党治党方面发挥重要作用。集中了马克思主义伦理观和价值观要求的社会主义先进道德，是执政党带领全体中国人民在从事具有中国特色的社会主义现代化建设的伟大实践中逐渐形成的，这种先进道德是整个社会道德体系中最具有活力和最有利于社会大众和社会发展的价值理念。相对于依法治国中的法所具有的稳定性、确定性和基础性而言，以德治国中的德的价值要求更加具有令人奋进、催人向上的精神感染力。这种对人们行为的高标准和严要求在通过立法途径进入法治建设领域之前，必须要靠执政党的党员干部先锋模范带头作用，才能发挥道德的先进性和引领作用。为此，超出一般法律的道德标准的先进道德理念必须首先对执政党的党组织和党员干部起到行为上的约束和指引作用，才能进入公共道德领域。以德治国首先表现为以德治党，社会主义核心价值观在进入法治建设领域之前，首先应当在管党治党领域发挥重要的治理作用。只有执政党的党组织和党员干部能带头遵守先进道德理念，才能在以德治国的生动实践中逐步融入法治建设总体框架，成为社会公众应当一体遵循的公共道德标准。

四是以德治国要求社会公众不断追求健康向上的生活方式，积极培育自利利他的精神人格，努力提升自己的道德修养和做人的价值标准。全面推进依法治国方略的贯彻落实，必须要关注法律与社会现实的适应性，同时也要考虑到法律规范所反映的公共道德价值要求的合理性和发展性。许多原先在较高的道德标准基础上制定的法律规范随着社会的发展，可能会把一些法律规范的道德功能转嫁给一般社会道德来加以引导，也就是说，由原来通过法律规范体现出来的“德”的“治”进而转化为由社会道德来承担的“育”，即引导和教化。在缺少“治”的强制力监督下，对于同样的行为社会公众如何来把握，这就需要提升社会公众的道德水准，如果因为法律规范把某些道德要求回归了社会道德，而社会公众缺少必要的道德自持力，导致在某些领域道德水准的急剧下降，甚至是道德沦丧，这也不符合以德治国的要求。因此，以德育国是高标准、严要求，而以德治国是依托法律等制度来充分发挥道德在国家治理中的重要规范功能和社会作用。

（三）以德治国的正当性

2014 年 10 月 13 日，习近平在中共中央政治局就我国历史上的国家治理进行第十八次集体学习时明确指出，我国古代主张民惟邦本、政得其民，礼法合治、德主刑辅，为政之要莫先于得人、治国先治吏，为政以德、正己修身，居安思危、改易更化。要治理好今天的中国，需要对我国历史和传统文化有深入的了解。德主刑辅肇始于西周时期周公提出的明德慎罚，中经春秋战国儒家传扬的为政以德，形成于董仲舒的德主刑辅，此后成为封建社会基本的治国策略之一。德主刑辅，是中国几千年来治国理政基本经验的总结。刑，在中国古代是法的代名词；德，则有两层基本的意思：一是为政以德的德，指与法相对应的国家与社会治理措施，即执政者治国的措施应该得到民众的认同，符合民众的利益；二是“大学之道，在明明德”的德，指一种社会规范，即以社会民众普遍认同的是非观、价值观为基本内容的道德。德治也是人类文明发展的共同理想追求，是中国人的大同思想，共产主义理想，所追求的是一个现实的平等的世界。①

以德治国作为与依法治国相并行的国家治理和社会治理的重要方式，在规范人们行为方面具有独特的社会价值和治理功效：一是以德治国中的德不是一般性的社会道德，而是集中体现了社会主义核心价值观的先进道德，这里的德对人们行为的要求要比作为公共道德的法更高，以德治国在规范人们行为时具有倡导、引导的作用，不只限于通过权利性规

---

① 《习近平主持中共中央政治局第十八次集体学习》，中央政府门户网站，http：//www.gov.cn/xinwen/2014－10/13/content_2764226.htm.

范、义务性规范和禁止性规范来满足法律和制度所明确的一般性行为要求。二是以德治国中的德可以弥补依法治国中的法的规范功能和社会功能的不足。法作为人们的行为规范，主要是针对具有确定性的行为模式的，而在中国特色社会主义实践中，有大量的新生事物不可能通过法来简单地确立行为规则，特别是在改革开放中的一些创新领域，在法不能及时跟进的前提下，德就要发挥自己的治理作用，所以，以德治国中的治有一定的治理对象和治理领域，既不能简单地认为提出以德治国就是要否定依法治国或者是用以德治国来代替依法治国，也不能仅仅把以德治国视为以德育国，不敢发挥德的治理功能，要旗帜鲜明地弘扬道德在很多社会生活领域所具有的独立的行为规范价值。三是以德治国可以吸纳国家治理和社会治理中一切科学和先进的治理理念、治理手段和治理方式，形成与依法治国相辅相成、互为补充的治理体系。在一般民众无法达到以德治国要求的地方，可以通过优先适用于管党治党领域，将“纪律挺在法律前面”，通过以德治党来充分发挥执政党的党组织和党员的先锋模范和带头作用，特别是通过增强“四个意识”，进一步提高党员干部的政治责任意识和敢于担当、敢于负责的高尚品格，最大限度地发挥执政党的先进性、引领性，通过建设一个强大的执政党来推动治国理政事业的健康和有序地进行。

二、以德治国在国家治理和社会治理中对依法治国的引导和促进作用

2013 年 2 月 23 日，习近平在主持中共中央政治局就全面推进依法治国进行第四次集体学习时强调：要坚持依法治国和以德治国相结合，把法治建设和道德建设紧密结合起来，把他律和自律紧密结合起来，做到法治和德治相辅相成、相互促进。① 改革开放以来，我们党深刻总结我国社会主义法治建设的成功经验和深刻教训，把依法治国确定为党领导人民治理国家的基本方略，把依法执政确定为党治国理政的基本方式，走

① 《中央政治局就全面推进依法治国进行第四次集体学习》，新华网，http://politics.people.com.cn/n/2013/0224/c1024－20581427.html.

出了一条中国特色社会主义法治道路。这条道路的一个鲜明特点，就是坚持依法治国和以德治国相结合，强调法治和德治两手抓、两手都要硬。这既是历史经验的总结，也是对治国理政规律的深刻把握。以法治承载道德理念，道德才有可靠的制度支撑。法律法规要树立鲜明道德导向，弘扬美德义行，立法、执法、司法都要体现社会主义道德要求，都要把社会主义核心价值观贯穿其中，使社会主义法治成为良法善治。要把实践中广泛认同、较为成熟、操作性强的道德要求及时上升为法律规范，引导全社会崇德向善。要坚持严格执法，弘扬真善美、打击假恶丑。要坚持公正司法，发挥司法断案惩恶扬善功能。

由于道德与法律之间紧密的价值联系，因此，正确地处理依法治国和以德治国之间的相互关系非常重要，只有坚持依法治国和以德治国相结合、坚持以德治国引导依法治国健康发展，才能更好地发挥依法治国与以德治国在国家治理和社会治理中所产生的治理合力，提高国家治理和社会治理的现代化能力和水平。

(一)坚持依法治国与以德治国相结合首先要抓好全面推进依法治国的各项工作

党的十五大明确指出，依法治国，就是广大人民群众在党的领导下，依照宪法和法律规定，通过各种途径和形式管理国家事务，管理经济文化事业，管理社会事务，保证国家各项工作都依法进行，逐步实现社会主义民主的制度化、法律化，使这种制度和法律不因领导人的改变而改变，不因领导人的看法和注意力的改变而改变。依法治国，是党领导人民治理国家的基本方略，是发展社会主义市场经济的客观需要，是社会文明进步的重要标志，是国家长治久安的重要保障。党领导人民制定宪法和法律，并在宪法和法律范围内活动。依法治国把坚持党的领导、发扬人民民主和严格依法办事统一起来，从制度和法律上保证党的基本路线和基本方针的贯彻实施，保证党始终发挥总揽全局、协调各方的领导核心作用。

党的十八届四中全会审议通过的《中共中央关于全面推进依法治国若干重大问题的决定》明确规定：依法治国，是坚持和发展中国特色社会主义的本质要求和重要保障，是实现国家治理体系和治理能力现代化的必然要求，事关我们党执政兴国，事关人民幸福安康，事关党和国家长治久安。全面建成小康社会、实现中华民族伟大复兴的中国梦，全面深化改革、完善和发展中国特色社会主义制度，提高党的执政能力和执政水平，必须全面推进依法治国。

党的十八大以来，以习近平同志为核心的党中央把法治上升到治国理政的基本方式高度来对待，这是面对中国社会主义现代化建设的具体国情、总结既往的历史经验所得出的重要结论。当前，必须要坚定不移地贯彻落实全面推进依法治国的各项措施，要以法治中国建设为契机，深化法治改革，不断完善社会主义各项法律制度，建设具有中国特色社会主义法治体系，努力实现建设中国特色社会主义法治国家的总目标。为此，依法治国作为治国方略是基础性的、根本性的战略决策，任何时候都不能动摇，全面推进依法治国是全面建成小康社会、全面深化改革以及全面从严治党的根本保障，没有法治，就没有现代化，就不可能如期建成小康社会，深化改革也就无法有效推进，从严治党就会大打折扣。在理论和实践上，绝不能因为提倡以德治国而淡化了依法治国，甚至用以德治国来简单地代替依法治国，必须要尊重依法治国作为治国方略的绝对权威，要树立坚持依法治国就是保证以德治国的最低要求。

(二)要不断充实和巩固社会主义法律的道德基础，把社会主义核心价值观融入法治建设总体框架

在全面推进依法治国各项法治工作过程中，除了要坚守法治原则，坚持依法办事、于法有据、依法行政和依法推进司法改革等依法治国的基本要求之外，也要重视综合治理在国家治理和社会治理现代化中的重要作用。党的十八届四中全会明确提出了坚持依法治国和以德治国相结合的主张，这就表明在全面推进依法治国的过程中，在坚持法治原则的前提下，要学会运用道德的手段来营造有利于法律治理的制度环境和社会氛围。当前，关键是要把社会主义核心价值观有机地融入法治建设总体框架，要通过将社会主义核心价值观融入法治建设来提升法律的道德性和道德品质，充分发挥先进道德通过法律规范对人们日常行为的规范作用，要防止将法律与道德截然对立开来的两张皮现象的发生，要把依法治国与以德治国视为治国理政的同等重要方式，把以德治国的价值目标紧紧地限定在依法治国的总目标上，在依法治国与以德治国之间建立起牢固的制度纽带，辩证和灵活地发挥两者在国家治理和社会治理上的功能，形成治国理政的合力。

（三）要将以德治党作为以德治国工作的重中之重

党的十八届四中全会明确指出，依法执政，既要求党依据宪法法律治国理政，也要求党依据党内法规管党治党。必须坚持党领导立法、保证执法、支持司法、带头守法，把依法治国基本方略同依法执政基本方式统一起来。党要依法执政，不仅要重视“依法治国”，而且也要管党治党。管党治党除了依靠党内法规、国家宪法和法律之外，以社会主义核心价值观为基础的社会主义先进道德对于执政党的党组织和党员干部的行为应当具有规范约束力，特别是相对于普通社会公众来说，社会主义核心价值观在管党治党方面应当具有直接的行为规范的约束力。只有党员领导干部带头践行社会主义核心价值观，才能运用先进的道德价值来引导和教育广大民众，不断地增强自我的道德修养，提升自己的道德境界。因此，以德治国首先表现为以德治党，只有道德在以德治党中发挥出自身应有的规范作用，才能在总结经验基础上，通过将社会主义核心价值观融入法治建设成为全体社会成员一体遵循的行为准则来推动以德治国治理方式的实现。习近平在第十八届中央纪律检查委员会第六次全体会议上强调指出：“我们深入研究探索，汲取全党智慧，坚持依规治党和以德治党相统一，坚持高标准和守底线相结合，把从严治党实践成果转化为道德规范和纪律要求。”①

（四）要充分发挥以德治国中的德育功能

以德治国虽然也是治国理政的重要方式，但相对于依法治国来说，以德治国在国家治理和社会治理中对人们行为的规范作用是辅助性的，调整社会关系和人们行为的基本社会准则要靠法律，而不是依靠道德，更不能用以德治国来代替依法治国，或者是过度强调以德治国的规范功能和社会作用而冲淡了依法治国作为治国理政基本方式的重要功能的发挥。以德治国由于法律之外非公共道德性的局限，即便是先进的道德，也不能直接针对所有社会成员直接产生约束力。对于绝大多数人来说，需要通过先进团队和模范人物的带头遵守和自觉服从作为示范，逐渐地

---

① 习近平：《坚持依规治党和以德治党相统一》，新华网，http：//news. xinhuanet. com/politics/2016－05/07/c _ 128966508. htm.

加以吸收和予以接纳。所以，法律之外的道德标准在价值形式上都不具有公共性，必须要依靠教育引导机制来发挥自身的作用，所以，德育是以德治国的重要内容和主要形式，必须要摆正以德治国在国家治理和社会治理中的位置，特别是要从执政党依法执政的高度来全面认识以德治国的重要意义，才能准确地界定以德治国的性质，充分有效地发挥以德治国在国家治理和社会治理中的重要作用。

三、以德治国与依法治国共同发挥作用——把社会主义核心价值观融入法治建设

把社会主义核心价值观融入法治建设总体框架是以德治国的一个重要方式，即通过社会主义核心价值观进入法律领域，来摒弃那些与社会主义核心价值观格格不入的法律规定，改造那些道德要求不高、不适应社会发展要求的法律规定，提高社会公众对某些行为的道德标准的要求、不断丰富公民法律义务的内涵，弥补法律规定的不足、把社会主义核心价值观作为处理某些复杂社会问题和现象的法律原则，使得法律制度的道德水准得到整体提升，净化法律的道德品格，同时，依托渗透了社会主义核心价值观的法律法规为指导，强化执法、司法、法律监督等法治运行环节对道德理念的关注，在法律实践中有效地践行社会主义核心价值观的基本要求，用以德治国来引导依法治国的健康发展。

将社会主义核心价值观融入法治建设总体框架中有着非常重要的治理价值：一方面，社会主义核心价值观作为一种先进形态的道德，在法律制度之外通常只能发挥自身的引导规劝作用，而不宜对人们的行为直接产生规范强制效力，否则，就容易与法律在规范人们行为时的规范效力发生冲突；另一方面，作为公共道德的体现，法律如果在社会不断发展的过程中不能适应公共道德发展的要求，出现了一些原本属于高于公共道德的道德要求逐渐演变成被社会公众普遍接受的道德标准，那么，法律就必须要把这些发展变化的道德要求及时吸收进来，从而提升法律的道德层次，社会主义核心价值观就属于已经被社会公众普遍认同的需要在法律中加以确认的公共道德。社会主义核心价值观进入法治建设总体框架，就使得以德治国中的德通过依法治国中的法所具有的行为规范

的特性而具有了治的功能，以德治国由此才能真正从德育上升为德治，体现自身治的特性和价值。

在将社会主义核心价值观融入法治建设的具体路径上，中共中央办公厅、国务院办公厅印发的《关于进一步把社会主义核心价值观融入法治建设的指导意见》规定：社会主义核心价值观是社会主义法治建设的灵魂。把社会主义核心价值观融入法治建设，是坚持依法治国和以德治国相结合的必然要求，是加强社会主义核心价值观建设的重要途径。为此，落实《意见》要求主要应当抓好以下几个方面的工作：

(一)贯彻落实宪法的精神

我国现行宪法第 24 条规定，国家通过普及理想教育、道德教育、文化教育、纪律和法制教育，通过在城乡不同范围的群众中制定和执行各种守则、公约，加强社会主义精神文明建设。国家提倡爱祖国、爱人民、爱劳动、爱科学、爱社会主义的公德，在人民中进行爱国主义、集体主义和国际主义、共产主义教育，进行辩证唯物主义和历史唯物主义教育，反对资本主义的、封建主义的和其他的腐朽思想。现行宪法的上述各项规定，与社会主义核心价值观的基本价值要求是完全一致的，因此，要以现行宪法关于精神文明建设的各项规定为依据来指导社会主义核心价值观融入法治建设，特别是应当以现行宪法关于精神文明建设的各项要求作为立法原则来修改完善法律法规的各项规定，保证社会主义核心价值观有效和有序地进入中国特色社会主义法律体系之中。党的十一届六中全会明确了社会主义精神文明建设作为社会主义现代化建设十项重要任务之一。党的十二届六中全会通过了《中共中央关于社会主义精神文明建设指导方针的决议》，党的十四届六中全会审议并通过《中共中央关于加强社会主义精神文明建设若干重要问题的决议》。可以说，依据 1982 年现行宪法第 24 条关于社会主义精神文明建设的规定，党中央先后就如何加强社会主义精神文明建设制定了两个重要的决议，解决了精神文明建设的具体路径问题。2001 年江泽民提出了以德治国的概念，实际上抓住了社会主义精神文明建设的核心问题，而党的十八大报告明确提出了要加强社会主义核心价值观建设，又一次从理论上提升了以德治国的精神内涵，可以说，社会主义核心价值观的提出实际上是社会主义精神文明建设系统工程不断制度化、规范化和深入化的结果，不是政策上的另起炉灶，在社会主义精神文明建设、以德治国和社会主义核心价值观之间存在着一脉相承的内在的紧密逻辑联系，共同构筑了社会主义先进道德的重要内涵。

（二）立法中要体现核心价值观的要求

社会主义核心价值观融入法治建设，首要的是如何根据社会主义核心价值观的要求和现行宪法关于精神文明的各项规定，来完善现有的各项法律法规，使法律法规更好地体现国家的价值目标、社会的价值取向、公民的价值准则。特别是要加快完善体现权利公平、机会公平、规则公平的法律制度，依法保障公民权利，维护社会公平正义。不断完善社会主义市场经济法律制度，加快形成保护产权、维护契约、统一市场、平等交换、公平竞争、有效监管的体制机制，促进社会诚信建设。注重把一些基本道德规范转化为法律规范，把实践中行之有效的政策制度及时上升为法律法规，推动文明行为、社会诚信、见义勇为、尊崇英雄、志愿服务、勤劳节俭、孝亲敬老等方面的立法工作。强化公共政策的价值目标，制定经济社会政策和重大改革措施，出台与人们生产生活和现实利益密切相关的具体政策措施，要充分体现公平正义和社会责任，注重政策目标和价值导向有机统一，注重经济效益和社会效益有机统一，形成有利于培育和弘扬社会主义核心价值观的良好政策导向和利益引导机制。完善政策评估和纠偏机制，防止具体政策措施与社会主义核心价值观相背离，实现公共政策和道德建设良性互动。

（三）执法中要体现核心价值观的要求

以德治国不仅体现在纸面上，更关键的是要落实到具体行动上。因此，推动社会主义核心价值观建设既要靠良法，又要靠善治。以德治国中的治既要通过社会主义核心价值观入法，使得先进的道德理念变成行为规范从而对人们的行为实现治理功能，与此同时，核心价值观入法之后，如何在法律实施中进一步落实社会主义核心价值观的要求，也是社会主义核心价值观融入法治建设的一项重要任务。为此，各项社会治理工作要承担起倡导社会主义核心价值观的责任，注重在日常管理中体现鲜明价值导向，使符合社会主义核心价值观的行为得到倡导和鼓励，违背社会主义核心价值观的行为受到制约和惩处。行政执法和刑事司法要善于把握引导社会心态和群众情绪，综合运用法律、经济、行政等手段和教育、调解、疏导等办法，融法、理、情于一体，引导和支持人们合理合法表达利益诉求，妥善化解各类社会矛盾。推进多层次多领域依法治理，深入开展道德领域突出问题专项教育和治理，依法惩处公德失范、诚信缺失的违法行为，大力整治突破道德底线、丧失道德良知的现象，弘扬真善美、贬斥假恶丑。加强社会信用体系建设，完善守法诚信褒奖激励机制和违法失信行为惩戒机制，加大失信被执行人信用监督、威慑和惩戒力度。完善科研诚信规范。激发社会组织活力，加强自我约束、自我管理，发挥好参与社会事务、维护公共利益、救助困难群众、帮教特殊人群、预防违法犯罪的作用。深化政风行风建设，切实纠正行业不正之风。完善市民公约、乡规民约、学生守则、行业规章、团体章程等社会规范，发挥党和国家功勋荣誉表彰制度的引领作用、礼仪制度的教化作用，使社会治理的过程成为培育和践行社会主义核心价值观的过程。

(四)司法中要体现核心价值观的要求

以德治国作为治国理政的重要方式，必然会对人们的具体行为起到规范作用。既然是行为规范，在引导人们行为时就难免会出现争议和纠纷，所以，作为维护社会公正的最后制度防线，司法机关就起到非常重要的作用。司法是维护社会公平正义的最后一道防线，司法公正对社会公正具有重要引领作用。要在司法环节保证社会主义核心价值观能够有效地发挥作用，要把先进的道德理念和价值要求作为判断人们行为对错是非的标准和参考依据，才能使得以德治国真正起到实际作用。故要全面深化司法体制改革，加快建立健全公正高效权威的社会主义司法制度，确保审判机关、检察机关依法独立公正行使审判权、检察权，提供优质高效的司法服务和保障，努力让人民群众在每一个司法案件中都感受到公平正义，推动社会主义核心价值观落地生根。审判机关、检察机关在司法审判过程中并不当然地占据道德的制高点，必须要充分领会社会主义核心价值观的精神实质和内涵，要努力实现司法审判结果法律效应、政治效应和社会效应的三者有机统一。完善司法政策，加强司法解释，强化案例指导。遵循法律精神和原则，实行适应社会主义核心价值观要求的司法政策，增强适用法律法规的及时性、针对性、有效性，为惩治违背社会主义核心价值观、严重失德败德行为，提供具体、明确的司法政策支持。准确把握法律精神和法律原则，适应社会主义核心价值观建设的实践要求，发挥司法解释功能，正确解释法律。完善案例指导制度，及时选择对司法办案有普遍指导意义，对培育和弘扬社会主义核心价值观有示范作用的案例，作为指导性案例发布，通过个案解释法律和统一法律适用标准。要将社会主义核心价值观的各项要求落实到每一份具体判决中，把社会主义核心价值观的精髓渗透到司法的每一个细节中。

(五)把法治教育与道德教育结合起来

以德治国作为治国理政的重要方式之一，相对于依法治国来说，关键还是要实现德育，也就是要充分发挥道德教化人心的作用。要不断增强法治的道德底蕴。把道德教育与法治教育结合起来，坚持法治教育与道德教育并重，深化社会主义核心价值观学习教育实践，深入开展社会公德、职业道德、家庭美德、个人品德教育，大力弘扬爱国主义、集体主义、社会主义思想，以道德滋养法治精神。强化规则意识，倡导契约精神，弘扬公序良俗，引导人们自觉履行法定义务、社会责任、家庭责任，努力形成中华儿女互有责任的良好风尚。广泛开展时代楷模、道德模范、最美人物和身边好人学习宣传活动，积极倡导助人为乐、见义勇为、诚实守信、敬业奉献、孝老爱亲等美德善行。大力弘扬中华优秀传统文化，深入挖掘和阐发中华民族讲仁爱、重民本、守诚信、崇正义、尚和合、求大同的时代价值，汲取中华法律文化精华，使之成为涵养社会主义法治文化的重要源泉。

(六)以德治国重点是要抓领导干部这个少数

党的十八届六中全会提出，建设廉洁政治，坚决反对腐败，是加强和规范党内政治生活的重要任务。必须筑牢拒腐防变的思想防线和制度防线，着力构建不敢腐、不能腐、不想腐的体制机制。领导干部特别是高级干部必须带头践行社会主义核心价值观，讲修养、讲道德、讲诚信、讲廉耻。各级领导干部是人民公仆，没有搞特殊化的权利，要带头执行廉洁自律准则，要带头遵守社会主义核心价值观的要求，要自觉同特权思想和特权现象做斗争，注重家庭、家教、家风，教育管理好亲属和身边工作人员。以德治党首先表现在管党治党领域，也就是说，以德治国首先要实行以德治党。要禁止党员领导干部利用职权或影响力为家属亲友谋求特殊照顾，禁止领导干部家属亲友插手领导干部职权范围内的工作、插手人事安排。要坚持有腐必反、有贪必肃，坚持无禁区、全覆盖、零容忍，党内决不允许有腐败分子藏身之地。

法律是最低限度的道德，是公共道德，是大家都能接受的，依法治国和以德治国两者缺一不可。依法治国和以德治国相统一实际上是指治国理政要考虑到方方面面的不同问题，是一种综合治国的方式。国家和社会治理需要法律和道德共同发挥作用，不断开拓中国特色社会主义事业更加广阔的发展前景，就必须一手抓法治、一手抓德治，既重视发挥法律的规范作用，又重视发挥道德的教化作用，实现法治和德治相得益彰。把社会主义核心价值观有机融入法治建设，就是要充分发挥以德治国中的德通过转化成依法治国中的法来发挥自身的治的功能，从而使得以德治国与依法治国在治国理政中既能各自发挥独特的规范和价值功能，用以德治国来引导依法治国健康发展，防止就法治论法治，同时又能够有机地将两者结合起来发挥治理合力，共同推进国家治理和社会治理的现代化。

本文发表于2017年第5期

法治政府建设的理念与品格[*]

——学习法治政府建设实施纲要

莫于川[**]

中共中央、国务院于2015年12月下旬印发《法治政府建设实施纲要(2015—2020年)》(以下简称为《纲要》),针对当前法治政府建设的实际情况,要求秉持创新、协调、绿色、开放、共享的发展理念来加快建设法治政府的步伐。《纲要》的颁布是推进依法治国方略、建设社会主义法治国家的重大举措,对我国民主法治建设具有特殊意义,本文重点选择创新与共享理念、民主与透明品格的话题进行探讨。

一、法治政府建设与中国特色社会主义法治体系建设

全面推进依法治国的总目标是建设中国特色社会主义法治体系和社会主义法治国家。所谓中国特色社会主义法治体系,是指在中国特色社会主义法治理论的指引下形成特殊的“4+1体系”,做到“两个坚持”,实现新的“16字方针”,促进国家治理体系和治理能力现代化。① 在深入转型发展时期的我国,建设中国特色社会主义法治体系必须要坚持五项重要原则,如此方能更自觉地坚持依法治国,更扎实地推进依法治国,向

---

* 本文系国家社科基金重点项目“行政民主进程中的法治政府建设理论与制度创新研究”(项目编号:14AZD141)的阶段性成果。

** 莫于川,中国人民大学法学院教授。

① 这里所谓“4+1体系”是指:法律规范体系、法治实施体系、法治监督体系、法治保障体系,以及党内法规体系;“两个坚持”是指:坚持依法治国、依法执政、依法行政共同推进,坚持法治国家、法治政府、法治社会一体建设;所谓新的“16字方针”是指:科学立法、严格执法、公正司法、全民守法,它是曾实施30多年的“有法可依、有法必依、执法必严、违法必究”的法制建设“16字方针”的2.0版。

着建设法治中国不断前进。[①] 因此，党的十八大把到2020年基本建成法治政府确立为全面建成小康社会的重要目标，十八届三中、四中全会把建设法治政府作为推进依法治国方略的重大任务之一，作为建设中国特色社会主义法治体系的组成部分。

回溯历史脉络，党的十一届三中全会以来，我国社会主义民主与法制建设取得显著成绩。党的十五大确立了实行依法治国、建设法治国家的基本方略，1999年九届全国人大二次会议将此方略载入现行宪法，而依法行政方针则是依法治国战略的重要内容。改革开放30多年来，我国在推进依法行政、建设法治政府方面取得许多进展，为推进依法治国、建设法治国家创建了更好的基础。但是，依法行政的现状还不适应经济社会发展的要求，一个重要原因是人们对何谓法治政府及其衡量标准存在误区，使得推进法治政府建设工程路向不明、规划缺乏、手段不足。为统一认识、推动工作，国务院1999年颁布了《国务院关于全面推进依法行政的决定》，2004年颁布了《全面推进依法行政实施纲要》，2008年颁布了《国务院关于加强市县政府依法行政的决定》，2010年颁布了《国务院关于加强法治政府建设的意见》，这些举措有力推进了依法行政和法治政府建设。十八届三中全会做出了全面深化改革若干重大问题的决定，其中对建设法治政府也提出了基本构想。十八届四中全会决定在落实此基本构想方面，进一步提出深入推进依法行政、加快建设法治政府的目标，将其概括为建设职权法定政府、决策民主政府、法制统一政府、透明廉洁政府、责任明确政府、公正诚信政府。

法治政府建设是宏大的社会系统工程，仅有战略方针和总体目标还不够，应有更系统、更细致、定路线、定标准、有资源、多手段、分步骤的战略实施方案，才利于加快法治政府建设进程。为此，《纲要》要求各地区、各部门结合实际认真贯彻执行。可见，法治政府建设是中国特色社会主义法治体系建设的重要任务，《纲要》的颁布意义重大而深远，任务光荣而艰巨，必须要全力推进。

按照《纲要》的要求，法治政府建设的总体目标是经过努力到2020年

---

① 这里所谓五项重要原则是指：坚持中国共产党的领导，坚持人民主体地位，坚持法律面前人人平等，坚持依法治国和以德治国相结合，坚持从中国实际出发。这是党的十八届四中全会决定提出的要求。

基本建成职能科学、权责法定、执法严明、公开公正、廉洁高效、守法诚信的法治政府，并将法治政府建设与创新政府、廉洁政府、服务型政府建设相结合。这里首次提出的“四个政府建设相结合推进”，是新的法制建设方略和法律政策学的亮点。为实现将法治政府建设与创新政府、廉洁政府、服务型政府建设相结合，必须坚持前述五项重要原则，通过依宪施政、依法行政、简政放权，把政府工作全面纳入法治轨道。

在我国的法治一体建设工程中，法治政府建设是关键环节，加快建设法治政府是当下全面推行依法治国战略方针的“投入产出较高”且“政治风险可控”的重要举措，也是最大量、最困难、最突出的工作环节。法治政府建设是目标和手段的统一体，也是一项宏大的社会系统工程，其建设任务完成如何、工作质量有无保障，主要的衡量标准或曰工作目标有七项：政府职能依法全面履行、依法行政制度体系完备、行政决策科学民主合法、宪法法律严格公正实施、行政权力规范透明运行、人民权益切实有效保障、依法行政能力普遍提高。与这七项衡量标准或工作目标相配合的建设措施很多，须认真贯彻，方能见到实效。

二、树立中国特色的行政法治发展理念：创新与共享

我国的行政法治发展，与我国的经济、政治、文化、社会发展对于行政管理和行政法制的要求相比，还存在明显的差距，包括在有关的思想认识、体制机制、具体制度、方法手段等方面都有所不适应。突出问题有二：第一，法制建设滞后。在社会深度转型发展时期，行政机关行使行政权力的全过程更需要受到监督制约特别是受到异体监督，这已成为法治国家的一般要求和普遍做法。但当下我国的行政法律制度运行过程中，还较多地存在法律制度尚不完善，越权或滥用行政权力却不受监督，所谓内部行政管理行为不受法律调整等现象，且难以受到及时的评判纠正，特别是司法评判纠正。第二，存在认识误区。在社会深度转型发展时期，各级各类行政机关必须在宪法和法律规定的权限范围内和特别授权范围内行使行政权力，行政过程和信息必须公开，公众拥有知情权并有权参与行政管理，这些是各国行政法治实践中的共识，但我国一些地方行政公务人员在认识上，对此还存在一些误区。例如，按照《宪

法》《立法法》《地方组织法》的赋权规定，一般地方的国家机关应当行使哪些权力及其界限应当是清楚的，但至今仍有许多人似乎不太清楚，在行政管理实务中时常发生偏差。处于转型发展期的法治政府建设工程，必须认真解决法制建设滞后、存在认识误区的问题，通过确立正确的行政法律观念和完备的行政法律制度，依法有效地规范行政管理行为，方能深入推进依法行政，加快建设法治政府。

具有不同的法制观念，对于客观事物会有不同的认识，会有不同的法制实践效果。在推动行政法制改革创新的新形势下、新进程中，应当根据变迁了的法律价值观，树立与之相适应的行政法治观念，否则难免在行动上发生重大偏差，这是摆在行政公务人员及其他社会人士面前的重大课题。与建设法治政府密切相关的观念主要包括政府权力有边界的观念、行政民主和共同治理的观念、服务民众和公共服务的观念、政府诚信和官民互信的观念。

当前，推进中国特色社会主义法治体系建设和法治政府建设，必须要按照《纲要》的要求，牢固树立创新、协调、绿色、开放、共享的发展理念，确保政府与市场、政府与社会的关系基本理顺，政府职能切实转变，宏观调控、市场监管、社会管理、公共服务、环境保护等职责依法全面履行。其中，在法治政府建设领域，要注重提高行政公务人员的法治思维和依法行政能力，促使其牢固树立宪法法律至上、法律面前人人平等、权力由法律确定、依法行使权力等行政法治理念，恪守合法行政、合理行政、程序正当、高效便民、诚实守信、权责统一等依法行政基本要求，做尊法、学法、守法、用法的模范，显著提升法治思维水平和依法行政能力，在法治轨道上全面推进政府各项工作。当下特别需要予以关注研究和积极发挥指导作用的，是必须牢固树立创新与共享的行政法治发展理念。

（一）关于行政法治发展的创新理念

创新是发展的持续动力源。只有通过观念更新并引导制度创新才能为建设社会主义市场经济、民主政治、先进文化、和谐社会、生态文明及促进人的全面发展提供有力的观念支撑和制度保障，这在行政法律制度各要素、各环节均可体现。

一是完善政府立法体系方面，须围绕党和国家中心工作，加快推进完善社会主义市场经济体制、发展社会主义民主政治、建设社会主义先进文化、创新社会治理、保障公民权利和改善民生、维护国家安全、保护生态环境和加强政府自身建设等领域的政府立法；要坚持在法治下推进改革、在改革中完善法治，实现立法和改革决策相统一、相衔接，做到立法主动适应改革和经济政治文化社会发展的需要，对于已被实践证明有效可行的改革经验和改革举措要及时上升为法律规范。

二是在创新行政执法方式方面，要推行行政执法公示制度，加强行政执法信息化建设和信息共享，有条件的地方和部门要建立统一的行政执法信息平台，完善网上执法办案及信息查询系统；还要推广运用说服教育、劝导示范、行政指导、行政奖励等非强制性执法手段；同时要健全守法信用记录，完善守法诚信褒奖机制和违法失信行为惩戒机制。

三是在完善行政司法制度方面，要健全行政调解制度，进一步明确行政调解范围，完善行政调解机制，规范行政调解程序，及时有效地化解有关的民事纠纷和行政争议；要健全行政裁决制度，强化行政机关依法主动解决同行政管理活动密切相关的民事纠纷的调整功能；还要完善仲裁制度，提高仲裁公信力，充分发挥仲裁解决经济纠纷、化解社会矛盾、促进社会和谐的作用。

(二)关于行政法治发展的共享理念

公共管理权力能否分享，社会管理责任能否分担，公共治理风险能否共承，经济政治改革成果能否共享，这是衡量一项改革方向是否正确、是否成功的判断标准。具体而言，至少在如下三个方面需要通过创新体现出共享理念。

一是运用法治思维和法治方式推动管理模式发展，按照人人参与、人人尽力、人人享有的要求，加强和创新社会治理，推进社会治理精细化，从过去那种单纯的行政管理模式走向社会共治模式，构建全民共建共享的社会治理格局。

二是建立健全权责统一、权威高效的行政执法体制，使得法律法规规章得到严格实施，各类违法行为得到及时依法查处，公民、法人和其他组织的合法权益得到切实保障，经济社会秩序得到有效维护，行政违法或不当行为明显减少，对行政执法的社会满意度显著提高。

三是切实维护公民、法人和其他组织的合法权益，全面形成公正、高效、便捷、成本适当的多元化矛盾纠纷解决机制，充分发挥行政机关在预防、解决行政争议和民事纠纷中的特殊作用，提升通过法定渠道解决矛盾纠纷的比率，通过倒逼机制来提升改革发展成果得以全民共享的基本权利保障水平。

三、塑造民主与透明品格是法治政府建设的艰巨任务

改革开放30多年来，我国行政法制发展取得长足的进步，发生多方面的重大变化：第一，法治观念逐步强化。在反思传统人治观念的基础上，逐步确立起我国行政法制以人为本、依法治国的核心法治观念，并将其确立为基本治国方略，上升为宪法原则。第二，行政法的权力结构从重权力、轻权利，向权力和权利并重转变。《行政诉讼法》的颁布和修正，使权力结构的重心开始发生转移，《行政处罚法》《行政许可法》《行政强制法》《行政复议法》《国家赔偿法》等重要行政法律的出台促进了这一调整，开始形成权力和权利良性互动的局面。第三，政府职能从全能政府、管制型政府向有限政府、服务型政府转变。随着对于政府与市场、与社会、与中介组织关系认识的不断深化，政府开始逐步转变职能，将部分职能让渡于社会，发生了行政事务民营化的转变(以PPP机制为代表)，同时也增加了新职能，如鼓励、支持非公有制经济发展的职能。第四，行政法律机制从单纯的控权机制，转变为控权与激励兼顾机制。第五，行政管理行为方式从纯粹的命令—服从模式发展成为强制与非强制手段并重、优先采取非强制手段的多样化局面。第六，在程序与实体的关系上，从重实体、轻程序，发展到实体和程序并重，进而发展到条理与实体、程序并重。这些变化是广泛和深刻的，对行政法制建设也即现在提出的法治政府建设具有革命性影响。

上述发展从总体上反映了我国行政法律文化革新、行政法制转型发展的成果和方向，体现了行政法律制度追求民主化、科学化和法治化，实现民主精神、科学精神和法治精神的趋势，也提出了在社会深度转型期进一步创新发展的任务，笔者将其概括为如何塑造民主与透明品格的法治政府。这对于积极实施依法治国方略，促进实现法治政府建设目标，从而推动经济、政治、文化和社会的稳健发展，使行政法治获得更快更

健康的发展，具有重大的理论和实践意义。

(一)如何塑造民主品格的法治政府

增强民主性、走向民主化、塑造民主品格，这是法治政府建设工程的核心；民主性、民主化、民主品格弱化了、缺少了，法治政府建设就失去了灵魂。对于我国法治政府建设工程而言，推动行政法文化革新的主要内涵就是上述互动进程及其成果，其基本要求至少体现为如下四个方面。

一是夯实公众参与管理的宪法规范及其政治实践基础。行政主体和行政权力的多元化、多样化、社会化发展；行政相对人更广泛和主动地参与行政过程；在公民的财产权利和人身权利受到保障的前提下，其政治权利、文化权利、社会权利等其他基本权利受到更多关注；更加注重政务公开、行政参与，非强制性行政方式、依法行使监督权利等各项行政民主制度逐步扩大与有效实施。在这一过程中，各项社会行为和法律关系的宪法基础，可以追溯到我国宪法第二条第三款的明确规定："人民依照法律规定，通过各种途径和形式，管理国家事务，管理经济和文化事业，管理社会事务。"一般法理将其概括为公民依法管理两事务、两事业的基本权利。这些权利是宪法和法律体系内在自洽的，并不是外在强加的。

二是提高政府立法公众参与程度，即拓展社会各方有序参与政府立法的途径和方式。要健全政府立法起草工作听取人大代表、政协委员、民主党派人士、无党派人士、社会组织人士意见的机制，提升民主协商立法作用；建立有关国家机关、社会团体、专家学者对政府立法涉及重大利益调整的论证咨询机制，拟设定的制度涉及群众切身利益或各方面存在较大意见分歧的，要采取座谈会、论证会、听证会、问卷调查等形式广泛听取意见；除依法需要保密的外，法律法规规章草案要通过网络、报纸等媒体向社会公开征求意见。

三是增强公众参与行政决策实效。在通过立法建制明确政府机关更多的职能、职权、职责，特别是更多的行政指导、行政协商和公共服务的职能之外，还要赋予行政相对人参与行政决策过程的更多选择机会；事关经济社会发展全局和涉及群众切身利益的重大行政决策事项，应当广泛听取意见，与利害关系人进行充分沟通，并注重听取有关人大代表、政协委员、人民团体、基层组织、社会组织的意见；各级行政机关要加强公众参与平台建设，对社会关注度高的决策事项应公开信息、解释说明，及时反馈意见采纳情况和理由；要推行文化教育、医疗卫生、资源开发、环境保护、公用事业等重大民生决策事项民意调查制度。①

四是丰富更高民主程度的地方制度。新中国建立以来，地方制度不断丰富，逐步形成了一般地方、民族自治地方、特别行政区、更特殊的台湾地区等多样化的地方制度，以及一国、两法系、多法域的法制运行格局，也赋予地方不断增多的自主权，包括地方人大立法权、地方政府立法权、分税制下的地方财政权等。此类回应型立法和授权规定日益增多，总的说来是赋予地方更多的自主权力，充分调动地方的主动性、积极性，更多体现行政法律制度的民主性。当然，在此过程中也必须明确地方政府权力边界，防止越权行政、违法行政，保证依法行政、法制统一。②

（二）如何塑造透明品格的法治政府

现代行政强调公开，经由增加透明度来推动行政民主化转型。自20世纪80年代以来，重塑政府和公共治理为特征的行政管理模式变革逐渐在世界范围形成一种大趋势，随着民主潮流推动和福利国家性质增强，追求行政公开、透明政府也逐渐成为一种行政法治发展的世界潮流和行政制度重构选择。

现代行政法治崇尚透明行政，而行政权力的本性是喜爱神秘、扩张和率性，厌恶公开、监督和约束，这里存在着巨大矛盾，因此，要顺利实现行政管理和行政法制模式的转型发展，就需要树立新的理念，以此引导专门立法来规范和保障行政公开，这是防治行政权力腐败的重要举措，促使行政机关和其他公共性组织更好地提供公共管理和服务。

---

① 已于2000年7月1日起施行的《立法法》、2002年1月1日起施行的关于行政立法的三个行政法规、2006年3月18日起施行的部门规章《环境影响评价公众参与暂行办法》、2008年10月1日起施行的地方政府规章《湖南省行政程序规定》等法律文件，规定了更加广泛、规范的公众参与制度和公开程序制度，这与各法治国家的做法更接轨，也为后续多个行政纲要文件出台打下了基础。

② 近年来，按照中央人民政府的统一部署，从河北邯郸、江苏徐州等地方开始，在全国范围展开的清理地方政府机关的行政权力并公布权力清单和负面清单的做法，就是这方面做出的积极探索且已经开始有成效。

行政公开透明是指行政管理行为和过程以及相关要素（法定情形除外）向行政相对人及社会公开，以利于实现知情权、参与权、表达权和监督权及其他权利。行政公开透明包含丰富的内容，如政府的法律文件和政策文件公开、行政决定公开、行政职位的开放性、特定职务的公务人员财产公开、政府公开采购制度、基层政务公开制度等。具体而言，需要从如下三个方面完善行政管理和服务诸方面的公开制度。

一是行政决策过程信息公开。行政决策制度科学、程序正当、过程公开、责任明确，决策程序严格落实，决策效率切实保证，可使得违法决策、不当决策、拖延决策明显减少并得到及时纠正，行政决策公信力和执行力大幅提升。

二是强化规范性文件的监督。要逐步完善规范性文件制定程序，落实合法性审查、集体讨论决定等制度，实行制定机关对规范性文件统一登记、统一编号、统一印发制度；规范性文件不得设定行政许可、行政处罚和行政强制等法定事项，不得减损行政相对人的合法权益或增加其义务；涉及行政相对人权利义务的规范性文件应当按照法定要求和程序予以公布，未经公布的不得作为行政管理依据；要把规范性文件纳入备案审查范围，健全社会公众对规范性文件的建议审查制度，加大备案审查力度。

三是拓展政府信息公开范围。政府信息公开是增加行政透明度、建设阳光政府、全面和深入地推进依法行政的基本要求，当今许多国家的政府信息公开及相关立法实践呈现出普遍推行、普遍立法、公众参与、非政府组织推动、适用公益考量等特点，值得关注和借鉴。[①] 为此，要坚持以公开为常态、不公开为例外原则，进一步明确政府信息公开的范围和内容，重点推进财政预算、公共资源配置、重大建设项目批准和实施、社会公益事业建设等领域的政府信息公开，并逐步扩大到特定国家工作人员的财产公开；要完善政府新闻发言人、突发事件信息发布等制度，及时回应人民群众关切；还要创新政务公开方式，规范化建设互联网政务信息数据服务平台和便民服务平台，以提高政务公开信息化、集中化、

---

① 所谓适用公益考量原则，是指许多国家已经把政府信息公开主体的适用范围，从单一的政府机构扩大到一些非政府的公共机构、公共服务组织和政府资助机构，这已成普遍趋势，我国行政立法已考虑此点。

法治化水平。

四、法治政府建设工程要运用新的法治理论做指导

从当今世界许多国家的情形看，行政管理制度和行政法律制度的发展，与经济、政治和社会的发展一样，面临着转型发展的新形势、新要求。我国正处于深度转型期，行政管理制度和行政法律制度在理论上和实践中也发生着许多变化，这些变化常以争议案(事)例的形式呈现出来，令人常感困惑甚至不知所措，同时也为人们提供了深化认识、形成共识、统一行动的机会，而正确认识行政管理制度和行政法律制度的转型发展及其民主化趋势，有助于在实践中推动法治政府建设。观念引导行动，理论指导实践。现代法治理论指导下的法治政府建设可谓效率高、风险低、易操作。我国法治政府建设进程中已开始出现并深刻表现出增强民主性、走向民主化的发展趋势和严峻挑战，要运用新的法治理论加以指导，其中，法制精细化发展理论、条理法理论、共同治理理论、熵增现象或减熵措施理论，特别值得关注和研究运用。

(一)法治政府建设的精细化发展理论

2011年初宣布形成中国特色社会主义法律体系，表明我国经济建设、政治建设、文化建设、社会建设以及生态文明建设的诸方面正在纳入法治轨道、实现有法可依，得以从制度上、法律上解决带有根本性、全局性、稳定性和长期性的国家发展问题，这是我国民主法制史上的里程碑，具有重大的现实意义和深远的历史意义。但毋庸讳言，由于历史的原因，许多关乎法律规范体系的完整性、完善性的重要法律仍然阙如；同时，在现行法律、法规中还存在一些立法品格、精神和质量方面的问题，法制的正当性、良善性、精细化亟须通过修法提升，因而提出了立新法与修旧法并举的方针，提出了法制建设的良善化、精细化发展这一时代新任务。① 正是在此背景下，从价值论、功能论和方法论的角度促进行政法

---

① 在2011年1月24日于北京召开的“形成中国特色社会主义法律体系座谈会”上，时任全国人大常委会委员长吴邦国在专题讲话中指出：“改革开放初期，无法可依的问题相当突出，我们提出‘有比没有好’、‘快搞比慢搞好’，这是必要的，也是合理的。”这是对那一时期立法工作思路和概况的官方评价。

制良善化、精细化发展的法治评价指标体系也即法治建设标准问题也被提上议事日程，正在成为各方面关注的重大现实课题，成为行政法制实践中的热点、难点和重点。

(二)法治政府建设的条理规范理论

所谓条理规范也即条理法，是指立法目的、立法精神、法律价值、法律原则以及特殊条件下的社会公德、当地习惯等成文或不成文的广义法规范，它以立法精神、法律价值和法律原则为基本内核。特别是行政法的基本原则，它是行政条理法的核心内容的系统概括表现，是行政管理活动中必须遵循的共同准则。条理法是与实体法、程序法相呼应的法学概念。一般在法律文本中，总则第一条都开宗明义地规定了该法的立法精神、立法目的、立法依据等，而总则的前几条都是关于法律原则的成文规定，文本的其他章节条款中还会蕴涵着一些法律原则，而法律文本的全文会尽量体现出该法的立法精神和法律价值。例如，行政法中的公开、公平、公正原则，比例原则，最小损害原则，信赖利益保护原则等，都以不同形式广泛存在于近年来通过的各层次、各类型法律文本中，这些属于条理法的范畴。[①] 在某些特殊情况下，得到确认、达成共识的社会公德、当地习惯等也属于条理法的范畴，在社会生活中能起到实体和程序的作用。条理法理论与制度的建构和运用，也可谓是依法治国和以德治国相结合的作用机理和关键环节。

(三)法治政府建设的共同治理理论

参与行政、合作行政、共同治理是20世纪80年代开始出现的行政法治理念，而且成为一种世界潮流。由单纯的行政管理走向共同治理，由政府和民众共同治理，建设利益共同体、命运共同体，这应当成为社会成员的普遍共识。许多管理和服务不能再被单纯视为行政机关的职能、职权和职责，而应作为一定区域内所有成员的共同责任，这是行政民主化的表现和要求。例如，城市治理这项社会系统工程，需要多主体、多机制、多方式、多依据(包括条理法)的现代执法观念和制度，才能更有效地推动发展，实现法律效果和社会效果的统一，这是行政管理创新和

---

① 例如，我国的《政府信息公开条例》中，“政府信息以公开为原则、不公开为例外”的表述虽然没有明文规定在最终通过的条例文本中，但实际上它在行政立法过程中已体现在条例全部38个条文中，条例全文都蕴涵着“政府信息公开”的立法精神和法律原则。

社会管理创新的共同要求和契合点。近年来许多地方、部门都在进行这样的改革创新探索，多数革新举措取得积极效果。例如，江苏省南京市总结改革创新经验并通过地方立法程序，于 2013 年 3 月 1 日起施行地方性法规《城市治理条例》，在全国首次把城市管理的提法扩展提升为城市治理的提法，力图通过多种体制、机制和方法创新来实现政民合作、共同治理，其探索实践已经取得实效。此类地方改革探索，符合运用法治思维和法治方式解决改革和发展难题，民主化地完善治理体系、提升治理能力的法治中国建设要求。可以说，多年来城市治理的探索创新实践经验和客观要求，也正是 2015 年底中共中央、国务院印发纲要性文件《关于深入推进城市执法体制改革改进城市管理工作的指导意见》的一个背景原因和重要考量。

(四)法治政府建设的减熵措施理论

减熵措施理论，类似于以往人们所说的常态减压理论。所谓“熵”，是指一个社会、一个系统、一个物体的混乱因素、混乱程度。混乱是避免不了的，混乱因素越多，混乱程度越高，它的熵值就越高，那就必须采取措施降低熵值，这叫减熵措施。一个社会、一个系统、一个物体，如果不经常性地采取措施解决混乱因素、降低混乱程度，进展到最后就会自燃、断裂、爆炸、毁灭，所以一定要采取公开、互动、散热、降压的方法。例如，我国本来也有很好的减熵法律制度，也就是大家熟知的信访制度，但它后来没能依循实现原定的制度设计目标。而像邻国日本，它也有类似的减熵法律制度，叫作行政商谈专员制度，也叫作行政苦情处理制度。它主要通过志愿者性质的商谈员、商谈机制，及时灵活地化解轻微行政违法侵权行为带来的行政争议或政民矛盾，使得行政管理和社会生活中产生的一些熵能及时化解、减低，达到保持社会共同体和谐运行的目的，这个减熵机制非常重要，而且行政指导、行政道歉等柔性管理方式在其中发挥了积极作用。例如，经常、及时地采用调停性的行政指导行为、规制性的行政指导行为、助成性的行政指导行为，就能大大地降低行政管理过程中的熵值。柔性管理方式在很大程度上比刚性管理行为的作用更大，因为在很多情况下，依法并不能采用刚性管理行为，或者采用刚性管理行为的效果不佳。所以，需要通过行政管理和行政法制的持续创新，如行政指导等柔性管理方式、行政调解等行政司法行为的积极运用，对刚性管理行为的民主化革新改进，最终达到及时灵活地化解轻微行政违法侵权行为带来的行政争议或政民矛盾的效果，尽量避免采用一罚了之、一关了之、一禁了之的懒政思维和行为方式。

展 望

开始进入精细化发展阶段的我国行政法制建设正在经历民主化、科学化、法治化的艰难进程，这是行政法制的民主精神、科学精神、法治精神日益增强、紧密联系、相互影响的交叉复合进程，其与经济、政治、文化和生活各方面及其他法制领域有着强烈深刻持久的交互影响。不断增强行政法制的民主性、科学性和规范性，特别是行政法制的民主化趋势及其制度创新，逐步构建起民主品格的行政法律制度，这是基本的发展脉络。应当秉持现代民主法治的眼光，根据行政法治发展的要求，通过深化改革积极推进观念更新和制度创新，推动行政法制在社会深度转型期获得更大的革新发展，促进行政法治目标的完整实现，促进经济、政治、文化和社会生活的健康和谐发展，以助于实行法治政府建设与创新政府、廉洁政府、服务型政府建设相结合。这将透过四个方面呈现出来：第一，法治政府建设基础理论与环境的民主化发展；第二，法治政府建设主体理论与制度的民主化发展；第三，法治政府建设行为理论与制度的民主化发展；第四，法治政府建设救济理论与制度的民主化发展。

本文发表于 2016 年第 1 期

以法治文化引领法治建设

王寿林　胡新艳*

法治必然要求一定的法治文化与之相适应。法治文化是法治之源，有什么样的法治文化，就会有什么样的法治状态。党的十八届四中全会从建设法治国家的战略高度明确提出：弘扬社会主义法治精神，建设社会主义法治文化。这个重要论断一经提出，就在社会上引起了深刻反响。

一、法治文化建设的科学内涵

法治文化是在法治研究和文化研究多重语境基础上产生的特定文化概念。广义的文化是人类在实践中创造的物质成果和精神成果的总和。狭义的文化是人类在实践中创造的精神成果的总和，通常表现为一种稳定的思想意识、价值观念、心理取向、生活习俗和行为方式。文化的形成和作用可以概括为人化和化人两个方面。人认识和改造自然的活动和成果，就是人化。人认识自我价值，并以这种价值理念约束和控制自己的天性，涵育和提升自己的境界，就是化人。人化是从物质领域认知和改造自然，化人是从精神领域认知和改造人本身。法治文化作为一种与人治文化相对立的文化形态，是指人们在法治实践中形成的，体现着法治精神和理念、原则和制度、思维方式和行为方式的一种进步文化形态。法治文化的本质是人们从内心对法治的认同、崇尚、信守和遵从。

社会主义法治文化是党领导人民传承中国传统文化精华，借鉴人类法治文明成果，在当代中国法治实践中形成的，体现着法治精神和理念、

* 王寿林，空军指挥学院教授；胡新艳，空军指挥学院讲师。

原则和制度、思维方式和行为方式的一种进步文化形态。[①] 具体说来，社会主义法治文化是体现社会主义先进文化内在要求的法治意识、法治精神、法治理念、法治信仰等的精神文明成果。社会主义法治文化建设过程，实际上就是在形成完善的法律体系、文明的法律机构、素质优良的法律专业队伍基础上以文化人的过程，即通过教育、引导、熏陶和启迪，使法治意识、法治精神、法治理念、法治信仰内化于心、固化于制、外化于行的过程。

作为法治文化的核心、精髓与灵魂，法治意识、法治精神、法治理念、法治信仰在实践中引导、统领、支配和决定着法治活动。其中，法治意识是人们在法治实践活动中逐步形成的相对稳定的规则意识、程序意识、责任意识和诚信意识的总称。法治精神是植根于人们内心的对法治国家和社会的向往，是人们对自由平等法治原则的坚守、对公平正义法治价值的追求、对良法善治法治理念的崇尚。法治理念是人们对法治的内在要求、精神实质、基本原则的理性认识和高度概括，是指导立法、执法、司法和守法实践的思想基础和价值取向。中国特色社会主义法治理念作为当代中国社会主义民主与法治实践经验的总结，其内容可以概括为党的领导、人民民主、依法治国、公平正义、制约公权、保障人权。法治信仰是人们对法律所蕴含的自由、秩序、公平、正义等精神价值从内心深处认同、信服、尊重和崇敬，从而形成对法律的信赖感和皈依感。作为法治的精神内核与内在动力，法治信仰不是人们对法律条文的信仰，而是人们对法治所蕴含的自由、秩序、公平、正义等精神价值的信仰。法治意识、法治精神、法治理念、法治信仰都是法治文化的应有之义，所不同的是，从法治意识到法治精神，从法治理念到法治信仰，是一个法治文化由浅入深的发展演进过程。法治意识表征着法治在人的内心认知，法治精神表征着法治在人的内心生发，法治理念表征着法治在人的内心确立，法治信仰表征着法治在人的内心扎根。

---

① 蒋传光：《论社会主义法治理念的文化基础》，载《山东社会科学》，2011年第3期。

二、法治文化建设的时代价值

改革开放以来，我国的法治建设取得举世瞩目的成就。法治在深刻改变中国社会的同时，也日益改变着中国人的观念，使全社会的法治意识明显增强。同时应当看到，法治建设整体发展还不够协调，法治文化建设相对滞后；执法司法不公正、不规范、不透明现象比较突出；部分社会成员尊法信法守法用法意识淡薄，缺乏对法律权威的价值认同。而改变这种状况的一个基本前提，就是充分认清法治文化建设的时代价值。

（一）法治文化建设是破解我国法治建设瓶颈性难题的关键环节

当代中国的法治建设是在拨乱反正和改革开放的历史条件下起步的，其文化条件准备不足的缺陷随着法治建设的发展已逐步显露出来。目前我国的法治建设在制度层面已经取得了显著成就，但由于根深蒂固的人治文化传统至今仍不同程度地影响着人们，致使许多法律法规没有得到有效贯彻而处于虚置状态。这不是因为我国现行法律缺乏固有的价值，而是因为整个国家法治文化发展水平与法治建设需要不相适应。这昭示我们，从传统法律到现代法律，不仅是法律制度的变迁，更是法律文化的转换和再造过程。在当代中国，这个问题就浓缩在建设社会主义法治文化这一时代课题上。法治文化具有软约束力，能够从思想深处规范和约束人们的行为；法治文化可以使人们在更深层次上把握法治的要求，根据法治精神推动立法、执法、司法、守法走向更高的水准；法治文化可以帮助人们提高判断力，当人们面对复杂多变的社会现实或立法空白时，借助法治理念就可以做出是非可否的判断。因此，建设与法治国家相适应的法治文化，是破解我国法治建设瓶颈性难题的关键环节，是加快建设法治国家的时代性选择。

（二）法治文化建设是实现传统法律文化现代化的必然要求

法治文化是法律文化发展到一定历史阶段的产物，是一个国家从人治社会走向法治社会的重要标志，集中体现和反映着法律文化的现代化。在没有经过现代法治文化启蒙的中国，相当一部分社会成员仍然囿于传统法律文化的束缚而未能确立与法治建设相适应的法治文化。据此，党的十八届四中全会明确提出：弘扬社会主义法治精神，建设社会主义法治文化，增强全社会厉行法治的积极性和主动性，形成守法光荣、违法可耻的社会氛围，使全体人民都成为社会主义法治的忠实崇尚者、自觉遵守者、坚定捍卫者。这一重要论述充分反映了我们党对法治主体建设的高度重视，这种重视聚焦在建设社会主义法治文化这一时代课题上，要构筑一个能够对全体人民主动适应法治建设需要的主体性产生积极影响的文化软环境。因为当今中国法治建设的起点，取决于党和政府的远见卓识，成败则更多地取决于普通民众的内心认同感，法治的实现及进程终究离不开亿万民众的承载与担当。只有加强法治文化建设，在全社会形成现代法治文化，才能实现以追求良法为目标的科学立法，以追求善治为目标的严格执法，以追求公平正义为目标的公正司法，以追求文明和谐为目标的全民守法，才能为法治国家建设提供持久的精神动力、深厚的文化底蕴、有力的舆论支持和良好的主体条件。

(三)法治文化建设是全面推进依法治国的内在动力

法治是法律和文化有机的统一，法治国家不只是一套严密的法律体系加一套完善的法治体系，而是与人们的思想观念、价值取向、社会心态和行为方式即法治文化紧密相连的。没有法治文化的引领，没有法治精神的弘扬，没有公民法治素养的提高，一个国家就不可能成为法治国家。因为法治的主体是人，人的行为又是由特定的思想文化支配的，如果仅仅有完善的法律，而遵守和执行法律的人却没有与之相适应的思想文化，那么再完善的法律也会在实际生活中扭曲和变形。法治文化在完善法律中起着先导作用。法律的完善取决于社会发展的客观需要，但社会需要并不能自然而然地形成法律。只有具备一定的法治文化，社会需要才能被人们所认知、提出和设定，才能转化为法律的创制意向和动机，并经由国家立法机关使之上升为国家强制力保证实施的行为规范。法治文化在适用法律中起着推动作用。法律的适用是通过执法人员的活动实现的，法治文化能够推动执法人员正确地将法律适用于具体的法律关系和法律行为之中，使法律的权威和尊严得到有效维护。法治文化在遵守法律中起着规范作用。法律虽然为人们规定了行为准则，使人们在决定自己的行为时能够有所遵循，然而在实际生活中，法律往往并不直接作用于人们的行为，直接作用于人们行为的是人们思想意识中形成的对法律尊重和依从的法治文化。这样，法治文化对人们的行为就有了规范作用。

三、我国法治文化建设的困境分析

在世界各国的法治化进程中，不同文化类型所呈现的个体意识和社会结构是不同法治模式的文化基础。中国传统农业文明以自给自足的自然经济为基础，在政治上实行高度集权的专制统治，与之相适应的乡土社会，有着严格的等级制度和繁多的乡规民约，不存在平等交往的个体意识和社会结构，由此形成的传统法律文化缺乏现代法治文化内涵。改革开放以来，社会主义市场经济体制得以确立，民主政治建设取得长足进步，社会主义法律体系基本形成，但由于经济社会转型需要一个过程以及社会意识变迁相对滞后，传统法律文化在人们头脑中仍然顽固地存在着，并成为国家法治建设进程的阻力。因此，在中国这样深受人治文化传统影响的国度，法治建设首先面临的就是法治文化困境。

(一)个人主体性的缺位严重阻碍了法治文化的形成

人的主体地位的提升是法治社会生成的重要基础。在我国几千年封建社会历史发展进程中，以君主制和官僚制相结合的社会政治结构孕育了皇权至上、国家本位、官贵民贱、重权轻法等人治思想观念，不可能形成追求民主、自由、公平、正义的主体意识和行为模式，使得以理性独立的个人为生成基础的法治文化难以产生和发展起来。

(二)传统的熟人社会思维方式和行为方式成为法治文化建设的严重心理障碍

法治社会的一个突出特征就是法律能够在社会生活层面成为人们恪守的规则与秩序。在传统的熟人社会里，人们交往只需凭人情、风俗、习惯、道德、伦理等调整人与人之间的关系，法律不仅不被接受甚至被排斥。受这种文化的影响，社会成员法律知识和法律意识普遍缺乏，人们发生纠纷大多不愿通过法律途径解决，找熟人通融说和是常见的处理方式。这种来自熟人社会的思维方式和行为方式，极大地影响了法律的运行，阻碍了法治精神的内化。

(三)法律的道德化倾向制约着法治文化的生成

中国传统社会基础上形成的传统法律文化，以国家权力为本位，以社会伦理为依据，以无讼为价值取向，以惩罚为功能选择，具有明显的法律道德化或道德法律化色彩，其实质是一种人治文化。法即是刑的观念、权大于法的观念、重调解轻诉讼的观念等已深深融入国民的思想中，直接影响着法律权威的确立。

(四)大规模的群众性政治运动助长了法律虚无主义

从新中国成立到改革开放前，一系列大规模的群众性政治运动很大程度上助长了人们的法律虚无主义观念。这一时期的群众运动不仅废弃了中华传统法律文化的优秀成果，而且对新中国成立后制定的法律也不予尊重，不仅宪法和法律遭到践踏，甚至连公检法机关也被彻底砸烂。这种无视法律、破坏法治的现象，使法律虚无主义成为一种渐行渐强并经年日久的社会思潮，最终使国家的法治进程被打断，社会主义事业也因此遭受重大挫折。

(五)高度集中的计划管理体制对于催生现代法治意识产生不利影响

新中国成立后，国家实行高度集中的计划管理体制，这在当时历史条件下有利于集中力量发展国民经济。然而，这种管理体制促使党政不分、政企不分，以至由党政机关包揽一切、支配一切，经济主体被束缚于国家计划之下，公民个人被束缚于社会组织之中，失去了应有的自主权，致使人们的主体意识、责任意识、效率意识、规则意识难以萌发，更不可能形成自由、平等、权利、义务等现代法治意识。由此可见，法治之于当代中国，不仅是一种制度变革和组织重构，更是一场文化观念的革新。

总之，在我国走向法治化的进程中，逐步完善的法律制度与相对滞后的法治文化建设之间存在明显的反差。法治文化建设滞后又构成了制约法律制度整体功能发挥的严重障碍。造成这种状况的一个重要原因，就是人治文化传统的消极影响。唯物主义的历史辩证法昭示我们，一个民族文化传统的形成和演变，是社会经济、政治、文化各方面因素在长期的历史进程中相互作用、相互影响的结果。实现人治文化传统转换过程，也是时代对社会文化的选择、提炼和再造过程，它有赖于对孕育人治文化的传统社会深层结构的改造；有赖于对与人治文化相联系的传统法律模式的变革；有赖于与现代文明相适应的经济、政治、文化的发展；有赖于对高度集权的经济和政治体制改革的深化。如果说人治文化传统的形成是一个自发的过程，[①] 那么对它的转换和再造则是一个自觉的过程，并且要与社会的经济结构以及由经济结构所制约的社会文化发展相适应，因而需要有更强的坚韧，更大的耐性。

四、加强法治文化建设的有效策略

法治文化的发展是一个渐进过程，不可能一蹴而就。法治文化的发展是一个自然历史过程和自觉能动过程的统一，需要把长期规划和近期安排有机结合起来，在发展市场经济、完善民主政治、培育公民社会的同时，按照党的十八届四中全会提出的弘扬社会主义法治精神、建设社会主义法治文化的要求，把法治教育纳入国民教育体系，把领导干部作为树立法治意识的关键，加强新媒体新技术在普法中的运用，完善守法诚信和违法失信奖惩机制，营造全社会学法尊法守法用法良好氛围。

(一)将法治教育纳入国民教育体系

党的十八届四中全会提出：深入开展法治宣传教育，把法治教育纳入国民教育体系。国民教育是指由国家政府举办，面向全体国民，以提高国民素质为目标的教育。现代国民教育体系以终身教育思想为导向，以普通教育和职业教育为基础，以初等、中等、高等教育为层次，以成长教育和继续教育为阶段，以提高全民族思想道德素质和科学文化素质，形成全民学习、终身学习的学习型社会为目标。把法治教育纳入国民教育体系，意味着法治教育成为一种全民性教育、全程性教育和全域性教育。法治教育成为每一个国民应享有的教育权利和应履行的教育义务，将贯穿于基础教育、高等教育、职业教育、成人教育等不同阶段、不同类型的教育之中，将全面涵盖各地区和各行业，整个社会不再存在由于教育体制的原因而造成的普法空白。把法治教育纳入国民教育体系，实质和目标就是把法治变为国民的一种认知方式和生活方式，有效发挥法治文化的引导功能、规范功能、教育功能和整合功能，使法治内化为国民素质，见诸国民行动。

---

① 龚廷泰：《理念、制度与法治实践——一个文化的分析视角》，载《北方法学》，2013年第2期。

(二)领导干部作为树立法治意识的关键

按照马克思主义观点，意识在任何时候都只能是被意识到了的存在。因此，影响和决定法治文化建设的不仅仅是法律制度本身，更重要的是现实生活中的法治实践。法治实践对法治文化的形成产生巨大的、现实的作用和影响。党的十八届四中全会指出：坚持把领导干部带头学法、模范守法作为树立法治意识的关键。党和国家各级领导干部是依法治国的领导者、组织者和实施者，其如何认识和处理权力与法律、指令与法令的关系，直接关系整个国家法治建设的发展进程。在“民以吏为师”的传统根深蒂固的情况下，依法治国的领导者、组织者和实施者为法所治，就是对全民最实际、最有效的法治教育。因此，领导干部必须牢固树立法律法规是实施管理的基本依据、依法办事是开展工作的基本方式、尊法守法是领导干部的基本素质、执法用法是领导干部的基本职责等观念，牢记法律红线不可逾越、法律底线不可触碰，严格按法律规范约束自己、教育管理部属、协调上下关系、处理内外矛盾，自觉做到恪守原则不动摇，实施法规不走样，履行程序不变通。唯其如此，才能带动全社会牢固树立法治意识。

(三)加强新媒体新技术在普法中的运用

新媒体是以互联网为载体的新媒介，包括微博、微信、微电影、微小说等，其外延伴随着媒体发展而不断变化。随着互联网的迅速发展，以微博、微信、客户端等为代表的网络应用逐渐从边缘走向主流。在新媒体时代，信息传播格局、社会舆论生态、公众参与方式都发生了很大改变，法治建设面临空前开放、高度透明、全时跟踪的舆论环境。面对时代的挑战，法治建设必须适时更新观念，积极主动作为，充分发挥新媒体新技术在普法中的作用，努力打造技术先进、传输快捷、覆盖广泛的法治文化载体平台。要按照新媒体的工作模式转变普法工作思路，由单向发布、被动回应向沟通互动、主动引导转变，着力打造一批在国内外有较强影响力的普法官方微博、普法官方微信、普法社交平台，形成以政府网站、新闻网站、普法网站为骨干，商业网站相配合，各类网站共同参与，广泛深入开展法治宣传教育的生动局面；要潜心研究和创作适合新媒体宣传的精品，采取视频、文字、漫画、公益广告等多种形式，通过普法微信、普法微博、普法网站等平台普法，开展庭审微博直播、庭审网络视频直播，以大众易于接受的方式进行信息传播。

（四）完善守法诚信和违法失信奖惩机制

法治文化建设与社会诚信建设紧密相连。要健全公民和组织守法信用记录，完善守法诚信褒奖机制和违法失信惩戒机制，使尊法守法成为全体人民的共同追求和自觉行动。所谓守信激励和失信惩戒机制，是指通过对信用主体诚信或失信行为的记录和发布，运用法律、行政、经济和道德等手段奖励诚信、惩戒失信，从而使诚信者受益、失信者付出相应代价的机制。健全社会信用信息系统，完善企业和个人信用记录，形成完整可查的信用档案，在此基础上构建信用奖惩机制，有利于培育公众守法意识，保护公民合法权益，在全社会形成守信光荣、失信可耻的良好氛围。有鉴于此，要健全信用法规制度，为构建守信激励和失信惩戒机制提供制度保障；要注重信用信息记录、发布和应用，为构建守信激励和失信惩戒机制提供信息资源；要加快信用信息平台建设，为构建守信激励和失信惩戒机制提供物质条件。由此使人们从听得懂的良法和看得见的公正中，获得对守法的内心遵从，从而为法治国家建设奠定坚实的思想文化基础。

（五）营造全社会学法尊法守法用法良好氛围

一是拓展教育阵地。围绕法治建设这条主线，把法治教育阵地向实践延伸、向岗位拓展，努力构建人人受教育、处处受熏陶的长效机制。充分挖掘和整合各种教育资源，依托信息网络，紧扣法治主题设置专栏，紧跟形势任务更新网页，紧贴社会实际扩充内容，适时开通法治文化作品鉴赏等栏目，积极开展格调高雅、时尚新颖的网上法治文化活动。二是建好法治景观。充分利用时空条件，创新法治色彩浓郁的社区文化，建立与环境相融合的法治文化园林、法治文化长廊、法治文化橱窗、法治主题雕塑等法治景观，使人们在日复一日的视觉冲击下打牢法治文化的深刻烙印。三是开展创建活动。坚持法治文化与机关文化、校园文化、企业文化、村镇文化、社区文化、军营文化有机结合，把法治文化与先进文化融为一体，打造更多凸显法治元素、彰显法治内涵的法治文化品牌和法治文化精品。通过人们喜闻乐见的文化形式，创建具有系统性、立体化、多层面、全覆盖的法治事件解读、法治新闻评选以及法律图书阅读、法律知识竞赛、法治文化论坛、法治征文比赛等系列法治文化活动，为人们提供法治文化的精神套餐，使人们在寓教于乐中受启迪，在潜移默化中受感染。

本文发表于 2015 年第 1 期

基于犯罪大数据的社会治安精准防控*

单　勇**

一、问题：犯罪治理如何适应大数据浪潮

“数据表示的是过去，关注、表达的却是未来。数据之中蕴藏着社会发展的规律。”①随着《促进大数据发展的行动纲要》的发布，大数据上升为国家核心战略，“数据治国”成为推进国家治理能力现代化的重要着力点。在治安防控领域，如何以数据文化推进犯罪治理，如何解读“以信息化为引领”方略，怎样借力“互联网＋”的增量效应和“大数据×”的乘数效应提升立体化社会治安防控的科学性，成为亟待深入探究的问题。

大数据浪潮孕育了尊重事实、推崇理性、强调精确的数据文化，数据文化推动了社会治理模式的转变，也催生了社会科学研究范式的转换，社会科学与计算科学、网络科学相结合，向着“计算社会科学”和“网络社会科学”转变。大数据分析挑战着传统的科学研究方法论。图灵奖得主詹姆斯·格雷认为大数据时代将形成数据密集型科学研究的“第四范式”。②

---

* 本文系2014年度国家社科基金青年项目“基于犯罪热点制图的城市防卫空间研究”(项目编号：14CFX016)的阶段性成果，并受同济大学中央高校基本科研业务费资助。

** 单勇，同济大学法学院副教授。

① 涂子沛：《大数据(3.0升级版)》，桂林：广西师范大学出版社，2015年，第1页。

② J. Gray，Tony Hey：The Fourth Paradigm：Data-Intensive Scientific Discovery，*E-Science and Information Management*，2012，1. 有学者指出，学术史上先后有四个范式。第一范式出现于文艺复兴以前，特征是崇尚经验主义，通过观察描述自然现象；第二范式出现于文艺复兴以后，关注理论，注重建造模型和“概括”；第三范式是计算科学，主要方法是通过计算机模拟复杂现象；第四范式的特征是数据探索，强调海量数据、数据挖掘和统计分析。参见 Hey T.，Tansley S.，Tolle K.：*The Fourth Paradigm：Data-Intensive Scientific Discovery*，Washington：Microsoft Research，2009.

在社会治理研究如沐大数据春风的同时，社会科学界出现了“大数据有限论”“数字利维坦”等颇值得关注的反思观点。

关于“大数据有限论”，有学者强调，“之所以出现‘大数据崇拜’，不是数据拥有者有什么高明之处，而是人类监测手段出现了爆炸式增长”①；“大数据不能质疑，更不能取代各种非量化的人文社会研究”②。有学者认为，“无论如何精巧的大数据分析工具的使用，都不能代替生产工具的人的理性思考。‘武器的批判’并不能取代‘批判的武器’”③。有学者指出，大数据重相关关系而轻因果关系，“在大数据库中，由于数据量庞大，通常很容易得出统计意义上显著的回归系数，但这并不意味着两个变量之间存在因果关系”④。“大数据检测到的网络联系是一种弱联系，不足以预测高风险的社会行为。”⑤

关于“数字利维坦”，有学者指出，“信息技术不仅孕育着走向数字民主的巨大机会，而且潜伏着滑向‘数字利维坦’的现实风险”⑥。“数字利维坦”的风险在于，国家依靠信息技术的全面装备，将公民置于彻底而富有成效的监控体系之下，而公民却难以有效地运用信息技术来维护其公民权利，即无法通过数字民主来制衡国家的监控体系。⑦

大数据浪潮与“大数据有限论”“数字利维坦”形成了观念上的冲突与对立，争议的焦点是在社会治理中如何正确理解及科学运用大数据。面对观念对冲、思潮起伏，犯罪治理如何适应大数据浪潮且不至于陷入盲目滥用、误读误解、动辄泛化的数据陷阱，成为在“创新立体化社会治安防控体系”中开展循数管理的关键。对此，我国应正视和重视“犯罪大数

① 潘绥铭：《批判“大数据崇拜”》，爱思想网，http://www.aisixiang.com/data/93017.html.

② 潘绥铭：《生活是如何被篡改为数据的？——大数据套用到研究人类的“原罪”》，载《新视野》，2016年第3期。

③ 梁玉成：《大数据不能替代理性思考》，载《社会科学报》，2015年2月12日。

④ Marcus G., Davis E.: Eight (No, Nine!) Problems with Big Data, *The New York Times*. 2014. April 7.

⑤ Gladwell M.: Small Change: Why the Revolution Will Not Be Tweeted, *The New Yorker*. 2010. October 4.

⑥ [美]阿尔弗雷德·D. 钱德勒、詹姆斯·W. 科塔达著，万岩等译：《信息改变了美国：驱动国家转型的力量》，上海：上海远东出版社，2011年，第2页。

⑦ 肖滨：《信息技术在国家治理中的双面性与非均衡性》，载《学术研究》，2009年第11期。

据"问题，针对上述争议观点，从把握大数据与小数据、理论与数据、相关与因果、工具理性与价值理性的关系出发解读犯罪大数据，据此研判数据驱动下的治安防控发展趋势，并思考犯罪治理模式的进化之路。

二、基点：正解犯罪大数据

IBM(国际商业机器公司)和IDC(国际数据公司)将大数据的特点归纳为"4V"，即海量性(Volume)、多样性(Variety)、快速性(Velocity)、真实性(Veracity，IBM的界定)或价值性(Value，IDC的界定)。在此基础上，有学者提出，数据有测量、计算、记录三种来源，大数据可理解为传统的小数据(源自测量)加上现代的大记录所产生的数据。"大数据是指人类有前所未有的能力来使用海量的数据，在其中发现新知识、创造新价值，从而为社会带来'大知识''大科技''大利润'和'大智能'等发展机遇。"[①]因此，大数据之大，不仅在于大容量，更在于大价值。

作为大数据在治安防控领域的分支，"犯罪大数据是指能全面反映犯罪相关人、事、物的数量特征、时空分布特征，以及变化过程的海量、多源、异构数据。犯罪大数据具有多源异构、高维度、长时序的特征"[②]。犯罪大数据同样具有"4V"特性，在思维、方法、类型、价值上与大数据一脉相承，但它是以犯罪及其防控为核心的数据，是犯罪及其防控信息的载体。经过数据整理与加工后，犯罪大数据能够呈现出具有规律性的犯罪防控知识。

犯罪大数据的大价值主要体现于犯罪防控的创新实践中。在国外，美国圣克鲁斯警局较早运用大数据分析历史案件，发现推测犯罪趋势和犯罪模式；美国马里兰州运用软件预测罪犯假释或缓刑期间的再犯可能性，这种预测成为了法庭假释审查的参考；南卡罗来纳州警察运用IBM的数据分析工具探察犯罪模式，发现犯罪热点，优化警力部署；洛杉矶警局与科研机构合作，基于过去80年的130万个犯罪记录开发出预测犯

---

① 涂子沛：《数据之巅：大数据革命，历史、现实与未来》，北京：中信出版社，2014年，第258-259页。

② 李代超、吴升：《面向不同主题的犯罪大数据可视化分析》，载《地球信息科学学报》，2014年第5期。

罪高发地点的软件；在国内，信息警务异军突起，犯罪大数据分析逐渐成为治安防控的重要支撑。山东省公安机关“警务云平台”建设取得重大进展，截至2016年已收集460类369亿条数据，存储总量达到10PB，每日处理数据达千亿条；2013年北京市公安局怀柔分局与天津工业大学合作，研发出“犯罪数据分析和趋势预测系统”，取得了良好的防控效果。

相对于犯罪大数据的丰富实践，我国犯罪大数据的理论研究甚为滞后，这在客观上制约了犯罪大数据在治安防控中的应用。为此，在全面体察上述实践的基础上，本文尝试从以下五个方面解读犯罪大数据：

（一）犯罪大数据不能简单等同于公安大数据

公安机关与海量的线索、情报、信息打交道，并拥有人、车、案件、证据、户籍管理、警力部署、警用地理信息等犯罪数据库，因此有学者直接提出“公安大数据”①范畴。虽然公安机关是打击和预防犯罪的重要力量，但犯罪治理的主体不应限于公安机关。从全局层面、系统角度来理解，法院掌握的已判决刑事案件数据、检察机关掌握的提起公诉刑事案件数据、国家安全机关掌握的国家安全数据、司法部门掌握的罪犯矫治数据、政法委掌握的维稳及综合治理数据、纪委掌握的反贪及廉政建设数据、政府其他机构掌握的城市公共安全数据、社会其他团体及公民个人（现代社会每个人都是互联网数据记录与传输的终端）掌握的与治安防控有关的数据均与公安大数据一样，属于犯罪大数据的范围。可见，“犯罪大数据”比“公安大数据”涵盖范围更广、视野更加开阔、内容更为丰富，“犯罪大数据”应成为研究大数据浪潮对犯罪防控影响的基石范畴。

（二）犯罪大数据包括犯罪小数据

从类型上看，犯罪小数据亦是犯罪大数据的有机组成部分，源自测量的小数据与现代大记录形成的数据共同组成了犯罪大数据。“大数据从类型上可分为结构化数据、半结构化数据和非结构化数据。”②结构化数据是防控机关内部系统中的信息，如Excel表格中案件情况的统计数据。从容量及数据来源上看，结构化数据属于典型的犯罪小数据。半结构化数据包括Word文档中的文字、网页中的新闻、电邮等；非结构化数据是基

---

① 张华平：《从Palantir看公安大数据应用》，搜狐网，http://mt.sohu.com/20160523/n450910580.shtml.

② 王岑：《大数据时代下的政府管理创新》，载《中共福建省委党校学报》，2014年第10期。

于物联网、手机等移动智能终端、车联网等的传感器所形成的视频、图片、地理位置、活动轨迹、网络日志等数据。

从数据可用性上看，大数据的价值主要体现在传统的小数据或结构化数据上。当前人类的数据约 75%是非结构化数据和半结构化数据，这也是大记录的表现形式。非结构化数据和半结构化数据要想体现出数据治理的价值，当前主要的处理方法还是把它们转化为严整结构的小数据。① 以往传统的区域犯罪风险评估、基于犯罪地图的热点探测、实验性防控项目跟踪等量化研究很多都属于小数据分析。“大数据无法取代以抽样调查和实验研究为代表的传统的‘小数据’研究，抽样调查的样本在特定情况下比某些‘大数据’更具有代表性。从长远来看，大数据不仅不会取代小数据，而且必须依靠小数据才能得到发展。”②因此，犯罪大数据并不排斥传统的小数据分析，犯罪小数据与大数据是一种共生相依的关系。

(三)“理论＋数据”结合下的数据相对论

犯罪大数据分析以对犯罪规律的精准把握为目标，但这种分析并不是单纯的客观性分析，仍离不开主观假设、理论思辨、经验和偏好、既有知识积累、价值评判的影响。有了犯罪大数据也不意味着就能为决策者、研究者提供一个绝对真实的“镜像世界”。大数据分析的推崇者以往每每列举洛杉矶警局运用大数据预测犯罪的例子，但 2015 年洛杉矶犯罪率却出现了 13 年以来各类犯罪的犯罪率齐升高的现象。这是否意味着犯罪大数据分析失灵或大数据泡沫破裂呢？

实际上，数据越多，分歧也可能越多，因为每一个不同的观点，都能找到相应的数据来支持。“要将千变万化的人类行为提炼归纳进一套相关性分析模型和数学公式里面，几乎是不可能的。这就是大数据不可能宣告理论终结的原因所在。”③数据是不能单靠自己“说话”的，还有赖于研究者的数据清理、分析、解释工作。“不对原始数据进行调整就等于故意

---

① 涂子沛：《数据之巅：大数据革命，历史、现实与未来》，北京：中信出版社，2014 年，第 270 页。

② 唐文方：《大数据与小数据：社会科学研究方法的探讨》，载《中山大学学报(社会科学版)》，2015 年第 6 期。

③ ［美］冯启思著，曲玉彬译：《对“伪大数据”说不：走出大数据分析与解读的误区》，北京：中国人民大学出版社，2015 年，第 136 页。

公布错误的信息。”[①]因此，犯罪大数据分析必须扎根在犯罪学基础理论之上，并接受理论的指导，任何分析都是一半数据、一半理论；理论驱动与数据驱动之间是一种“海上明月共潮生”的珠联璧合关系。

根据数据相对论的理解，数据永远在追赶事实。数据仅记录事实的一个侧面。数据再大都不是事实，但它逼近事实。事实确实只有一个，但有千万个棱面，任何一组数据，可能都只仅仅描绘了一个“面”。[②] 研究者用数据描述事物不同棱面的过程就是解释数据。可见，犯罪大数据分析是否科学有效不仅取决于犯罪数据的质量，更取决于研究者如何将犯罪学理论与犯罪数据有机结合，以既有理论、知识设计算法和程序，以量化分析探究犯罪规律、检验和修正犯罪学理论，从而改进犯罪治理模式。此外，有效的犯罪大数据分析能够提升犯罪防控决策和实施活动的科学性，但并不意味着能直接带来犯罪率的降低。毕竟，影响特定区域犯罪率的因素很多，即使犯罪大数据分析应用甚多，有时也无法对冲人口、城市化、经济、社会结构等深层次原因的影响。

(四)从相关到因果的犯罪规律探究

在大数据时代，“相关比因果更重要”的观点甚为流行，基于相关关系的预测分析成为大数据的基本应用。犯罪原因一直是传统犯罪学的核心议题。随着大数据分析的流行，相关关系能够取代因果关系、犯罪预测会架空犯罪原因研究吗？

一般来说，大数据思维强调归纳，注重分析事物之间的相关关系；传统犯罪学研究强调演绎思维，以解释因果关系为目标。“大数据分析可以阐述关联和概率，但归纳法具有无法确定因果关系的天然缺陷。科学的最终目的显然不只是陈述概率或可能性，而是解释因果关系和给出答案。”[③]在概率分析中，有时两个风马牛不相及的因素之间会存在显著的回归系数，这并不意味着变量之间有真实的因果关系。

---

① [美]冯启思著，曲玉彬译：《对“伪大数据”说不：走出大数据分析与解读的误区》，北京：中国人民大学出版社，2015年，第156页。

② 涂子沛：《大数据时代，一个新的相对论时代》，新华网，http://www.zj.xinhuanet.com/kfkt/2016－04/01/c_1118506954.htm.

③ 郑一卉：《范式与方法：对大数据环境中社会科学研究的反思》，载《新闻知识》，2016年第1期。

概率分析的上述局限也无法否定相关分析在犯罪原因研究中的独特价值。尽管相关并非完全等同因果，但“相关性观察是绝大多数犯罪原因研究的前期研究”①。犯罪原因的等级取决于同结果之间的联系概率。概率越大，原因等级便越高。“研究者运用基于概率论的数理统计方法可从众多因素中筛选出与犯罪存在较大概率的相关因素、排除无关因素，并精准把握特定变量影响犯罪发生的数量关系。”②在分析过程中，归纳和演绎思维往往难以分割，“‘数据驱动科学’必须把归纳和演绎结合起来。通过归纳性的大数据分析洞察情况，然后依据数据分析的结果提出假设，最后再用演绎法与数据分析相结合去验证假设”③。可见，相关关系不但没有取代因果关系，而且从相关性角度探究犯罪的因果关系构成了量化犯罪原因的可行进路。

从相关到因果的研究进路不仅能够预测犯罪、量化犯罪原因，还有助于揭示犯罪规律。“犯罪规律是指犯罪现象中客观存在的本质联系。犯罪规律首先是指犯罪的因果关系，又包括重复出现的各种犯罪相关性。在因果中心说和概率中心说的互补下，犯罪规律的范畴得以完善。”④因此，犯罪规律研究包括相关分析和因果分析。犯罪大数据分析不仅没有架空犯罪原因研究，相反还从犯罪规律的层面为犯罪防控提供了坚实的理论支持。

(五)工具理性与价值理性的交相辉映

从数据文化上看，犯罪大数据不能止步于工具理性，不能片面主张大数据分析对社会的精准控制，也不能仅强调“用数据决策、用数据管理、用数据创新”；更应彰显价值理性，在法治框架下开展犯罪大数据分析，防范“数字利维坦”的出现，尤其是在牵涉公民权利时价值理性不能“失语”。

安东尼·吉登斯指出，“我们生活在一个福柯称之为国家‘监控’变得越来越广泛和越来越明显的社会。通过计算机和芯片技术的使用，对所

---

① 白建军：《关系犯罪学》，北京：中国人民大学出版社，2005 年，第 357 页。

② 单勇：《犯罪热点成因：基于空间相关性的解释》，载《中国法学》，2016 年第 2 期。

③ Kitchin R.：Big Data. New Epistemologies and Paradigm Shifts，*Big Data & Society*，2014，1.

④ 白建军：《关系犯罪学》，北京：中国人民大学出版社，2005 年，第 359 页。

属人口信息的储存和控制已成为国家权力的主要媒介。在国家监控活动得到极大发展的条件下，公民权利的维护很大程度上受到了限制”①。因此，犯罪大数据分析不仅要求防控机构必须依法开展(如防止出现公民宾馆登记记录泄露等数据泄密事件)，还要求在数据开放理念下进行犯罪数据的开放(如刑事案件裁判文书的网上公开)、鼓励“数据平民”的崛起。在英美等国，犯罪数据开放最典型的表现就是犯罪地图的网上公开，通过犯罪地图公开，为民众安全生活提供行动参考，实现警察执法效果的可视化监督，以信息化助力警民互动。

三、趋势：数据驱动的治安防控精细化转向

我国在“十三五”规划中首次提出“社会治理精细化”的新思路。在理论脉络上，“精细化管理”源自企业管理的“劳动分工理论”，后被引入社会管理领域。“无论是传统的官僚制阶段，还是新公共管理阶段，为了保证社会管理的高效率，实现政府的管理目的，必须要保证政府工作的精细化。”②

当前，我国治安防控的精细化程度有待加强。“我们的传统文化中，推崇直觉、感性思维，习惯于对事物进行模糊的归类，缺乏严谨、理性、体系化的实证研究。这种思维方式在公共安全工作中容易导致简单化，日常管理粗枝大叶、大而化之，形成一笔‘糊涂账’”。③ 对此，作为“数据治国”文化的实践探索，犯罪大数据分析不是传统意义上的“数目字管理”，而是基于“互联网＋”增量效应和“大数据×”乘数效应的犯罪的数据治理。这种数据治理从防控理念、数据基础及技术条件上推动了治安防控的精细化转向。

一方面，犯罪大数据应用倡导尊重事实、推崇理性、强调精确的精准防控理念。

---

① ［英］安东尼·吉登斯著，熊美娟译：《阶级分化、阶级冲突与公民身份权利》，载《公共行政评论》，2008年第6期。

② 王阳、叶敏：《从“精细化管理”到“精准化治理”：社会治理的理念变革与政府实践》，见《新常态与大战略——上海市社会科学界第十三届学术年会文集(2015年度)》，第410页。

③ 《全国政法系统大连会议的12个金句》，央广网，http：//news.cnr.cn/native/gd/20150928/t20150928_519992588.shtml.

“互联网时代也是一个数据技术时代。‘互联网’与‘大数据’结合到一起，将产生功能强大、影响持久的‘聚变效应’。这种‘聚变效应’波及国家治理活动。”①“公安机关掌握的犯罪数据一般在局域网内运行，从低安全性网络向高安全性网络单向流动，最后在公安的核心网络中汇集所有数据。”②目前，相关数据只有进入公安的局域网后才能进行犯罪数据的关联分析、碰撞对比、研判应用，从而在海量、多源、分散的犯罪大数据中找到犯罪规律。因此，犯罪大数据应用能够把数据优势转化为社会治理优势，变经验驱动的决策为数据驱动的决策，提高决策的预见性、精准性。当前，大数据分析逐渐从案件侦破环节扩展到犯罪风险动态监测及分析、治安专项行动评估、警力部署、智能安防、犯罪预测预警、防控决策等多个领域，“用数据说话、用数据决策、用数据创新”的犯罪精准防控理念影响甚广、渐入人心。“文化是制度之母”③，“数据治国”文化强调的精准防控理念构成了“完善社会治安综合治理体制机制”的重要价值目标。

另一方面，犯罪大数据为治安防控精细化转向提供了数据基础和技术条件。

“数据是科学的度量、知识的来源，没有数据，无论是学术的研究抑或是政策的制定，都将举步维艰。”④数据和信息是执法工作当中制定战略和决策的基础。犯罪大数据首先是容量大，互联网、物联网、移动互联网均是犯罪大数据产生的基础。犯罪大数据不仅包括公安机关所掌握的各类案件信息、人口户籍信息、指纹信息、警用地理信息、视频监控信息数据库，还包括防控参与主体拥有的数据库，如城市规划、金融机构、网络运营商(包括微信及QQ数据、百度人口密度实时分析数据、网络购物数据、网页浏览记录)、房产部门、快递公司、电信运营商等。

“大数据产业的战略意义不在于掌握庞大的数据信息，而是要提高对

---

① 陈潭、杨孟：《“互联网＋”与“大数据×”驱动下国家治理的权力嬗变》，载《新疆师范大学学报(哲学社会科学版)》，2016年第5期。

② 《深度解析大数据在公安领域的应用》，51CTO网，http：//developer.51cto.com/art/201505/477710.htm.

③ [美]塞缪尔·亨廷顿、劳伦斯·哈里森主编，程克雄译：《文化的重要作用——价值观如何影响人类进步》，北京：新华出版社，2002年，第2页。

④ 陈潭等：《大数据时代的国家治理》，北京：中国社会科学出版社，2015年，第10页。

数据的‘加工能力’，通过‘加工’实现数据的‘增值’。”①犯罪的相关性分析是犯罪大数据分析的基础技术，通过关联关系挖掘将公安机关与防控参与主体的数据有效整合起来，把人、房产、银行记录、出行轨迹、车辆信息、住宿信息、航班信息、快递信息与犯罪的关系链接起来，建立用于综合研判、量化评估的数学模型，从中挖掘与犯罪有关的人与人、人与事物之间的显性、隐性关系，进而实现犯罪评估与预测。以 PGIS（警用地理信息系统）为例，研究者将犯罪的地理信息与城市空间信息联系起来，在可视化探测犯罪热点区域的基础上，运用空间回归模型，计算哪些空间因素对犯罪热点具有显著的影响，从而解释犯罪热点的空间成因，指导防控布局，对城市改造与规划提出防卫空间设计的建议。

随着人工智能的发展，犯罪大数据分析将越来越依赖于以机器学习和人工智能来实时监测、分析数据、推演未来。例如，人脸识别技术能够在重要卡口进行人脸监测、人脸跟踪及对比，对疑犯进行实时追踪；又如，智能视频监控技术能够在公共场所进行徘徊分析、拥挤预测，以预防突发性公共安全事件。犯罪大数据分析能够以 IT 和 DT 系统创造“智慧警察”，进而助力“智者见于未萌”愿景的实现。

四、回应：精准防控模式的提出

“任何重大技术革命的背后都有科学、哲学，甚至是世界观的巨大变化。”②伴随治安防控的精细化转向，犯罪大数据为精准防控提供了驱动力，精准防控构成了犯罪的日常性治理在大数据时代的延伸与发展，是在创新立体化社会治安防控中开展循数管理的关键。所谓精准防控，“是指在技术治理逻辑下，遵循计量犯罪学的研究模式，根植于犯罪大数据挖掘和分析，注重探测及干预高危地点、把握高发时间、对高危人群进行数据画像、体察罪犯出行特征、设计最佳出警路线、优化防控布局、

---

① 《大数据：通过加工实现增值》，企业网 D1Net，http：//www.d1net.com/bigdata/news/342922.html.

② 阿里研究院：《互联网＋：从 IT 到 DT》，北京：机械工业出版社，2015 年，序第 2 页。

设定治安缓冲区、分犯罪类型进行专题性风险评估等的日常性治理策略”①。精准防控模式的提出是对犯罪治理如何适应大数据浪潮问题的理论回应。关于精准防控的理解可从以下五个方面展开：

（一）从理论地位上看，精准防控是日常性治理战略的战术延伸

在综合治理理论构架下，“运动式治罪”式微与“日常性治理”兴起亦是不争的事实。② 作为整体意义上的防控理论，日常性治理倾向于针对结构性的犯罪原因，开展系统性、全局性、综合性的防控战略，如犯罪的社会治理、被害治理、刑事治理等；但结构性的犯罪原因往往无法在短期内根治或改变（如外来人口的城市融入、青年群体的就业、底层群体的社会失范、流动未成年人辍学等问题），这种宏观层面的防控应用往往缺乏针对性与可操作性。因此，日常性治理战略亟待向着更具可操作性、更易开展评估分析、应用价值更大的防控战术延伸，而根植于犯罪大数据土壤的精准防控则为这种转向指明了方向。

精准防控往往针对非结构性的犯罪条件，以犯罪数据为基础，从海量、模糊数据中的细微信息和蛛丝马迹中分析犯罪规律，开展犯罪风险量化评估，直接采取有针对性的预警预测及防控部署。以针对犯罪热点的精准防控为例，精准防控以犯罪时空信息及城市相关因素信息为基础，运用制图技术探测犯罪热点，以空间统计量化影响犯罪热点的形成的因素，针对犯罪时空热点及其影响因素开展地点警务。可见，精准防控是日常性治理向着循数治理的具体转向，也是提升防控科学性和可操作性的理性延伸，还是改善防控绩效的战术选择。

（二）从治理目标上看，精准防控是为应对我国现阶段犯罪治理的“短板问题”而提出的，不是对全能管控型治理模式的回归，更不是要打造“数字利维坦”

“提高社会治理整体水平，关键要补齐短板。当前，要尽快补齐基层基础、社会共治、科技运用、法治保障等四个方面存在的短板，把社会

---

① 单勇：《基于热点稳定性的犯罪空间分布规律再认识》，载《法制与社会发展》，2016年第5期。

② 单勇、侯银萍：《中国犯罪治理模式的文化研究——运动式治罪的式微与日常性治理的兴起》，载《吉林大学社会科学学报》，2009年第2期。

治理提高到新水平。”[①]犯罪治理适应大数据浪潮就属于上述社会治理在科技运用上的短板问题，而精准防控通过犯罪大数据分析能够提升犯罪治理的科学性，从而“补齐短板”。随着公安机关的犯罪打击力度不断增强，犯罪黑数如同海绵一样，从中挤出水分的力度日趋增大。基于大数据分析的精准防控就是减少犯罪黑数、改善犯罪预防能力的有效举措。

精准防控所强调的精细化更多是指防控应对的精细化，而非仅是防控机构自身的精细化；精准防控不仅强调犯罪防控顶层设计的精细化，更关注基层基础环节犯罪防控的精细化。在基层，过于精细的组织机构分工容易“导致组织流程破碎、管理思维弱化政府服务职能、条线过多降低基层整体效率、复杂系统削弱居民参与意愿”[②]，从而陷入社会治理的“碎片化”危机。正所谓“基础不牢、地动山摇”，基层是立体化治安防控的基础环节，也是精准防控的重中之重。犯罪大数据分析中的数据开放策略为基层开放性政府的建设提供了基本前提，以满足公共安全服务的有效供给；犯罪制图、统计分析、预测建模、视频监控等技术的集成运用为犯罪在基层的整体性治理提供了技术支持；犯罪大数据分析促进了“传统＋现代”治理技术的有机融合，这为犯罪在基层的柔性治理和非正式控制提供了科技保障。

此外，精准防控虽然是一种技术治理，但离不开人文关怀和法治精神的指引。精准防控不是国家对社会的单向管控，而是国家和社会的双向互动。精准防控不应仅是国家机器精密运作的体现，并非一味以效率为导向，而更注重公平和民众满意度，建立自下而上的治安议程产生机制，注重民众的参与，不断提升民众的主体地位及满足不同人群在治安防控中的差异化需求。

（三）从表现形式上看，得益于犯罪大数据分析的强悍功能，精准防控具有系统性、多层次、全方位、前瞻性的应用表现

在犯罪侦破领域，基于视频监控搜索、数据交叉比对、罪犯出行轨迹分析等技术，精准防控为抓捕罪犯插上智慧的翅膀，提高了传统的人

---

① 孟建柱：《防控风险补齐短板为全面建成小康社会创造良好环境——学习贯彻习近平总书记关于政法工作重要指示》，载《求是》，2016年第6期。

② 王阳、叶敏：《从“精细化管理”到“精准化治理”：社会治理的理念变革与政府实践》，见《新常态与大战略——上海市社会科学界第十三届学术年会文集（2015年度）》，第412-414页。

力走访、入户排查、案情分析效率。在犯罪空间领域，基于地理信息系统的制图技术，精准防控能够可视化探测犯罪热点区域，找到少数热点网格和热点路段，为地点警务的开展提供依据。在犯罪时间环节，借助时间序列等模型，精准防控能够测量出特定犯罪在某个月、一周中某些天、一天中某些时段的时间规律，把握犯罪的高发时间。在高危人群方面，借助互联网、物联网及监控记录，精准防控可对特定高危人群(如暴恐犯罪高危人群)进行数据画像，以了解该群体的生活特点、人际交往范围、行为方式，把握提前干预与危机处置的关键节点，以实现"挽狂澜于既倒、扶大厦之将倾"的犯罪预测。以反恐为例，通过处理包括银行转账、ATM机的使用、电话通信、购物、就医、保险等海量信息，鉴别出个别人的非正常行为，这对预防暴恐犯罪会起到很好的效果。根据犯罪时空分布特征的量化评估，精准防控倡导设计最佳出警路线、设定治安缓冲区、改进防卫空间方案等优化防控布局的具体举措。可见，精准防控是一种能够回溯过去、评估现实、吸收外来、预见未来的犯罪的数据治理策略。

(四)从技术方法上看，精准防控是"人力＋科技""传统＋现代"等治理技术的有机融合，推崇大数据分析并不意味着忽视摒弃传统中行之有效的犯罪治理手段

"时移而治，不易者乱"，精准防控战术的提出是对大数据浪潮的适应。虽然精准防控集成了基于地理信息系统的可视化分析、基于数学建模的犯罪风险评估及预测、犯罪数据的相关性分析、视频监控及人脸识别技术、基于物联网的智能安防等现代技术手段，但精准防控在基层或一线的执行仍取决于具体的人所实施的具体防控活动。传统意义上的治安巡逻、入户走访、抽检临检、人力盯防、隐患排查等防控手段仍不可或缺，不过基于大数据的现代技术手段大大提高了传统防控方式的效率。以犯罪制图为例，制图分析能够精确探测犯罪热点，在犯罪热点地图的指引下，警务巡逻更具针对性和有效性。因此，精准防控在方法上需集成运用"人力＋科技""传统＋现代"等治理技术。

（五）从实施条件上看，精准防控以信息整合、资源整合、决策机制整合为基础

“非知之艰，行之惟艰”，精准防控的有效开展亟待实现信息、资源、机制的大整合，从大整合中产生大价值。信息整合是通过数据分析技术打通数据壁垒、联通各种数据库，将分散在社会各领域的犯罪及治安信息收集、整理、挖掘、过滤、利用起来，为精准防控的实施提供坚实的数据基础和分析依据。资源整合是向社会延伸精准防控的触角，与网络运营商、软件运营商等数据拥有者无缝对接，以信息化技术动员、吸纳、聚合、组织社会力量，通过犯罪地图公开等数据开放形式助力精准被害预防，实现“互联网＋”与“大数据×”下的高维度公共参与。决策机制整合是在精准防控中强调治安防控的“数据化决策”，以信息采集、风险评估、决策制定、政策仿真模拟、日常防控任务的信息化传递与反馈、专项行动治理效果的量化评价辅助防控决策，但同时不忽视防控经验、犯罪学理论在决策中的价值，从而在数据驱动、经验驱动、理论驱动的整合下不断提高防控决策的科学性。

总之，精准防控的提出是将犯罪大数据与犯罪治理关联起来的产物，是立体化治安防控适应大数据浪潮的有益探索，也推动了犯罪治理模式的改进，更为犯罪治理的理论研究走向深入开放提出了新的重要议题。

本文发表于 2016 年第 6 期

推进公共法律服务体系建设的理论探讨*

徐尚昆**

引　言

为落实党的十八大及十八届二中、三中全会精神，2014 年 2 月司法部出台《关于推进公共法律服务体系建设的意见》，指出公共法律服务体系建设的目的就是要努力推进平安中国、法治中国建设，维护社会和谐稳定，同时明确提出了推进公共法律服务体系建设的六个方面的主要任务。① 从国内各省市及地区关于公共法律体系建设的经验和总结来看，主要都集中在“党委领导、重视宣传、加大投入、机制保障、多元参与、专业法律人才队伍培养”等具体操作层面，也就是如何建设公共法律服务体系的具体方法、途径及主要措施。这些具体操作和工作方案在确保公共法律服务体系建设有序推进的过程中固然重要，但更重要的是，学术界开展深入的研究和讨论，特别是对公共法律服务体系建设的根本问题进行系统探讨，构建完备的理论体系和分析框架，并在观念和思想上达成共识，才能确保公共法律服务体系建设的有序开展。

诺思(Douglass C. North)讲过：“一部好的历史，其故事就必须能给出一个一致的、合乎逻辑的解释，并且还应能坚守已有的证据与理论。”②

---

* 本文系中国人民大学科学研究基金(中央高校基本科研业务费专项资金资助)项目成果(项目批准号：12XNI014)。

** 徐尚昆，中国人民大学哲学院副教授。

① 司法部：《关于推进公共法律服务体系建设的意见》，2014 年 2 月 19 日。

② [美]道格拉斯·C. 诺思：《制度、制度变迁与经济绩效》，上海：格致出版社，2008 年，第 181 页。

这句话深刻地揭示了理论建构过程中核心的要素，即主题、逻辑和证据，某种程度上，我们也可以从这三个核心要素入手，来探究理论的根本问题。司法部出台的意见已经对公共法律服务体系建设的主题做出了明确的说明和规定，因此，本文将重点聚焦在公共法律服务体系建设的“逻辑”这一核心要素上。逻辑提供的是一套合法性的证明，关注的是“前提、主体、运作及动力机制”等根本性问题，是根本问题中的“根本”。只有厘清公共法律服务体系建设的内在逻辑及运作机制，我们才能说对它有了更深刻和全面的理解。根据这一思路，本文主要从“理念转换、政府边界、知识社会化、约束与激励”四个方面分别对公共法律服务体系建设的“逻辑前提、参与主体、作用机制以及动力机制”做一个初步的探讨。

一、理念转换

人类是观念的动物，人类行为受到观念的支配。行动是能够付诸实施而转化成某种效能的意志。[①] 人类历史上很多变革，都是一种理念战胜了另一种理念。新中国成立以来的社会变迁史，特别是前30年和后30年两个相互区别的历史阶段，为我们提供了最为直观鲜活的案例。计划还是市场、资本主义还是社会主义、真理的标准等等，都是针对“什么是社会主义、为什么要建设社会主义以及如何建设社会主义”这些根本的理念问题做出的不同的回答和选择。那么，当我们探讨公共法律服务体系建设的时候，不免要追问同样的问题，即“我们为什么要建设公共法律服务体系，谁来建设公共法律服务体系以及公共法律服务体系建设的运作机制是什么”。

按照一般的观点，我们很容易将公共法律服务体系建设的目的理解成为“确保平安稳定、维护社会和谐”。但这可能并没有抓住问题的本质，“平安稳定与社会和谐”是公共法律服务体系建设的结果，而非目的本身。公共法律服务体系建设的根本目的是要维护社会的公平和正义，确保公民的基本权利和合法权益。这看似不那么明显的区分，却对于我们理解

① [奥]路德维希·冯·米塞斯著，余晖译：《人的行动——关于经济学的论文(上)》，上海：上海世纪出版集团，2013年，第17页。

公共法律服务体系的建设有着至关重要的影响，因为不同的出发点将决定不同的工作方向和路径选择，而不同的假设前提也将带来我们对事物完全不同的判断。

古典经济学将追求利润最大化的个人确立为经济分析的出发点，人的行为是由利益支配的，这一假设成为古典经济学及当代社会科学研究的基本前提，可以说，现代社会科学对于人类行为的理解很大程度上是基于上述范式而确立的。普林斯顿大学的数学家图克教授和他的学生纳什不经意间提出的“囚徒困境”博弈模型，对原有的理性人假设，即个人根据自身的效应最大化做出最优选择这一基本假设，形成了极大的冲击。因为，在“囚徒困境”博弈模型中，根据理性人计算的结果，博弈双方“不合作”将成为一个唯一的“纳什均衡”，这将使得人类社会的合作面临崩溃的危机，进而使得古典经济学有关理性人的假设面临前所未有的挑战。“囚徒困境”博弈模型开启了探索人类行为动机及模式的另一种截然不同的方向。1982 年，经济学家古斯教授组织了一个名为“最后通牒”的博弈实验：让两个实验对象分一笔钱，比如说 1000 块，随机决定由一个人分配(我们将这个人称之为 A)，如果另一个人接受(我们将接受分配的人称之为 B)，那么就按照 A 的方案分配；如果 B 拒绝，则两个人一分钱也得不到。实验杜绝被试者之间产生“串谋”的机会，并且排除了重复博弈和讨价还价的可能，这也是这个实验称之为“最后通牒”的原因。显然，按照理性经济人的推断，即使 A 只给 B 留下 10 块钱，B 也应该接受，因为这总比什么都没有要好；如果 A 预料到这个结果，那么他的“最优”方案就是“自己拿 990 块，对方拿 10 块”。但实验结果却令人大跌眼镜：首先，大多数分配者提出的方案都在四六或五五之间；其次，特别不公平的分配方案，几乎都被回应者毫不犹豫地拒绝了——他们宁愿什么都不要，也不能接受极不公平的方案。古斯教授总结道：“很明显，受试者是依赖其公平观念而不是利益最大化来决定其行为的。”①

“囚徒困境”将古典经济学逼到了不得不反思其核心假设的地步，因为它从逻辑层面揭示了“理性人”假设的内在矛盾，而“最后通牒”则通过

---

① 参见叶航：《被超越的“经济人”与“理性人”》，见《走向统一的社会科学》，上海：上海世纪出版集团，2005 年，第 11-13 页。

事实提供了一种颠覆“理性人”假设的可能：人类行为选择的前提不是“利益或效用最大化”，而是“公正”。这一发现可谓是石破天惊，因为它推开了一扇全新的重新审视人类行为的窗户。以金迪斯和鲍尔斯为代表的桑塔费学派则沿着这一思路走得更远，目前已成为人类行为选择研究和批判古典经济学理性人假设的一支极为重要的力量。“最后通牒”博弈模型及桑塔费学派关于人类行为的研究，带给我们关于社会变迁的深刻启示在于：追求社会公正是人类行为选择的重要动机，社会规范内部化是维持人类合作的决定性因素。因此，我们在公共法律服务体系建设以及社会治理现代化进程中，必须重新审视并充分认识“公正”对于人类秩序构建的核心作用和地位。

在经历了30多年的经济飞速增长之后，中国人在物质生活上获得了极大的提高，公众在“物质和有形利益”获得改善的基础上，会寻求一种更为“理想”或“更高层次”的需求，而“公平和正义”就是民众当前最迫切的诉求，这符合人类行为选择的逻辑(正如“最后通牒”和桑塔费学派所揭示的)，更事关中国社会建设和深化体制改革的大局，构成了下阶段中国社会深化体制改革和社会治理现代化建设的核心任务和理念前提。公共法律服务体系建设的基本出发点应该立足于保障公民基本权利，维护民众合法权益，实现社会公平正义。我们明确地指出，“公平和正义”才是公共法律服务体系建设的首要目标，而社会和谐稳定是公共法律服务体系建设的必然结果。这一基本理念的确立，是我国当前深化体制改革的内在要求，也是确保公共法律服务体系建设取得预期成效的关键。公共法律服务体系的建设一方面要塑造公民的权利意识和法制观念，另一方面它很可能将成为开启我国深化体制改革的重要突破口之一。我们应该从一个更高的层面、更宽的视域来审视公共法律服务体系建设的理念前提及其带来的思维转换。

二、政府边界

公共法律服务体系的构建是一个政府主导和高度参与的活动，政府的作用毋庸置疑，但政府在这一活动中到底应该充当什么样的角色，发挥什么样的功能，政府的边界又应该如何界定呢？对这一问题的追问也就是要明确公共法律服务体系建设的主体。2014 年 7 月，韦森教授在复旦大学举办了一场纪念杨小凯逝世 10 周年的学术研讨会，在纪念会上，林毅夫教授和张维迎教授针对政府与市场的问题做了一个针锋相对的发言。[①] 双方都在强调对方对自己观点的误解，之所以出现这样的困惑，一方面是因为他们在某种程度上都是在将对方的观点按照自己的意思加以扭曲，然后进行攻击；另一方面更重要的原因可能在于政府和市场的边界从来就无法给出一个唯一的、稳定的解释。政府与市场之争，恐怕是近代思想史上最经久不衰的议题，从斯密、熊彼特、凯恩斯到科斯、哈耶克、弗里德曼，从罗斯福新政到撒切尔—里根主义，这一争论从来就没有停止过，而中国改革开放的 30 多年，可以看作政府与市场相互博弈的 30 多年。人类社会发展到今天，恐怕已经没有人还会去否认市场的作用，也很少会有人毫无保留、毫无条件地去拥抱无政府主义。政府和市场的关系绝非“非此即彼、有你没我”的简单思维所能界定的，市场和政府都会面临失灵的风险，人类社会发展极其复杂，我们不可能也不应该去求得一个一劳永逸的最终答案：“要么市场、要么政府”。

公共法律服务体系作为公共产品的一个种类，政府有着不可推卸的责任来主导和推动其完备。但很显然，公共法律服务又与国防或外交等由政府完全提供的公共物品不同，它涉及包括政府、个人、社会组织、专业机构等多元主体的共同参与。因此，我们讨论公共法律服务体系建设就不可避免地要对政府与社会的边界进行界定，政府与社会边界的界定关系到这项制度推进的成败得失。正如前面提到的，我们无法为这一边界提供唯一的答案，在公共法律服务体系建设的过程中，至少可以从以下几个方面来考量政府边界的问题。

第一，工作性质与内容。公共法律服务体系建设是一个非常复杂的系统工程，涉及的部门和内容非常多，政府部门和社会组织各有优势，又都存在缺陷，有些工作由政府承担会更为有力，而有些交由社会组织或专业机构来处理会更为有效。十八届三中全会明确指出，要正确处理政府和社会关系，加快实施政社分开，推进社会组织明确权责、依法自治、发挥作用，支持和发展志愿服务组织。在法律服务体系建设上，要

① 林毅夫：《中国学术界不能只引进》，载《金融时报》，2014 年 8 月 13 日。

紧扣这一原则，充分尊重工作的性质以及政府和社会工作机制的特征，发挥它们各自的优势，在确保工作有序开展的同时，激发社会组织的活力，做到多元主体良好的协商互动。

第二，工作的进度和成熟度。任何一项新制度的推进，都会经历一个从局部到整体、从不成熟到稳定的渐进过程。正如科斯指出，传统的制度变迁理论分析最大的缺陷在于他们往往将制度变迁仅仅视为一个更优越的制度一举替代一个较差的制度，在这样的理论框架里，制度变迁既没有过程，也不需要时间，这种静态的制度变迁观点，更加关注的是制度变迁的结果而不是过程。① 但这显然违背了制度变迁的现实和常识。经验表明，制度变迁必定在时间上是逐步的，在空间上是不均衡的。因此，我们应该以一种动态的观点，来考察制度变迁的规律。公共法律服务体系作为一项新制度的推广，也需要在一个动态的框架中进行分析。从时间上来讲，在初始阶段，应该更多地发挥政府主导和推动的作用，引导社会组织和民间团体积极有序参与，等到社会力量进一步成熟时，政府就应该逐步退出，将那些社会组织能处理得更好的工作交由社会组织。从空间上来看，在那些社会组织和民间力量发展相对充分的地方，政府应该让渡更多的权限，而在那些社会组织和民间力量发展相对薄弱的地方，政府则应该承担更多的职责。

第三，要保持足够的宽容，允许犯错。正如波普尔所讲，人类社会发展史就是一部不断试错的历史。我们不可能做到百分之百的正确，我们不可能穷尽真理，公共法律服务体系的建设也应该是一个不断试错、不断改进、不断完善的过程。更为重要的是，一项新的制度需要经历长时间才能真正确立，在人们的头脑中沉淀下来，成为人们思想和行为习惯中的一部分。② 我们不可能要求新制度在短时间内定型固化。在政府与社会边界的问题上，我们要保持宽容的态度，在实践中发现问题并不断改进，根据实际的需要和情况的变化来调整政府和社会的边界问题。只有这样，我们才能冲破“政府—社会(市场)”两极的藩篱，探索出一条适合于我国特定背景的公共法律服务建设路径。概括来讲，在公共法律服

---

① ［英］罗纳德·哈里·科斯、王宁：《变革中国——市场经济的中国之路》，北京：中信出版社，2003年，第218页。

② 同上书，第78页。

务体系建设过程中，政府的角色或边界不能一概而论，不能死板僵化，而是一个不断探索、不断优化的动态过程。

三、知识社会化

很多时候，我们过于强调硬性的制度和规则，而忽略这套制度和规则背后的人的意志和信念，也可以说是一套文化系统或知识体系，如果民众的文化系统或知识体系没有得到相应的更新，那么新的制度和规则的推行即使不是不可能，也一定是困难重重。人类发展历史经验表明，如果在民众普遍无知的情况下急于求成式地大范围推广新秩序，将会导致混乱甚至灾难。不论是小到个人或家庭，大到社会或国家，同样适用这一道理。纵观我国波澜壮阔的改革开放历程，很大程度上就是思想观念的更新和全新知识体系的构建过程。有数据表明，20 世纪末以来在国内兴起的流程再造运动，80%的组织以失败告终，究其原因，并不是他们的领导不够重视，制度不够完备，硬件不够先进，投入不够充分，而是缺乏相应的文化变革和知识体系更新。公共法律服务体系的建设作为一项新的举措和制度，自然也不例外。只有给广大民众传递和塑造一整套与公共法律服务体系相匹配的知识和观念，使他们不仅对公共法律服务体系产生深刻的认同，同时也具备基本的法制和权利意识，并熟练掌握相应的规则和方法，我们的公共法律服务体系建设才可能取得理想的成效。因此，从这个角度上来讲，社会转型和制度变迁的性质其实就是民众知识体系的更新。

要进一步了解这套系统背后的运作机制，我们可以从知识社会化(Knowledge Socialization Theory)的角度入手。社会化理论更确切地讲就是“规范的内化理论”，涂尔干很早之前便对此进行过强调，他认为“是社会的影响力激起我们的同情心和相互团结的情感，是社会把我们塑造成它的形象，把控制我们行动的宗教、政治、知识和道德信仰灌输给我们”①。

社会化理论的一条关键原则就是：一个社会的价值观通过规范的内化在人际及代际间得以传播和沿袭，这种传播既可以是平行的(人际间的

---

① Durkheim, Emile: *Suicide: A Study in Sociology*, New York: Free Press, 1955, 8.

传播）也可以是垂直的（代际间的沿袭）。用理性选择理论的话来讲，就是被内化的规范不是作为达到其他目的的手段或约束而是作为个体偏好函数最大化的自变量被接受的。[①] 人类规范的内化能力包括一系列延伸的个人互动，依靠"影响力、榜样、权威、可视的收益、承诺的兑现"等方式在人与人之间以及代与代之间传播和流动，从而为社会塑造一套全新的知识和信念体系。科斯在《变革中国》中写道："中国经济改革过程中最非凡的特征或许在于，中国共产党……社会主义实验之后所展现出的组织灵活性和适应性，在尝试性的探索中，制度与组织结构的改革促进了集体学习的进程。"[②]这是很深刻的洞见，我们可以进一步说，正是集体学习以及集体学习所带来的民众知识体系的更新，这种知识体系既包括大规模制造的工业知识和大范围交换的契约知识[③]，同时也包括人类对美好生活认识的知识，改变了整个中国的历史和发展轨迹。

因此，公共法律服务体系的建设要注重相关知识体系在民众中间的传递与塑造，也就是前面讲到的知识社会化进程，这是推进公共法律服务体系稳步前进的关键环节，也是公共法律服务体系建设的内在机制。那么，群体该怎样学习这种新的知识、规则和行为呢？从社会化理论和学习理论出发，我们可以提出以下几点：

第一，发挥正强化效应。学习过程非常复杂，只有在一种发展和动态学习方式的前后联系中才能理解。一般来讲，正强化效应是新知识重要的传播机制，包括"积极解决问题"和"避免焦虑"两种方式带来的正强化效应。所谓"积极解决问题"就是如果一套方法行之有效，它就成为"起作用"的好方法，人们会在以后碰到类似的问题时采取相同的方法，从而起到正强化的效应。而"避免焦虑"主要是指某种方法如果能成功地减轻焦虑——这种焦虑往往来自对未来不确定性的担忧和对现实状况的不满意，并有效地防止了产生焦虑的根源，那么，这种方法将会作为一种有效的方法得到强化或传播。公共法律服务体系的建设，要积极有效地化

---

① Herbert Gintis：Solving the Puzzle of Prosociality，*Rationality and Society*，2003，152-156.

② ［英］罗纳德·哈里·科斯、王宁：《变革中国——市场经济的中国之路》，北京：中信出版社，2003年，第209页。

③ 朱锡庆：《中国经济发展的知识来源》，载《北京大学学报（哲学社会科学版）》，2008年第11期。

解民众的矛盾和难题，维护民众的基本权利和合法权益，制定规则，确保凡事有据可依、有章可循，从而塑造民众对未来稳定的心理预期，这将有利于对公共法律服务观念的强化和传播。

第二，强调榜样作用。许多显而易见的社会现实表明，新的事物往往是通过社会榜样被大众所学习的，社会榜样可以提供一套捷径，在榜样作用中，人们通过对榜样的模仿和学习，从而形成自己的思维模式和行为方式。行为科学和认知心理学的研究越来越重视榜样在学习和社会化中的作用。公共法律服务体系的推广和建设，需要抓典型、树标杆，打造一批具有示范意义的案例或事件，使公共法律服务体系的建设成为人心所向、积极参与的活动，这样将有效促进我国公共法律服务建设的知识体系的传播与更新。

第三，重视社会的力量。哈耶克在他的诺贝尔经济学奖获奖发言中提到："我们以为自己拥有足够的知识与力量去建设自己想要的社会，而其实那些知识我们并不具备，这会给我们造成巨大的伤害。"[①]这也就是他所批判的理性主义中的"致命的自负"。政府在公共法律服务体系中自然应该起到引导和支持的作用，但绝非将所有全部包揽，而是要充分发挥社会组织和专业机构的力量，同时最大程度地激发公众参与的积极性和社会创新的活力，在一个不断探索和改进的动态过程中，塑造公众的法律意识与知识体系，从而推进公共法律体系的有效展开。

四、约束与激励

要理解一项新制度为何会发生，首先必须探究驱动人们努力的深层动力是什么。不论是"强制型制度创新"还是"诱致型制度创新"[②]，其动因都是单一地强调基于"成本—收益"模式下的理性选择。针对这一现象，

---

① Hayek：*The Pretense of Knowledge*，诺贝尔经济学奖获奖发言，1974.

② "强制型制度创新"是指由政府命令或法律引入和实行的自上而下的制度改变，国家作为一种在某个给定地区内对合法行使强制性手段具有垄断权的制度安排，能够以比竞争性组织或个人低得多的费用提供制度服务和创新。"诱致型制度创新"指的是现行制度安排的变更或替代，或者是新制度安排的创造，是由个人或一群人在响应由制度不均衡引致的获利机会时所进行的自下而上的自发性变迁。参见《财产权利与制度变迁——产权学派与新制度经济学派译文集》，上海：上海三联书店、上海人民出版社，1994年，第384页。

新制度学派代表人物诺思明确指出，人类行为要远比蕴含在新古典经济学范式内部的个人效用“理性最大化”来得复杂，人们是通过某些先存的心智构念来处理信息和辨识环境的，这些先存的心智构念对制度的形成、维系和变迁，都有着重要的影响。诺思反复强调：“理解经济变迁过程的关键在于促动制度变迁的参与者的意向性以及他们共同的心理契约，人们所秉持的共同心理及信念决定了他们的选择。”①“群体共同信念和心理契约是理解经济变迁过程基础的关键。”②公共法律服务体系作为一项新的制度，在推广和建设的过程中，我们不仅应该充分考虑新制度的实施给公众带来的切实利益，同时也应重视参与者的意向性以及他们共同的心理契约，也就是新制度实施中的“外部激励”和“内部约束”，这两者构成了公共法律服务体系建设的动力机制问题。

“内在约束”强调的是基于知识更新后群体心理契约的构建，也就是共识的达成。当广大民众充分认识到公共法律服务体系的建设是一件能普惠广大人民福祉的好事时，同时激发一种建设美好和谐家园的共同理想，在这种群体心理契约和共同愿景的驱动下，从社会精英到普罗大众、从政府决策者到公众参与者都有一种强烈的责任感和神圣的使命感。正是这种情感和信念，不仅强化了政府主导推进公共法律服务体系建设的信心和决心，而且也能得到公众的普遍认同，从而有效降低公共法律服务体系建设过程中新制度实施和推广的成本和阻力。

“外部激励”主要是“共享新制度的成果”，我们知道，人类行为的选择固然能够为某种崇高的情感所激发，但如果长期缺乏承诺的兑现和可视的收益，那种单纯靠情感和热情激发的行为便难以为继。要探讨公共法律服务体系的有序推进，必须重视这样一项制度创新给公众带来了什么可视的效用。只有给公众带来可视收益的改善，才能获得公众对新制度最大诚意的支持和拥护。因此，公共法律服务体系的建设，必须要切实保障公众的经济、政治、文化、社会的基本权益，妥善协调好各方面的利益关系，切实维护公平正义，让发展和创新的成果普惠大众，确保公众能真正享受到改革发展带来的成果。

---

① [美]道格拉斯·C. 诺思：《理解经济变迁的过程》，北京：中国人民大学出版社，2008年，第23、83、47页。

② 同上书，83页。

结 语

总之，本文以新制度经济学和行为科学的研究发现为理论依据，从理念转换、政府边界、知识社会化、约束与激励四个方面分别对公共法律服务体系建设的基本理论问题进行了探讨，即公共法律服务体系建设的逻辑前提、主体、作用机制以及动力机制。本文的核心观点有以下几点：首先，公共法律服务体系建设必须以维护社会公平正义作为其根本出发点，这不仅符合人类行为选择的逻辑，更反映了我国深化体制改革的内在要求。其次，公共法律服务体系建设是一个多元主体公共参与和协商的活动，政府、社会组织以及专业机构应该根据各自优势和不同阶段的要求进行分工协作，政府及社会的边界不能一概而论，也不能死板僵化，其是一个不断探索、不断优化的动态过程。再次，新的制度的推行本质上就是一套全新的价值观念和知识体系的确立，因此，公共法律服务体系建设应充分重视知识社会化的作用，从学习理论和社会化理论的角度入手，深刻认识和把握公共法律服务体系建设的运作机制。最后，公共法律服务体系的建设依赖于一套可靠的动力机制，我们主要从内部约束和外部激励两个方面进行了探讨。只有在广大公众中形成群体共享的心理契约和共同愿景，同时让他们能够深切享受到新制度带来的收益，公共法律服务体系建设才能得到真正的拥护与支持。公共法律服务体系建设作为一项新制度的实施，必须遵循制度变迁的内在逻辑和基本原则，才有可能在实践上取得预期的建设目标，这就要求理论界和实务界加强合作，进一步推进公共法律服务体系建设的基础理论研究。

本文发表于2014年第5期

四、全面从严治党

坚持依规治党与以德治党相结合[*]

杨德山[**]

高度重视“以德治党”，突出强调“依规治党”，并将两者有机结合在一起，上升到“全面从严治党”的核心内容，是中国共产党95年来建党治党经验的凝练总结，它标志着中国共产党在对马克思主义执政党建设规律的探索方面迈进新的认识境界。

一、坚持依规治党与以德治党相结合是中国共产党建党历史经验的总结

新民主主义革命时期，中国共产党就有了坚持依规治党与以德治党相结合的思想认识和实践活动。在“依规治党”方面，党成立之后，以第一部党纲为起点，以党章为根本依据，以议决案(或决议、决议案)、通告、条例等形式明确了党内若干纪律和制度规范。抗战时期，党则明确提出了“党内法规”概念、成立中央规则起草委员会，逐渐建立起一整套党内法规体系，对党的组织原则，党内最高领导层、党的各级组织和部门的职能，党员的权利义务，干部的教育审查管理，不同地区党组织的任务和领导方式，军队党建工作等方方面面的工作，做出了系统而明确的规定。在“以德治党”方面，为坚持“无产阶级先锋队”的先进性和纯洁性，尤其是为克服大量农民和小资产阶级出身的党员身上的非无产阶级思想，党特别重视党内的共产主义道德教育。仅以重要文献为例：“古田会议决议案”列举了现实存在的各种非无产阶级的思想道德表现，并提出

* 本文系北京市哲学社会科学规划重点项目“共产党人理想信念信仰问题研究：以当代北京市为例”(项目编号：13KDA034)的研究成果。

** 杨德山，中国人民大学中共党史系教授。

了纠正方式；《为人民服务》倡导党员对人民利益的绝对忠诚，对同志的真心关爱；《纪念白求恩》提倡党员要有对工作的精益求精态度，对他人的真诚无私奉献；《愚公移山》要求党员对工作和事业要有“定力”和“毅力”；《论共产党员的修养》借鉴传统“修养”文化，从党性的高度出发，提出党员必须树立共产主义世界观，利他主义、集体主义的利益观，克己服从的纪律观，学习、实践的方法论；《怎样做一个共产党员》提出：终身为共产主义奋斗、革命的利益高于一切、遵守党的纪律严守党的机密、百折不挠地执行决议、做群众模范、不断学习。为表达方便，我们党还借用传统文化概念如“忠”“孝”“仁”“信”“义”“和平”“礼”“节”“廉”“耻”来表达共产党人坚守的道德内涵。① 革命即将取得全面胜利之际，毛泽东在总结革命经验时高屋建瓴地指出：“一个有纪律的，有马克思列宁主义的理论武装的，采取自我批评方法的，联系人民群众的党。一个由这样的党领导的军队。一个由这样的党领导的各革命阶级各革命派别的统一战线。这三件是我们战胜敌人的主要武器。”②换言之，中国革命取得胜利以党的建设为前提条件，反映出我们党建党治党的基本特色——坚持依规治党与以德治党相结合。其中，“有纪律”是“依规治党”的高度浓缩，“理论武装”“自我批评”“联系群众”是“以德治党”的集中凝练。

不断提高领导水平和执政能力，确保党不变质并经得起任何风浪的考验，成为我们党执政之后建党治党必须解决的基本问题。从新中国成立之初到“文革”之前，在组织机构和组织制度、政府内党组织和党员活动、自身监督检查、党员发展和干部管理、军队政治工作、领导干部工作生活作风、各类基层党组织建设等方面，党制定或修改了若干规定和条例。其间，尽管 1957 年以后党的工作不断受到“左”的思潮的干扰，但党内法规体系的建立、执行和完善一直处于探索之中。1949 年 10 月到 1978 年 12 月间，党制定了数百个党内法规。其中，《中共中央关于统一管理党、政档案工作的通知》《中央关于党内同志之间的称呼问题的通知》等 20 个法规经受住了历史的考验，至今仍然有效。这期间，党也致力于执政条件下党员尤其是党员干部思想道德建设的探索。取得革命胜利后，

① 黎平：《中国共产党与道德》，载《解放》，1939 年第 71 期。

② 《毛泽东选集》，第 4 卷，北京：人民出版社，1991 年，第 1480 页。

一方面，一批党员特别是党员干部产生了骄傲自满、以功臣自居的情绪；另一方面，新进党员中有人存在动机不纯、想捞好处、当官做老爷等思想。因此，新中国成立前夕，毛泽东就以“谦虚谨慎、不骄不躁”和“艰苦奋斗”告诫全党。新中国成立之初，刘少奇在全国组织工作会议上提出了共产党员的八项条件，更加强调党的奋斗宗旨、党的先进性和纯洁性、党员的奉献精神和斗争精神。在实践过程中，我们党一方面以“激浊”方式，即通过不间断的整党整风运动，对贪污、浪费、官僚主义、特权等作风和现象进行打击和整肃；另一方面以“扬清”方式，即通过树立先进典型，宣传雷锋精神、王杰精神、焦裕禄精神、大寨精神、大庆精神、好八连作风等，在全党范围内进行党员对党和人民的忠诚、无私、先人后己、艰苦朴素、自力更生等共产主义道德风尚的引导和教育。两者紧密结合，以提高党员的道德觉悟和水平。

进入改革开放新时期，《关于党内政治生活的若干准则》和新党章的先后制定修正，为党内法规建设提供了坚实基础和方向指导。20 世纪 80 年代在注重恢复和保障民主集中制、规范党员领导干部行为、严肃党章党纪的基础上，中共中央 1990 年制定了被视作党内“立法法”的《中国共产党党内法规制定程序暂行条例》[1]，更是对党内法规的名称、适用范围、层次、原则以及制定修改的主体和具体程序做了明确规定。从十一届三中全会到十八大，党内法规建设日趋全面：逐步形成了以党章为核心，以主干性法规、配套性法规、具体性基础法规为统一整体的党内法规体系，党内按照和运用法规管人办事的观念不断增强，有力推进了新时期党的各项工作的规范化和制度化，加强了党的制度建设和反腐倡廉建设，提高了党的建设科学化水平。与之相应，我们党对党员提出了新的道德要求。新时期之初，党从要求高级干部恢复党的优良传统和作风入手，反对特殊化和脱离群众倾向。党在 20 世纪 80 年代初提出建设社会主义精神文明主张时，明确要求党组织和党员既要在精神文明建设中发挥模范作用，更要树立共产主义理想和道德，坚决抵制资产阶级、封建主等剥削阶级的生活方式和腐朽思想的影响。20 世纪 80 年代后期，党再次强调

---

① 2012 年 5 月中共中央修订形成了《中国共产党党内法规制定条例》，并于次月下发了《中国共产党党内法规和规范性文件备案规定》。

发扬艰苦奋斗的传统，将其视为反腐倡廉建设的重要途径。新时期新阶段，在坚持发扬党的优良作风、光荣传统和时代精神的同时，党根据时势变化，提出了党员作风建设新要求，并强调要进行气节教育，并将此贯穿到“三讲”教育活动和“三个代表”重要思想学习活动中。以此为基础，十六大之后，党在全党范围内开展了保持共产党员先进性教育活动，提出社会主义荣辱观和社会主义核心价值体系，要求抓住道德建设的基础，教育引导党员干部做社会主义道德的示范者。

综上所述，党在革命、建设、改革各个历史时期，都从“规”和“德”两个方面着手，根据不同时期的不同任务和目标对党员的思想和行动进行了规范和引导。坚持依规治党与以德治党相结合是对中国共产党治党建党历史经验的总结。

二、完整、准确把握依规治党和以德治党的基本内涵

党的十八大以来，以习近平同志为核心的党中央，总结建党治党历史经验，创新管党治党理论，全面从严治党，坚持法治与德治相统一，把党的建设推向更高水平、更新境界。习近平指出：“我们深入研究探索，汲取全党智慧，坚持依规治党和以德治党相统一，坚持高标准和守底线相结合，把从严治党实践成果转化为道德规范和纪律要求。”①

治国必先治党，治党务必从严，从严必有法度。所谓依规治党，就是依照党内法规管党治党。依规治党是全面从严治党的方式和手段，既是实践层面的探索，又是思想理论的创新，体现的是运用法治思维和法治方式来管党治党。

依规治党必须“有规可依”。目前党内法规体系涵盖了党章、准则、条例、规则、规定、办法、细则这 7 个类别。其中，党章是党的总章程，是党内的“宪法”，是党内法规体系的核心和建设的根本依据。现行党章在党的十二大修订基础上，又经过 6 次修正案完善而形成，既具稳定性，又有发展性。以习近平同志为核心的党中央高度重视党章在党的建设中的地位和作用。党的十八大刚刚闭幕，习近平发表讲话《认真学习党章严

① 习近平：《在中纪委第六次全体会议上的讲话》，载《人民日报》，2016 年 5 月 3 日。

格遵守党章》，要求广大党员自觉学习党章、遵守党章、贯彻党章、维护党章。准则，是党员在现实生活中言行必须遵守的规范。目前，《关于党内政治生活的若干准则》和《中国共产党廉洁自律准则》对党内政治生活、组织生活，以及党员个体的思想行为做出基本规定。前者制定于改革开放之初，在十二大党章修订之前，一度发挥了党章的作用，后来成为党章的重要补充，至今实效性依然显著。后者在十八大之后全面从严治党实践中形成，内容精悍，对党风廉政建设正发挥越来越重要的作用。工作条例，是对党的某一领域的重要关系或某一方面的重要工作做出系统规定，如《中国共产党地方委员会工作条例》和《党政领导干部选拔任用工作条例》等，以党章为根据，对部门工作起指导和规范作用。规则、规定、办法、细则，是对党的某一领域重要工作或事项做出具体规定，其价值体现在时效性、操作性方面，如《中国共产党发展党员工作细则》等。

依规治党必须"执纪必严"。严明党的规矩是依规治党的题中应有之义。加强纪律建设是落实"全面从严治党"方略的治本之策。纪律严明是党的光荣传统和独特优势，党取得胜利和发展，靠的就是铁的纪律。依规治党如果忽视了严明党的纪律，那么章程、规章、制度、部署等等就会丧失严肃性和权威性。"毛泽东同志特别把有纪律放在最前面，这不是偶然的。因为这是决定党能否坚持革命、战胜敌人、争取胜利的首要条件。"①《中国共产党纪律处分条例》把党的纪律整合成政治纪律、组织纪律、廉洁纪律、群众纪律、工作纪律、生活纪律，对每项纪律列出负面清单及相应处分办法，界定了全体党员需要遵守的纪律底线，树立了党纪的权威地位。纪律是成文的规矩，一些未明文列入纪律的规矩是不成文的纪律。党的规矩除了包含党章、党纪、国法，还有党在长期实践中形成的优良传统和工作惯例，如向组织如实报告自己的私人生活状况、不得以各种形式拉帮结伙、不得为违纪党员说情开脱等。从严治党的"从严"，以及认真、严肃遵守党章党规的作风品质，本身就是党的传统，也是党的规矩。

所谓以德治党，就是要发挥道德的力量，用道德激励和引导党员干

---

① 《遵守党的纪律，维护党的团结——周恩来在大型舞蹈史诗〈东方红〉演出人员大会上的报告(节录)(1964 年 10 月 23 日)》，见谢莹、张宝贵：《中国共产党八十年珍贵档案(下)》，北京：中国档案出版社，2001 年，第 411 页。

部，达到管党治党的目的。以德治党的“德”，包括三个层面：一是共产主义的道德追求；二是中国特色社会主义的道德规范；三是中国传统优良道德要求。三者当中，共产主义道德是共产党人的崇高精神追求，是方向，是目标；中国特色社会主义道德是前者与现实生活结合的产物；中国传统优良道德要求既是前两者的土壤滋养，又使它们的内容得以丰富，还提供了实现途径的借鉴。

列宁认为，作为一种意识形态现象，道德永远是服从“阶级斗争的利益”的，共产主义道德就是要“把劳动者团结起来反对一切剥削，反对一切小私有制”①。周恩来曾经对共产主义道德做过精辟的概括，即“憎爱分明”“言行一致”“公而忘私”“奋不顾身”②。新时期尽管形势和任务发生了深刻变化，但中国共产党一直要求共产党员坚守共产主义道德情操、思想境界，做社会主义精神文明建设的模范。现行党章要求党员“坚持党和人民的利益高于一切，个人利益服从党和人民的利益，吃苦在前，享受在后，克己奉公，多做贡献”，“提倡共产主义道德，为了保护国家和人民的利益，在一切困难和危险的时刻挺身而出，英勇斗争，不怕牺牲”。③

当然，在共产主义于每个民族国家每一阶段的实践过程中，共产党员在坚守共产主义道德追求的同时，必须做每一时期倡导的全社会必须遵守的道德的模范。例如，20 世纪 80 年代中期，我们党就要求党员做“爱祖国、爱人民、爱劳动、爱科学、爱社会主义”等符合社会主义道德建设基本要求的模范；20 世纪 90 年代中期，党在提出中国特色社会主义思想道德建设的基本任务的同时，特别强调“应当在全社会认真提倡社会主义、共产主义思想道德”；新世纪之初，党要求广大党员、干部成为实践社会主义核心价值体系的模范，做共产主义远大理想和中国特色社会主义共同理想的坚定信仰者。

马克思主义认为，共产主义是全人类的解放事业，但其实践是从每个民族国家开始的。因此，民族国家的共产主义组织在斗争中必须尊重本民族的文化传统，遵守本民族的优良道德传统。中国共产党特别重视传统优良道德在中国特色社会主义道德建设中，乃至党员道德建设中的

---

① 《列宁全集》，第 39 卷，北京：人民出版社，1986 年，第 305 页。

② 《周恩来选集(下)》，北京：人民出版社，1997 年，第 417 页。

③ 中国共产党第十八次代表大会：《中国共产党章程》，载《人民日报》，2012 年 11 月 19 日。

重要地位。例如，党的十八大之后，“三严三实”专题教育中的“修身”“律己”就是借鉴了儒家道德建设途径的表述；《中国共产党廉洁自律准则》强调“努力弘扬中华民族传统美德”；等等。

综上所述，“依规治党”和“以德治党”各自有着丰富的内涵和内在的逻辑结构，忽视其中任何一点，都无益于“依规治党”和“以德治党”方略的实施。

三、坚持依规治党与以德治党协调统一的新认识、新实践

尽管党自成立以来就一直重视和坚持依规治党与以德治党相结合的管党治党路线，但在特定时期却未能做到两者的统一，留下了深刻的教训。例如，“文革”期间，忽视制度治党、依规治党，倡导“造反”精神，强调“大民主”方式，打破所谓“条条框框”和废除“不合理的规章制度”，形成党内高层高度集权与基层无政府泛滥相呼应的无序状态。又如，20世纪80年代中期，党在走出一条“靠改革和制度建设的新路子”后却发现10年来最大失误是“政治思想教育抓得不够”，忽视了思想建党、以德治党。再如，20世纪90年代后期，党提出了“依法治国”和“以德治国”相结合的治国方略。“依规治党”与“以德治党”相结合的治党理念也顺理成章为人们接受，在不断加强党内法规建设的同时，党就先后开展了县处级以上干部的“三讲”教育活动、全党范围内的“保持共产党员先进性”教育活动等以德治党的工作实践。从整体上看，这些工作都取得了明显的成效；但从部分来看，收效并不突出，根本原因在于一些单位和部门的党组织负责人既无“依规治党”与“以德治党”的责任意识，也无两者相结合的领悟能力，没有把党建工作当第一政绩来抓。党的十八大之后，上述状况有了根本性改变。这主要表现在：

首先，高度重视“以德治党”。党的十八大报告在提出“全面提高党的建设科学化水平”时，将“坚定理想信念，坚守共产党人精神追求”放在八个亟待解决问题的首要位置予以强调，而这也是改革开放新时期以来七次党的全国代表大会政治报告中首次在党的思想理论建设中阐述“理想信念”“精神追求”问题，提出要“抓好道德建设这个基础，教育引导党员、干部模范践行社会主义荣辱观，讲党性、重品行、作表率，做社会主义

道德的示范者、诚信风尚的引领者、公平正义的维护者，以实际行动彰显共产党人的人格力量”[①]。经过群众路线教育实践活动，我们党更加认识到党员道德建设在建党治党中的重要价值。习近平指出：“思想教育要突出重点，加强党性和道德教育，引导党员、干部坚定理想信念，坚守共产党人精神追求。”[②]另一方面，在反腐倡廉建设，尤其是“打老虎”的高压反腐斗争中，通过对若干大案要案发生原因的剖析，中国共产党也清楚地意识到，只有“坚持加强思想教育、形成不想腐的自律意识和思想道德防线，才能有效铲除腐败现象的生存空间和滋生土壤”[③]。“三严三实”专题教育中的“严以修身”“严以律己”“做人要实”，“两学一做”学习教育要求党员“讲道德、有品行”，都是“以德治党”在现实工作中的具体体现。

其次，突出强调“依规治党”。党的十八大报告中强调制度建设在党建工作中的重要地位，并以此为基础，确定了“依规治党”的治党管党方略。十八届三中全会提出要紧紧围绕提高科学、民主、依法执政水平，深化党的制度建设改革。十八届四中全会指出，“党内法规既是管党治党的重要依据，也是建设社会主义法治国家的有力保障”，“党的纪律是党内规矩。党规党纪严于国家法律”。[④] 全会做出两项重要部署：一是解决“权大还是法大”的问题。要求各级领导干部要带头遵守法律，带头依法办事，不得违法行使权力，更不能以言代法、以权压法、徇私枉法。二是加强党内法规制度建设。要求完善党内法规制定体制机制，形成配套完备的党内法规制度体系，运用党内法规把党要管党、从严治党落到实处，促进党员、干部带头遵守国家法律法规。[⑤] 十八届五中全会将依规治党与依法治国相提并论。十八大之后，党积极推进“依规治党”向前发展：

① 胡锦涛：《坚定不移沿着中国特色社会主义道路前进，为全面建成小康社会而奋斗》，见《十八大以来重要文献选编（上）》，北京：中央文献出版社，2014年，第39页。

② 习近平：《在党的群众路线教育实践活动总结大会上的讲话》，载《人民日报》，2014年10月9日。

③ 习近平：《在十八届中央政治局第二十四次集体学习时的讲话》，见《习近平关于严明党的纪律和规矩论述摘编》，北京：中央文献出版社、中央方正出版社，2016年，第62页。

④ 中共十八届四中全会：《中共中央关于全面推进依法治国若干重大问题的决定》，载《人民日报》，2014年10月29日。

⑤ 张晓松、黄小希：《从严治党依规治党——写在十八届中央纪委四次全会召开之际》，载《新华每日电讯》，2014年10月24日。

在3年多的时间里，中央出台和修订党内法规达54部；正式建立中央书记处定期听取党内法规工作情况报告和中央党内法规工作联席会议制度；出台《中央党内法规制定工作五年规划纲要（2013—2017年）》；集中清理党内法规和规范性文件；建立党内法规和规范性文件备案审查制度；印发第一部关于党内法规解释的规定，等等。

再次，坚持“依规治党”和“以德治党”相结合。针对长期以来制度治党、依规治党落实不到位，思想建党、以德治党得不到应有的重视，制度治党、依规治党相脱节等问题，十八大之后，党一方面坦诚认识其中的严重缺陷，列举其表现，分析其原因；另一方面做出了若干改进之举。

就“依规治党”而论，一是一些党纪党规没有针对性和实效性，空洞乏力，流于形式，呈“牛栏关猫”状。二是制度规范刚性不足，留“暗门”、开“天窗”、不平等。三是一些领导干部不能带头执行制度规范。就“以德治党”而论，不少党员干部心为物役，信奉金钱、名利、享乐至上，心里没有任何敬畏，行为没有任何底线。四是在“依规治党”和“以德治党”关系上，一些人轻视思想政治工作，认为有了制度规章就万事大吉，有些干部已经不会或不大习惯于做认真细致的思想政治工作了，还有些人甚至认为组织找自己谈话是多此一举。正是因为轻视和忽视“以德治党”，致使“依规治党”难收成效，一些本来可以落实的制度得不到落实，一些本来可以避免的问题不断发生。

为纠正这些弊端，党中央强调，在“以德治党”方面，对党员、干部来说，思想上的滑坡是最严重的病变。要拧紧这个“总开关”，就要正确处理好公私关系，树立正确的是非观、义利观、权力观、事业观。在实际生活中，对思想上的灰尘要经常打扫，经常“照镜子”，随时“正衣冠”，有灰尘就要“洗洗澡”，出毛病就要“治治病”。① 反“四风”、落实“八项规定”，党风因此刷新，民风由此更始。在“依规治党”方面，制度建设在于精，在于务实管用；制度面前人人平等、执行制度没有例外；制度的贯彻执行必须“抓细”“抓常”“抓长”，等等。

尤其重要的是，十八大之后，党特别强调“以德治党”和“依规治党”

---

① 习近平：《在党的群众路线教育实践活动总结大会上的讲话》，载《人民日报》，2014年10月9日。

两者的结合。习近平明确指出："要加强警示教育，让广大党员、干部受警醒、明底线、知敬畏，主动在思想上划出红线、在行为上明确界限，真正敬法畏纪、遵规守矩。思想教育要结合落实制度规定来进行，抓住主要矛盾，不搞空对空。要使加强制度治党的过程成为加强思想建党的过程，也要使加强思想建党的过程成为加强制度治党的过程。"①他还指出，落实全面从严治党方略，必然要求依规治党和以德治党紧密结合，"道德使人向善，是纪律的必要前提和基础；纪律用来惩恶，是道德的坚强后盾和保障"②。2015 年 10 月，中共中央同时印发《中国共产党廉洁自律准则》和《中国共产党纪律处分条例》，就是两者相结合的现实诠释。特别是习近平就此还做了明确说明："新修订的准则，扣紧'廉洁自律'这个主题，坚持正面倡导、重在立德，重申党的理想信念宗旨、优良传统作风，这是党员和党员领导干部能够看得见、摸得着、够得到的一个标准，要树立这么一个标准，这是高标准，展现了共产党人高尚的道德追求；而新修订的条例，围绕着党纪戒尺要求，开列'负面清单'、重在立规，划出了我们党组织和党员不可触碰的底线，这都是很清晰的。"③执行这两项法规，"既树立高尚的道德情操，又严明党的纪律戒尺"，"把从严治党的实践成果总结提炼出来，转化为道德和纪律要求"。④

十八大之后，中国共产党不但在理论上，而且在实践中，进一步完善了"依规治党"与"以德治党"相结合的路径，使落实"全面从严治党"方略进入新的境界。一是 2013 年 6 月到 2014 年 10 月，党在全党范围内，重点是在县处级以上领导机关、领导班子和领导干部中开展群众路线教育实践活动。在这次活动中，党在集中解决形式主义、官僚主义、享乐主义和奢靡之风"四风"问题时，提出了"八项规定"要求，使纠风有了党规依据，从而避免了活动落入"空""虚"窠臼。更重要的是，党发挥纪检力量，对党内违纪违规现象进行了严肃查处，发挥出了党规刚性的威力，

① 习近平：《在党的群众路线教育实践活动总结大会上的讲话》，载《人民日报》，2014 年 10 月 9 日。

② 习近平：《在十八届中央政治局常委会第一百一十九次会议关于审议中国共产党廉政准则、党纪处分条例修订稿时的讲话》，见《习近平关于严明党的纪律和规矩论述摘编》，北京：中央文献出版社、中央方正出版社，2016 年，第 65-66 页。

③ 同上书，第 66 页。

④ 同上书，第 67 页。

保证了正面教育的质量。[①] 二是作为党的群众路线教育实践活动的延展深化，2015 年 4 月，党中央决定在全党县处级以上干部中进行“三严三实”（“严以修身、严以用权、严以律己；谋事要实、创业要实、做人要实”）专题教育。以此为基础，2015 年 10 月，党中央废止了《中国共产党党员领导干部廉洁从政若干准则》(2010 年 1 月），颁行《中国共产党廉洁自律准则》。其中，对党员领导干部提出了“廉洁”从政、用权、修身、齐家的要求，巩固了“三严三实”教育的效果。三是为推动全面从严治党向基层延伸，巩固拓展党的群众路线教育实践活动和“三严三实”专题教育成果，进一步解决党员队伍在思想、组织、作风、纪律等方面存在的问题，保持发展党的先进性和纯洁性，2016 年 2 月，党中央决定在全体党员中开展“学党章党规、学系列讲话，做合格党员”学习教育。从逻辑层次看，“两学”本身就体现出“依规治党”与“以德治党”相结合的特征；“一做”既是“两学”的目的要求和自然结果，而其中的“四讲四有”(“讲政治、有信念，讲规矩、有纪律，讲道德、有品行，讲奉献、有作为”)又体现出“依规治党”和“以德治党”相结合的基本要求。四是十八大以来，我们党采取持久深入的“打虎”“拍蝇”“猎狐”反腐肃贪高压行动，形成了“不敢腐”的廉洁氛围，有力地支持了上述正面教育为主要内容的党建实践，保证了活动的成效。也是在实际高压反腐的斗争中，党对现行党纪党规进行清理完善，不断扎紧笼子，达到“不能腐”的效果。当然，在高压反腐斗争中，党更加意识到对党员干部进行理想信念、道德情操教育的重要价值，并努力使之成为“不想腐”的内在力量支撑。概言之，党的十八大之后反腐倡廉建设的成效有力地说明了坚持依规治党与以德治党相结合治党路线的重要性和必要性。

本文发表于 2016 年第 4 期

① 《群众路线教育实践活动：一份实实在在的作风建设成绩单——写在党的群众路线教育实践活动收官之际》，新华网，http：//news. xinhuanet. com/politics/2014－10/08/c_127071028. htm.

全面从严治党的思考

刘汉峰*

从严治党是中国共产党治党的重要原则。正是党在90多年的建设实践中一直坚持从严治党的方针，才保证了党的有序运转，取得了党的建设的巨大成就。新时期为了更好地担负起领导建设中国特色社会主义、实现中华民族伟大复兴中国梦的历史重任，习近平总书记强调要坚持从严治党，深入把握从严治党规律，并提出全面从严治党的思想。全面从严治党思想的提出是对党的治理理论的新的认识和升华，是当前党的建设中一项重大而迫切的政治任务。

一、从严治党是理论与实践相结合的政策理论体系

中国共产党在建党初期就十分强调组织纪律，党章中对此有明确具体的要求。新民主主义革命时期，毛泽东提出以思想建党为基本原则的治党方略，把党建设成在经历曲折探索的道路上能够战胜各种困难、不断夺取胜利的无产阶级先锋队。在加强党的自身建设上，邓小平多次提及党的管理，明确提出了党要管党的思想，始终坚持“两手抓”，一手抓思想建设，一手抓制度建设。邓小平注意强调理想信念的作用，在1986年的一次谈话中他指出：“我认为，最重要的是人的团结，要团结就要有共同的理想和坚定的信念……没有这样的信念，就没有凝聚力。没有这样的信念，就没有一切”①；同时，他也高度重视制度建设，认为“我们过去发生的各种错误，固然与某些领导人的思想、作风有关，但是组织制

* 刘汉峰，武汉理工大学马克思主义学院博士生、北京市委党校教师。

① 《邓小平文选》，第3卷，北京：人民出版社，1993年，第190页。

度、工作制度方面的问题更重要”[①]。邓小平党建思想指明了党要管党的方针和路径，从严治党作为党的建设重要内容以实践的形式不断深入推进。随着党的治理需求日益加强，在党的十五大报告中，党中央明确提出了从严治党的要求，使从严治党的理论与实践以方针政策的形式系统地、突出地体现在党的日常工作中。从十五大到十八大，党中央对在社会主义市场经济条件下如何加强从严治党建设，特别是制度建设进行了探索。江泽民指出：“从严治党，必须严格执行党的制度……制度问题更带有根本性、全局性、稳定性和长期性。对党内已经确立的制度要执行，同时要根据实践的发展，不断健全各项制度，形成一套从严治党的制度和机制。”[②]这一时期，在党的纪律建设、党的干部队伍建设、党的基层组织建设等方面形成了一批具有政策约束力的规章制度，从严治党进入大规模制度化建设阶段。十六大以后，党不断加大自身建设，特别是党风廉政建设和反腐败斗争力度，先后开展了以实践“三个代表”重要思想为主要内容的保持共产党员先进性教育活动、学习实践科学发展观活动、创先争优活动；从建立科学严密的权力运行机制出发，保证权力在制度化、法制化轨道上运行，惩治和预防腐败体系的初步构建、党内监督和社会监督相结合机制的推行，以及建立健全预防腐败信息共享和腐败风险预警机制，标志着从严治党的制度建设进入了系统化、法治化阶段。胡锦涛指出：“加强和改进新形势下党的建设，必须高度重视制度建设。党的十七届四中全会强调了党的制度建设的重要性，把制度建设摆在了党的建设新的伟大工程更加突出的位置。”[③]

党的十八大以来，以习近平同志为核心的党中央以前所未有的力度推进从严治党。推进从严治党，首要任务就是要求党员树立远大的共产主义理想。习近平指出：“共产党员特别是领导干部要做共产主义远大理想和中国特色社会主义共同理想的坚定信仰者和忠实践行者。”[④]“有了坚定的理想信念，站位就高了，眼界就宽了，心胸就开阔了，就能坚持正确政治方向……经受住各种风险和困难考验，自觉抵制各种腐朽思想的

① 《邓小平文选》，第2卷，北京：人民出版社，1994年，第333页。
② 《江泽民文选》，第3卷，北京：人民出版社，2006年，第29页。
③ 《十七大以来重要文献选编(中)》，北京：中央文献出版社，2011年，第414页。
④ 《十八大以来重要文献选编(上)》，北京：中央文献出版社，2014年，第115页。

侵蚀，永葆共产党人政治本色。”[①]按照十八大部署，围绕保持党的先进性和纯洁性，在全党开展了以为民务实清廉为主要内容的群众路线教育实践活动，这是新形势下坚持党要管党、从严治党的重大决策。党中央提出落实关于改进工作作风、密切联系群众的八项规定，成为群众路线教育实践活动的重要成效之一。同时，中央把惩治腐败作为从严治党的一个突破口，取得重大成效。中央坚决反对特权思想、特权现象，坚持以公开促公正、以透明保廉洁。加大制度反腐、法治反腐力度，把权力关进制度的笼子里，逐步建立不想腐、不能腐、不敢腐的机制，同时兼顾到了制度建设的有效性和执行力。2014 年 10 月，习近平在群众路线教育实践活动总结大会上提出坚持从严治党八点要求。2014 年 12 月在江苏调研期间，习近平提出了“四个全面”思想，将“从严治党”首次提升到了“全面从严”的高度，意蕴深邃。

从严治党是一个理论与实践相结合的政策理论体系，其历史进程揭示了这一体系的基本构成要素和要素之间的关系。从严治党包含了三个独立概念主体，即治理行为主体——共产党组织，治理对象主体——共产党党员，治理政策主体——从严治理体系。这三个主体统一于从严治党这个理论政策的框架内。需要强调的是，此框架的重点在于对政策主体，即从严治理体系的理解和认识，这是分析这一框架的关键。这里面涉及对从严治党中的“严”的解析、阐释问题。无论在理论层面，还是政策实施层面，“严”既有其普遍规定性特征，又有不同时期的客观历史发展所赋予的阶段规定性特征。这两种特征的结合，构成了“严”的政策理论基本内涵。“严”在具体实践中表现为三个基本领域：第一个领域包括了党的法规、纪律、制度、党章，甚至社会制度对党员的约束管理，也就是说从严治党体现出的严的标准、严的举措、严的纪律。这是法与度对党员个人的外在约束和要求。第二个领域表现在党的纪律建设中，党员只有把纪律内化为自身的责任，这种责任约束才能转变为认识升华后的自我约束，达到共产党员的纪律是自觉的纪律这样的境界。这里指的是思想意识上的自觉，是党员个人能动性的一种体现。第三个领域的严不是具体的措施和个体感受，而是一种整体精神，也就是严肃的精神，

① 《十八大以来重要文献选编(上)》，北京：中央文献出版社，2014 年，第 117 页。

这种精神包括科学的、实事求是的、具有恒定创造力和推动力的内在理性元素。因而，它是高层次的自觉，是从严治党的价值目标与追求之所在。这三种“严”是不同历史时期、不同社会发展阶段体现出的具有共性意义的基本特征，也是从严治党表现形态的不断内化。

二、推进全面从严治党的关键在于客观认识和把握从严治党规律

从严治党规律与党的宗旨、目标、任务息息相关，是党的历史发展的反映，也是党的经验的集成。从严治党，就要从规律研究入手，总结、归纳，甚至抽象出具有一定指导意义和具有普遍适用性的特点。从党的建设历史进程和从严治党的实践效果来看，从严治党规律主要包括以下几个方面：

(一)从严治党是包括无产阶级政党在内的现代政党治理的内在要求

马克思主义认为，政党本质上是特定阶级利益的集中代表者，是特定阶级政治力量中的领导力量，在共同利益和奋斗目标一致的前提下由阶级先进分子组织而成的政治组织。政党的阶级性和组织性是其自身与生俱来的“基因”，其真正的战斗力存在于内在组织力和外在凝聚力之中。政党的组织力和凝聚力的同向一致性是现代政党所追求的根本方向。在现代社会，政党特别是执政党在现代化进程中日益面临着一个共同的挑战，即“嵌入性”挑战，也是社会关系的影响对组织力、凝聚力构成的挑战。格兰诺维特认为，一切经济行为，甚至所有行为都嵌入到关系网络中，这种关系的嵌入，也就是说各种社会因素都对经济发生着重要影响，甚至是决定性影响。从概念上看，“嵌入”在政党政治分析中具有十分重要的研究价值和意义。因为“嵌入”的最为直接的价值在于其广泛的关联性，在现代政党政治中，这种“嵌入”的社会关系形成的关联普遍存在，并必然导致各种形态的资源整合，对于现代社会全球化、信息化的社会形态而言，社会关系、社会行为的“嵌入”对组织力提出了新的更高要求。社会行为的“嵌入”性特征不仅带给政党“嵌入”挑战，同时也带来“嵌入”机遇，也就是在这种“嵌入”关联整合过程中的组织力的提升与展现。政党的意识形态渗入与组织形态的整合都需要通过严格科学且具有社会理性价值的规范来实现。从这一点上看，从严治党要求强化组织建设的目

标与现代政党发展的内在驱动力量是相统一的。

(二)保持先进性和纯洁性是马克思主义政党严于律党，并在竞争中立于不败之地的根本保障

保持共产党员的先进性和纯洁性是坚持党的性质和宗旨，体现共产党政治本色的重要保证。先进性和纯洁性的根本建设在于思想领域，共产党人的理想信念、坚定意志是党战胜困难、争取胜利的强大精神支柱，这是其他性质政党所不具有的独特优势和战略资源。思想先进与队伍纯洁来自党员的理想追求与党的长期思想教育共同作用的结果。邓小平指出："过去我们党无论怎样弱小，无论遇到什么困难，一直有强大的战斗力，因为我们有马克思主义和共产主义信念。有了共同的理想，也就有了铁的纪律。无论过去、现在和将来，这都是我们的真正优势。"①中国共产党的成功很大程度上源于这种政治思想上的优势。相反，"先锋队如果脱离人民群众，就不能成其为人民的先锋队，就不独不能实现它解放人民群众的任务，而且有直接被敌人消灭的危险"②。国际共产主义运动的经验证明，共产党如果不具备先进性和纯洁性，就会面临原苏东社会主义国家那样被历史淘汰的命运。苏联在戈尔巴乔夫时期，由于鼓吹西方价值观，自动放弃共产主义理想信念，导致党的建设遭受巨大损害。在党的组织建设上，最突出的表现就是党员队伍急剧流失，基层组织大幅减少。据统计，从 1989 年 1 月到 1991 年 1 月，苏共党员由19 487 822人减少到16 516 100人，减少了近 300 万。与此同时，苏共基层组织也出现了大幅减少的现象。《苏共中央通报》称国防企业的基层组织 1989～1990 年数量减少了 23%，在外贝加尔军区，46%的营连队没有了党组织。③组织建设的失控直接导致了社会心态的崩溃和社会秩序的瓦解。苏东社会主义国家的前车之鉴，再次警醒共产党要从严治党，始终保持党的先进性和纯洁性。

(三)严肃的组织纪律性是党形成凝聚力、战斗力的关键

中国共产党的力量，来自组织的坚强团结、意志统一、行动一致。

① 《邓小平文选》，第 3 卷，北京：人民出版社，1993 年，第 144 页。

② 中国社会科学院现代史研究室编著：《中国共产党历次代表大会(新民主主义革命时期)》，北京：中共中央党校出版社，1982 年，第 181 页。

③ 陈之骅等主编：《苏联兴亡史纲》，北京：中国社会科学出版社，2004 年，第 764 页。

列宁在建党问题上，明确指出了党是有组织的部队，党员必须服从党的纪律，只有这样党才能成为有战斗力的、集中统一的、有组织有纪律的无产阶级先锋队。中国共产党成立之初，就力求打造铁一样的组织。严格的组织纪律和严格执行组织原则造就了一个有战斗力的无产阶级政党，为后来党的事业的发展奠定了坚实基础。在党的二大文件《关于共产党的组织章程决议案》中强调了每个党员的一切言行都必须和党保持一致的纪律，同时专门规定了“有纪律的组织与训练”必须遵守的具体原则。1927年，中央政治局会议通过的《中国共产党第三次修正章程决案》，规定严格党的纪律是全体党员及全体党部最初的最重要的义务。这是对纪律认识的深化，也为全党形成自觉的党纪观奠定了基础。在这个章程里，还设立了党的监察机关——监察委员会，并提出了对违反纪律行为要通过党员大会或监察委员会依法审查，使党的行动在科学的组织化系统中得以统一意志、凝聚力量。党的纪律作为党员最基本的要求，为此后完善健全党的建设内容奠定了坚实的基础。

从严治党要求党具有严格有效的组织原则，民主集中制就是共产党在实践中创造的重要成果。民主集中制是在严格的历史检验中证明其实效性的。严格的组织原则是使党在政治生活中保持战斗力和活力的关键。在民主基础上的集中与集中指导下的民主，能够直接、系统地反映党内生活中领导者与被领导者、上级组织与下级组织、党员个人与党的整体、党的中央与党的地方及其各级组织的关系。处理好这四种关系对于党内政治生活的正常进行具有非常重要的意义。从严治党要求严格执行党的领导制度，坚持党的集体领导和个人分工负责相结合。在党的组织建设中，做到在党的纪律面前人人平等，领导干部和普通党员共同接受党组织监督。以从严治党为出发点制定的党规党法，其基本落脚点在于不断加强和提高党员的党性修养，使党员自觉地维护党的利益、自觉地同非无产阶级行为作斗争、自觉地服务组织和服务群众。在党性修养的培育中，自觉树立并形成党组织的政治向心力和凝聚力。

(四)从严治党成功与否取决于政党治理体系理论与实践的严整性、统一性

从严治党理论是一个结构紧凑、系统协调的严整体系，具有整体理性和整体性合力规律。这一体系规律的外部契合与内部律动是有深刻的价值基础和结构支撑的。

从严治党治理体系(以下简称体系)的第一个要素是科学理论。政党治理的基本前提是要有科学完备的理论准备和理论支持。中国共产党的理论构建是在与时俱进中不断开拓创新的。在不同的历史发展时期，党的治理模式不尽相同。马克思主义中国化建党理论是马克思主义建党原则与中国国情的有机结合，是对马克思主义理论的创造性继承。毛泽东建党理论强调思想建党，即用无产阶级思想改造党内非无产阶级思想，实现党的团结和统一，保证党的无产阶级性质。邓小平建党理论强调坚持四项基本原则下思想建设与制度建设的统一。发展着的马克思主义事业需要发展着的马克思主义理论来指导，其科学性就在于对马克思主义活的灵魂的认识和把握，这是从严治党的最根本的指导，即科学理论指导。体系的第二个要素是党的先进意识。党在 90 多年的历史中，总能够在艰难困苦中化险为夷、在胜利辉煌中冷静沉着，具有先进意识是一个重要原因。具体而言，先进意识包括四个方面：历史意识、发展意识、社会主体意识、自律意识。党在其发展历史过程中的经验教训使党具有了成熟的历史意识，两次重要历史阶段形成的两个重要的关于历史问题的决议证明了这一点。中国共产党的历史意识、历史方位感决定了党的重大历史抉择的客观性。实践证明，党的历史意识作为促进党的发展的一个重要引擎，一直在发挥着建设性作用。党的发展意识与历史意识不同，它所体现的是具有全面性和前瞻性的党的发展战略。这种前瞻性既包括思想认识层面实事求是的科学理性，也包括战略运筹层面的居安思危、未雨绸缪等。社会主体意识，也就是群众意识。群众是社会发展的主体，是推动社会发展的决定性力量。群众观念是中国共产党的生存之本，为人民服务是党的根本宗旨。群众是共产党最大的政治资源，这不仅仅是一种意识，也是一种优势。谁拥有社会主体力量的支持，谁就能够在社会发展潮流中保持主动。反之亦然。牢牢把握住了这一点，也就把握住了根本。自律意识就是党组织自我净化、自我约束和艰苦奋斗的意识。总之，党的先进意识是自身建设与治理体系中的关联性要素，是浸透在从严治党政策理论体系中的“黏合剂”，其作用在于感知和化合。体系的第三个要素是严格的管理制度。从严治党的载体是制度和法规，它是党内政治生活的规范性管理系统。这个系统包括党的基本制度，如集体领导制度、民主集中制度、党的纪律监督与检查制度等；也包括党内法规，如党章、准则、条例，以及规则、规定、细则、办法。制度是现代社会治理的基本手段，是实现党员意志的基本途径。党的制度法规是实现党内权力制约与协调的工具，严格的制度不仅体现在对组织和对党员的双重约束和管理上，也体现在制度本身的客观性和执行过程的统一性、恒定性上。体系的第四个要素是严肃认真的作风。党风涉及思想作风、执政作风、学习作风、工作作风、领导作风等，陈云曾指出“党风问题是关系执政党生死存亡的问题”。党风的树立不是朝夕之功，严肃正派的党风是思想建设、组织建设、制度建设合力形成的。党风的树立一靠传统，二靠制度，三靠模范，最终靠认真。从严治党、严肃风纪最关键、最管用、最直接的办法就是共产党人一贯提倡的认真精神。认真精神一到，党风就会为之耳目一新。体系最后一个要素是生动的局面。从严治党不仅要有严整的党风党貌，还要有生动活泼的政治局面。这是从严治党的最终目的，只有这样才能从根本上发挥各级各类党员的主观能动性和积极性、创造性，才能真正形成有战斗力的团结和统一。

(五)人民群众监督是从严治党重要的外在保障

从严治党需要人民群众的监督，这种监督体现的是党对人民群众的负责精神与人民群众的有序参与的统一。邓小平曾经就党的监督问题讲过：“宪法上规定了党的领导，党要领导得好，就要不断地克服主观主义、官僚主义、宗派主义，就要接受监督，就要扩大党和国家的民主生活。如果我们不受监督，不注意扩大党和国家的民主生活，就一定要脱离群众，犯大错误。”[①]党代表人民群众的利益，并为人民群众服务，党的工作最终检验者就是人民群众。党对人民负责，就要落实党的群众路线，首先向群众学习，其次教育群众，最后接受群众的监督和批评。这是一个完整的认识论和实践论相统一的过程。人民群众发挥监督作用的途径是有效的信息沟通渠道和健全的制度。在社会主义法治国家建设中，普通公民对于执政党的监督要贯穿权力授受与执行的全过程。

(六)新形势新任务新挑战对从严治党的要求越来越高

以反腐败为例，改革开放以来，中央对于反腐败的制度构建与实施

---

① 《邓小平文选》，第1卷，北京：人民出版社，1994年，第270页。

的力度不断加大。从20世纪80年代整顿党的作风到21世纪初惩治和预防腐败体系的初步建立，体现出从严治党的力度的变化趋势。党的十八大以来，以习近平同志为核心的党中央对这项工作的整治在以往基础上大幅推进。仅在十八大后，截至2014年11月25日，已有54名省部级及以上官员落马，其中包括2014年被宣布查处的副国级及以上官员3人、省部级官员33人，十八大至2013年底被宣布查处的省部级官员18人。[①] 改革需要过大关，治理需要过大关，从严治党同样需要过大关。每一次过关都是对党的一次历练和考验。随着对执政党要求的不断提高，对执政规律认识的不断深化，治理标准会更高、更严格。此外，中国共产党的执政环境已经不仅仅要面对国内形势的挑战，还要面对更为复杂的国际形势的挑战。从严治党的难度和复杂性也有不断增强的趋势，这种判断既符合对从严治党规律的认识与把握，也符合社会发展规律的必然要求。这个规律对于正确把握从严治党的长期性、艰巨性、方向性极为重要。

三、对推进全面从严治党几个问题的思考

我国经济社会发展中出现的新变化，对执政党治理方式也提出了新的要求。从严治党理论的科学性与实践性要求这一体系在实践中不断发展完善。在新形势下推进全面从严治党需要考虑的因素日益多样化、复杂化，其中有几个问题值得深入思考研究。

(一)从严治党规律与提高党的建设科学化水平的互动与深化问题

从严治党，自觉维护党的集中统一，是实现党的建设科学化工作的要求。严格治党既是党长期坚持的基本方针，也是新的历史时期党的建设一项紧迫任务；既是一项严整的系统工程，又是一项不断在完善创新中发展的理论和实践。从严治党规律既具有理论的科学性，又体现出时代性、实践性。在新的历史阶段，如何以科学严肃的态度提高党治理能力的现代化水平，是当前党的建设中的大事。特别是一些具有前瞻意义

① 《十八大后54名省部级以上官员落马今年已达去年2倍》，人民网，http://politics.people.com.cn/ywkx/n/2014/1126/c363762-26096912.html.

的问题需要进一步阐释，在如何科学理解全面从严治党这个大的问题之下，还有对从严治党规律的客观归纳问题，从严治党的现代化形态和标准的问题，党的治理体系中的内在逻辑关系问题，对领导干部严格管理的有效制度机制问题，从严治党的过程中如何实现组织与党员个人积极互动问题，等等。从严治党规律的探索是对党的建设科学化认识的深化，是提高党的建设科学化水平的重要环节和内容。

(二)党员权利与责任相统一的问题

严格要求党员履行职责与严肃对待党员权利同等重要。以严肃的态度认识和对待党员权利和责任是从严治党规律的内在要求。以往对党员的责任强调比较多，比较细，对党员权利的关注需要进一步加强，这是培育党组织凝聚力、向心力的一个亟须着力的地方。现阶段，一些党员干部理想信念缺失、道德修养滑坡已经成为党的事业的一大危害，必须在观念、制度多层面探索新办法。一方面需要用严格的纪律来约束；另一方面也需要增强权利意识，促使党员干部保持积极向上的精神。现代社会运行方式和基础来源于权利的分配，权利细化就是创新方向。严肃地对待党员权利行使方式与特点，是推动全面从严治党的一个治理层面，也是实现党的建设发展创新的新型增长点。

(三)从严治党与依法治国相统一，培育党的法治文化的问题

新的历史时期，建设社会主义法治国家已经成为一项重要的国家发展战略。依法依规治党在现代治理体系建设中具有了逻辑必然性。在党的治理体系中，党规是党的行动准则和运行规则，这些规则要与国家的法律建立相应的关联和对应。从严治党与依法治国的关系，要体现法律(党规)面前人人平等、党规与法律有效衔接、党的活动在宪法和法律允许的范围内活动三个基本特点，这样才能从根本上实现全面从严治党与依法治国的统一。在培育社会主义法治文化的同时，也要培育党内法治文化。党要在树立法治意识，践行法治文化中发挥模范带头作用。用党内法治文化的成效引领社会主义法治文化的培育。全面从严治党整体性合力规律的发挥需要相应的法治文化氛围，在这样的文化环境下才能够加快推进全面从严治党的步伐，加快推动社会的发展与进步。

总之，全面从严治党论断是党完善和发展中国特色社会主义制度、推进国家治理体系和治理能力现代化的一个重大理论创新，是提高党的建设科学化水平的新思考、新思路。党中央在从严治党这个题目下强调全面推进，标志着今后一个时期党的治理任务将以现代化、制度化、体系化、科学化的形式不断推向深入。

本文发表于 2015 年第 1 期

严明纪律是从严治党的重要前提

梁　柱*

党的十八大报告明确地把“严明党的纪律，自觉维护党的集中统一”作为全面提高党的建设科学化水平的重要组成部分，强调了加强党的建设中严明纪律的重要性。2013 年初，习近平总书记在中纪委二次全会的讲话中指明，防腐倡廉建设，必须反对特权思想、特权现象。共产党员永远是劳动人民中的普通一员，除了法律和政策规定范围内的个人利益和工作职权之外，所有共产党员都不得谋求任何私利和特权。在这里，他再次强调党的纪律的重要性，特别强调要严明政治纪律，自觉维护党的团结统一。这些重要思想，对当前党的建设有很强的现实针对性，对维护党的纯洁性和先进性具有重要的意义。

一、严明的纪律，是无产阶级政党，也是中国共产党的一大政治优势

马克思恩格斯在《共产党宣言》中，把无产阶级的历史使命同以往的运动做了科学的区分，指出：“过去的一切运动都是少数人的，或者为少数人谋利益的运动。无产阶级的运动是绝大多数人的，为绝大多数人谋利益的独立的运动。”无产阶级的运动之所以具有这样的历史特点，能够推翻旧世界、建设为绝大多数人所有的新社会，这是因为马克思恩格斯考察了人类社会特别是资本主义社会的矛盾运动，认定在当前同资产阶级对立的一切阶级中，只有无产阶级是真正革命的阶级，一方面，无产阶级失去了一切生产资料，是一个一无所有的阶级，对他们来说，在为

* 梁柱，北京大学中国特色社会主义理论体系研究中心教授。

绝大多数人谋利益的斗争中，“失去的只是锁链，他们获得的将是整个世界”①，因而有很强的革命性。另一方面，正是由于它们是大工业的产物，因而具有很强的组织性和纪律性，能够组织起本阶级的力量带领广大人民群众为自身的利益而奋斗。正如列宁所指出的：“无产阶级在夺取政权的斗争中，除了组织，没有别的武器。”②

作为无产阶级的组织武器，最重要的是要组成由先进理论武装的、具有严明组织纪律的因而能够战斗的政党。马克思恩格斯指出：“无产者组织成为阶级，从而组织成为政党这件事，不断地由于工人的自由竞争而受到破坏。但是，这种组织总是重新产生，并且一次比一次更强大、更坚固、更有力。”③国际共产主义运动的历史证明了这一点。1836 年在巴黎成立了“正义者同盟”的组织，大多数成员是手工业者。它的指导思想是空想的、平均的共产主义，后来又受到蒲鲁东的阶级调和思想的影响，其基本口号是旧行会性质的“人人皆兄弟”，因而不可能发挥无产阶级政党的作用。后来，通过马克思恩格斯的艰苦工作，对它进行了引导和改造。1847 年 6 月，在伦敦举行“正义者同盟”的改组大会，决定将其改名为“共产主义者同盟”，抛弃“人人皆兄弟”的旧口号，接受马克思恩格斯提出的“全世界无产者，联合起来!”的新口号。大会通过的章程明确规定：“同盟”的目的是推翻资产阶级政权，建立无产阶级统治，消灭旧的以阶级对抗为基础的资产阶级社会和建立没有阶级、没有私有制的新社会。确定了无产阶级政党的历史使命，这表明科学社会主义理论已成为这一组织的指导思想。章程还规定“同盟”盟员必须承认共产主义，必须服从“同盟”的一切决议，保守“同盟”的一切机密，必须参加“同盟”的一个支部活动。这就使“同盟”有了明确的组织纪律要求，成为一个国际性的无产阶级政党组织。随后，马克思恩格斯接受“同盟”的委托，起草了《共产党宣言》，成为国际共产主义运动的第一个纲领。随着马克思学说在欧洲的广泛传播，各国无产阶级政党相继建立，国际工人运动如火如荼地开展起来。1895 年恩格斯逝世后，出现了伯恩施坦修正主义，在许多基本问题上离开了马克思主义的立场，欧洲的许多党受到侵蚀。在

① 《马克思恩格斯选集》，第 1 卷，北京：人民出版社，1995 年，第 307 页。

② 《列宁选集》，第 1 卷，北京：人民出版社，1995 年，第 526 页。

③ 《马克思恩格斯文集》，第 2 卷，北京：人民出版社，2009 年，第 40-41 页。

这种情势下，列宁为在俄国建立马克思主义政党进行了多方面的工作。列宁建党的重要思想主要是：坚持党是无产阶级的先进部队，应当由用马克思主义理论武装起来的、无产阶级中最有觉悟、最先进的分子组成，绝对不能把作为工人阶级先进部队的党和整个阶级混淆起来；同时坚持党是无产阶级有组织的部队，是按照民主集中制组织起来，必须有统一的党章、统一的纪律、统一的领导机构，实行少数服从多数、个人服从组织、下级服从上级、地方服从中央的组织原则。只有这样，党才能发挥无产阶级最高组织形式的作用。正是有了这样坚强有力的马克思主义政党，才能够胜利地领导了俄国十月革命，使科学社会主义由理论变成现实的社会制度。这是人类历史发展一次伟大的飞跃，不管后来将经历怎样的艰难曲折，它所预示的历史发展方向是任何力量也改变不了的。

中国共产党是在列宁的第三国际帮助下建立的，一开始就是以马克思列宁主义理论为指导、有着严格的组织纪律的党。党成立后就投身工农运动，掀起了以京汉铁路工人大罢工、五卅运动为标志的革命风暴，并同国民党左派一道推动了轰轰烈烈的北伐战争。在这次北伐战争中，共产党人叶挺指挥的独立团，表现了严格的革命纪律，以其英勇善战而被誉为“铁军”。后来的工农红军、八路军和新四军、中国人民解放军都继承了这一光荣传统。这些都初步显示了无产阶级政党的组织力量。大革命失败后，面临被打散危险的党在中央统一部署下又迅速集合起来，进行顽强的战斗。毛泽东率领的秋收起义部队，有的来自旧式的军队，主要成员又是农民，把它改造成为能够执行党的政治任务、有严格组织纪律的新式的革命军队，是一个重要的任务。毛泽东通过三湾改编，确立了“支部建在连上”的原则，在井冈山斗争时期又形成了“三大纪律、八项注意”。“三大纪律”中有一项“不拿群众一个红薯”（后来逐步改为“不拿工人农民一点东西”，“不拿群众一针一线”），正是这样一个纪律要求，把革命军队和旧式军队区别开来，群众也正是通过这样的细节认识并接受了自己的子弟兵。红军长征通过的许多地区是缺乏群众基础的，其中还有不少是少数民族地区，红军就是依靠严明的纪律和真心实意为人民的行动取得广大群众的信任和支持，不但能够顺利通行，而且播撒了红色的种子。人民解放军解放大上海时，为了不扰民而露宿街头，广大群众正是通过这种体现严明纪律和爱民的行动认识了共产党，理解了“解放”的含义。由上可见，在党经历的各个革命时期，之所以能够赶走凶恶的日本帝国主义，打败八百万国民党军队，推倒压在中国人民头上的“三座大山”，虽然是多种因素的合力作用，但如果没有严明而自觉的革命纪律，是不可想象的。

在中国共产党90多年的历史发展中，经历了革命战争时期、社会主义改造与建设时期和改革开放新时期，但这都是党的事业的不同发展阶段，在任何时候党的纪律都不能松懈。特别是革命胜利之后，党面临更加艰巨的任务，处于更加复杂的环境，而且也是党的纪律容易松懈的和平建设时期，需要时时加强纪律性。正如毛泽东在革命胜利前夕所指出的：“夺取全国胜利，这只是万里长征走完了第一步”，“革命以后的路程更长，工作更伟大，更艰苦”。① 他据此提出了“两个务必”的重要思想，并为迎接和平建设时期的考验，制定了一系列纪律要求。新中国成立不久即出现了毛泽东所预料的腐败现象，他敏锐地觉察到反腐蚀斗争的重要性，发动群众，雷厉风行地进行“三反”斗争，严肃党纪国法。当时具体负责这项工作的薄一波做了这样的回忆：“毛主席当年抓反腐蚀的斗争，真是雷厉风行，至今历历在目。他看准的事情，一旦下决心要抓，就抓得很紧很紧，一抓到底，从不虎头蛇尾，从不走过场。他不仅提出方针，而且亲自督办；不仅提出任务，而且交待办法。在‘三反’运动紧张的日子里，他几乎每天晚上都要听取我的汇报，亲自指点。”②这为我们树立了严肃党的纪律、坚定不移地开展反腐蚀斗争的典范，对保持党和人民政权的纯洁性具有深远的意义。

在改革开放新时期，面对“文化大革命”遗留下来的严重派性、纪律松弛以及领导班子软、懒、散等问题，邓小平明确指出：“国要有国法，党要有党规党法。党章是最根本的党规党法。没有党规党法，国法就很难保障。各级纪律检查委员会和组织部门的任务不只是处理案件，更重要的是维护党规党法，切实把我们的党风搞好。对于违反党纪的，不管是什么人，都要执行纪律，做到功过分明，赏罚分明，伸张正义，打击邪气。”③陈云指明当时正在蔓延的腐败现象关系到党的生死存亡问题，他

---

① 《毛泽东选集》，第4卷，北京：人民出版社，1991年，第1438页。

② 薄一波：《若干重大决策与事件的回顾(上)》，北京：中央党史出版社，2008年，第101页。

③ 《邓小平文选》，第2卷，北京：人民出版社，1994年，第147页。

指出：在改革开放的历史新时期，“党性原则和党的纪律不存在‘松绑’的问题。没有好的党风，改革是搞不好的。共产党不论在地下工作时期或执政时期，任何时候都必须坚持党的纪律”①。他强调，纪律是保证党的意志、行动统一的重要武器。他指出，从严执纪是端正党风的有效手段，全党必须狠刹不正之风，坚决制止各种违法乱纪行为；对严重经济犯罪分子，要加大打击力度，从严惩办。如果不用党的纪律来约束党组织和党员的行动，就会像毛主席所说的“亡党亡国亡头”。在陈云的主持下，根据新时期党的建设的形势和任务，先后制定了《关于党内政治生活的若干准则》《关于高级干部生活待遇的若干规定》《关于对党员干部加强党内纪律监督的若干规定》等一系列重要的党规党法。认真维护和执行这些党规党法，对于加强党的建设，提高党的战斗力，都有重要的意义。

由上可见，严明的纪律是我们党的一个突出的政治优势，是保证党的事业不断取得胜利的一个重要武器。

二、党的纪律，包括组织纪律和政治纪律两个方面的内容，是相辅相成、不可分割的统一体

井冈山斗争初期，1927 年 10 月 15 日，毛泽东在酃县水口叶家祠主持赖毅等六位新党员入党宣誓仪式，誓词为：“牺牲个人，阶级斗争，严守秘密，永不叛党……”其中，毛泽东定下的“严守秘密，永不叛党”这两句誓词，一直延续至今。十八大党章规定的入党誓词是：“我志愿加入中国共产党，拥护党的纲领，遵守党的章程，履行党员义务，执行党的决定，严守党的纪律，保守党的秘密，对党忠诚，积极工作，为共产主义奋斗终身，随时准备为党和人民牺牲一切，永不叛党。”在这一入党誓词中，有很多都体现了党的纪律要求，这是每一个共产党员都庄严地举手宣誓过的，是要终身牢记和践行的。因此，共产党员要有党章意识，其中就包括党的纪律意识。

党是按照民主集中制的原则组织起来的，必须保持组织上、行动上的一致性，正如列宁所说：“为了保证党内团结，为了保证党的工作的集

① 《陈云文选》，第 3 卷，北京：人民出版社，1995 年，第 275 页。

中化，还需要有组织上的统一……如果没有正式规定的党章，没有少数服从多数的原则，没有部分服从整体的原则，那简直是不可想象的。”[①]这番话强调了组织统一和纪律原则的重要性。发挥党的战斗作用，除了组织纪律之外，还需要有政治纪律作保证。在一定意义上说，政治纪律是更重要、更基本的纪律，是党团结和统一的重要基础。对于这两者的关系，列宁曾经指出：无产阶级“所以能够成为而且必然会成为不可战胜的力量，就是因为它根据马克思主义原则形成的思想一致是用组织的物质统一来巩固的，这个组织把千百万劳动者团结成一支工人阶级的大军”[②]。由此可见，党之所以能够保持思想上政治上的高度统一，因为它是用马克思主义这个科学理论武装起来的，所以它能够发挥先进战士的作用。毛泽东说过，有了马克思主义，才有方法，才有共同语言。这是因为运用马克思主义这一伟大的认识工具，能够正确地反映客观事物，获得对客观世界的规律性认识，这样在党内就会有共同语言，就会有党的团结和统一的坚实的思想基础。正如同中国古代《淮南子》一书所云：“千人同心，则得千人之力；万人异心，则无一人之用。”讲的也是这个道理。在我们党的历史上曾经发生过教条主义的错误，他们把马克思主义变成一种片面的、畸形的、僵死的东西，照搬外国的经验，严重违背中国革命的实际，这就只能靠“残酷斗争、无情打击”的办法来强制推行他们那一套错误的路线，严重损害了党的组织纪律和政治纪律，给党的事业造成了重大损害。这是一个沉痛的历史教训。

那么，中国共产党的纪律有哪些特点呢？这主要表现在以下几个方面：

第一，它是建立在自觉基础上的纪律。任何纪律都是一种约束力，都具有强制性，这是毋庸置疑的。但我们党的纪律决不是提倡盲目服从，而是建立在高度自觉的基础上的，它既是严明的，又是自觉的。之所以能够具有这样的特点，因为它不仅有党章明确的条文保障党员的权利，诸如规定党员对党的决议和政策如有不同意见，在坚决执行的前提下，可以声明保留，并且可以把自己的意见向党的上级组织直至中央提出，

① 《列宁选集》，第1卷，北京：人民出版社，1995年，第499页。

② 同上书，第526页。

等等；而且更重要的是由党的性质和宗旨决定的，一个人加入党的组织就意味着献身给人类最壮丽的事业，共产党人具有“革命理想高于天”的情怀，因而能够自觉地用党的纪律约束自己、要求自己，能够自觉地坚持真理，修正错误。有多少革命先烈在敌人的牢狱里，失去了同组织的联系，面对酷刑和死亡的威胁，都能够自觉地严守党的秘密，义无反顾，慷慨赴死。正如革命烈士夏明翰英勇就义前写下的不朽诗句：“砍头不要紧，只要主义真；杀了夏明翰，自有后来人。”这首诗写出了千千万万革命先烈英勇捐躯、视死如归的真谛所在：一是“只要主义真”，相信自己信仰的是真理，为真理而献身是人生的光荣，是人生价值的真正实现；二是“自有后来人”，相信自己为之献身的事业是正义的，必然后继有人，具有革命必胜的信念。这充分体现了共产党人的理想信念和高尚品格，是自觉践行党的纪律的思想基础。

第二，是纪律与自由、集中与民主、党性与个性的统一。党的纪律是严明的，但绝不意味着党内生活是刻板的、没有自由的。恰恰相反，正如毛泽东、邓小平等都强调的，我们需要的是造成一种又有集中又有民主，又有纪律又有自由，又有统一意志又有个人心情舒畅，生动活泼，那样一种政治局面。我们反对的是不讲纪律、极端自由化的错误倾向。自由是相对的，而不是绝对的，就像辽阔的天空无边无际，但飞机是不能随意飞行的，必须遵守科学论证的航线规定，才能确保飞行的安全，否则后果不堪设想。一个党，一个社会，如果没有纪律要求，没有行为准则的红线，是非乱不可的。当然，自由与纪律、民主与集中是矛盾的统一体，都有一定的、可遵循的“度”，这是需要加以很好地把握和调整的。这里需要指出的是，党内生活越正常，党内民主越完善，越有利于集中，有利于纪律的贯彻。1979 年 1 月 4 日，陈云在中央纪律检查委员会第一次全体会议上的讲话中，指明中纪委的基本任务，就是要维护党规党法、整顿党风。为此，他总结我们党和国际共产主义运动的历史经验，强调党内生活越正常，党的事业发展就越顺利。这里还要指出，纪律是属于党性的内涵和要求，有的人把坚持纪律和党性同个性发展对立起来，认为那样做就会压抑个性，这也是不正确的。毛泽东在 1945 年党的七大结论中说：“不能设想每个人不能发展，而社会有发展，同样不能设想我们党有党性，而每个党员没有个性，都是木头，一百二十万党员就是一百二十万块木头。这里我记起了龚自珍写的两句诗：'我劝天公重抖擞，不拘一格降人才。'在我们党内，我想这样讲：'我劝马列重抖擞，不拘一格降人才。'不要使我们的党员成了纸糊泥塑的人，什么都是一样的，那就不好了。其实人有各种各样的，只要他服从党纲、党章、党的决议，在这个大原则下，大家发挥能力就行了。讲清楚这一点，对于党的进步，对于全体党员积极性的发挥是会有好处的。"①这深刻表达了党性与个性的辩证统一关系。事实上，在党和人民事业这一个大舞台上，每一个人的聪明才智都会得到更大、更好的发挥。

第三，每个党员在纪律面前人人平等。党员之间有职务分工的不同，掌握的权力有大小之别，但党内不允许有特权党员，不允许有凌驾于集体之上的特殊权力；在纪律面前人人平等，这是党章明确规定了的。当然，这是从理论上和制度上说的，现实生活中的情况是复杂的。我们要清醒地看到，任何权力都具有两面性，既可以用来为人民谋福利，又会被用来谋取个人或小集团的私利；在权力面前既能够继续保持艰苦奋斗的作风，永远做人民大众的孺子牛，又可以利用权力骑在老百姓头上作威作福，视群众如草芥。因此，在现实生活中无视党的纪律的特殊党员和滥用权力的现象并不鲜见。这里，对担负领导职务的党员干部特别是各级党政领导机关第一把手的监督问题，就成为党的制度建设的一个重要问题，也是严明党的纪律的一个重要问题。当前在一些地区和部门严重存在的第一把手说了算、一言堂、家长制这种不正常的党内生活被看成正常的现象，存在着实际上的第一把手的"最后决定权"。这种现象，往往成为盲目决策、谋取个人政绩，浪费资源、破坏环境的重要源头，也是党内不正之风难以根本扭转，贪污腐败不断升级泛滥的重要根源。这里需要强调指出，我们党是处在长期执政的地位，共产党人在权力面前要自觉地做一个社会公仆，只有全心全意为人民服务的崇高责任，不能有丝毫为自己谋取私利的权利，绝不允许有任何的特权。任何干部特别是各级第一把手要更加自觉地接受制度的约束和人民群众的监督，决不容许到了一定级别就像进了保险箱一样，不需要接受任何监督和审查。邓小平在新的历史时期就提出我们这些人由谁监督的问题，可以说，这

① 《毛泽东文集》，第3卷，北京：人民出版社，1996年，第416页。

是一个更深刻、更重要的“邓小平之问”。这是需要在制度建设中认真加以解决和回答的一个带有根本性的问题。

三、在当前党和国家的发展面临新的机遇和严峻挑战的形势下，强调严明纪律、从严治党有着特殊重要的意义

严明党的纪律，应当是我们党的一种常态，而不是权宜之计，也不能是热一阵冷一阵。毋庸讳言，在一个时期内，在党的组织纪律和政治纪律方面存在的种种问题，已经同我们党面临的形势和任务形成了尖锐的矛盾。在一些地区和部门，“上有政策，下有对策”已成为一个痼疾，有的领导班子特别是第一把手对中央和上级决定阳一套、阴一套，对上应付，对下大搞形式主义，数以百计的红头文件都管不住“三公”消费，造成“令不行、禁难止”的严重局面。有的党员无视党的政治纪律，随意发表违背党的基本路线、基本方针的错误言论，甚至任意践踏宪法规定的红线；一些党员热衷于鼓吹资产阶级自由化思潮，力图用私有化来误导我们改革的方向，要求按照西方特别是美国的政治制度和价值观的所谓“普世价值”来推进我国的政治体制改革，企图改变中国的社会主义制度；有的党员毫无顾忌地歪曲党的历史，否定党在革命、建设和改革开放各个历史时期的重大成就，特别是不遗余力地攻击、污蔑和抹黑党的领袖；有的人甚至通过在境外发表大量不顾事实、不负责任的错误言论和书籍，再采取“出口转内销”的办法影响群众。凡此种种，不一而足。这些违纪行为，严重损害了党的形象，瓦解了党的战斗力，消解了广大群众对党的信任。这种情况如果不加以制止，而任其发展下去，后果将不堪设想。

党的十八大闭幕之后，以习近平为总书记的新一届中央领导班子，就以高昂而扎实的工作姿态，有针对性地倡导和发扬党的优良作风，令人耳目一新。他在一次中央政治局会议上强调，领导干部特别是高级干部作风如何，对党风政风乃至整个社会风气都具有重要影响。会议庄严许诺：抓作风建设，首先要从中央政治局做起，要求别人做到的自己先

要做到，要求别人不做的自己坚决不做，并具体做出改进工作作风、密切联系群众的八项规定。在短短的一段时间里，在学风、党风和文风方面，在反对奢侈之风、树立勤俭节约风气方面，都收到了初步成效。但我们应当看到，转变作风、严明纪律是一个艰巨的任务。据媒体报道，在一些地方和部门已出现了令人担忧的回潮现象，一些奢华之风从地上转向了地下，豪华宴请从高级酒店隐藏到内部食堂，甚至出现了令人啼笑皆非的用矿泉水瓶装茅台的闹剧。这是值得我们高度警觉和认真对待的。他们之所以敢于顶风违规，其主要原因为：首先，在他们那里，“上有政策，下有对策”已成为一种惯性。作为一个党员，他们已经没有党的纪律观念；作为一个国家工作人员，他们已经没有法规观念；作为一个领导干部，在他们眼里，任何红头文件和会议布置都是对付下面的，都不必用来规范和要求自己，依然我行我素。在他们看来，中央的规定都不过是一阵风，都可以稳坐自己的钓鱼船，或者变法子躲过风头。这是吏治松弛、纪律涣散的一种表现。其次，在他们那里，浪费公款、讲究排场，食不厌精、饮必高档已成为一种惯性。贪污和浪费都是对人民的犯罪，这已成为我们党保持自身纯洁性和为民执政的一个自觉认识，但是，改革开放以来，随着经济实力的不断增长和对思想教育以及正常的批评与自我批评的忽视，在一些干部中追求奢侈、贪图享受之风蔓延开来，且酿成风气，积重难返。这里还要看到，在这种山珍海味、杯盏交错中还隐藏着一种官场密码：一些人就是要通过这种慷国家之慨，迎来送往、请客送礼来打通关节，为自己的升迁甚至犯罪行为铺平道路。这种腐朽的官场游戏、官场潜规则，是具有极大杀伤力的腐蚀剂。再次，在他们那里，不正常的上下级关系和不正常的党内生活已成惯性。一般地说，上头风气不正，下必有人揣摩领导心理，投其所好，甘当奴才。这种小人行径，不能完全怪罪个人的品质，它往往是这个地区和部门一切由第一把手说了算、党内生活不正常的副产品。由上可见，这种顶风违规的现象，不单是一个具体的事件，它所折射的是更为严重的存在于党风政风中的带有根本性的问题。如果纵容这种现象存在甚至蔓延开来，就会使今天出现的转变党的作风的良好开局走了过场，甚至被它断送，这是需要我们认真对待并加以解决的。

毛泽东说过，治国就是治吏。作为一个执政的党，如果不能从严执纪，连自己的干部都管不好，焉能取信于民？对于顶风违纪事件一定要严肃处理，严明党纪法规，加强思想教育，同时也绝不能让这些违纪干部在经济上占到便宜。1958年"大跃进"运动中，刮起了"一平、二调、三收款"的共产风，引起广大农民的很大恐慌。当毛泽东认识并纠正这种错误时，特别提出对农民实行平调的一律采取退赔的办法，他说："无偿占有别人的劳动是不许可的。"他还指出，剥夺农民，是最反动的思想，这不是建设社会主义，而是破坏社会主义。现在一些人拿公款满足私欲，他们剥夺的不仅是农民，而且是全体人民，完全有理由让他们归还国库，敢于继续顶风作案的，要新账旧账一起算，这样才能刹住这股歪风。

我们还应当看到，今天在遵守党的组织纪律和政治纪律方面存在的种种问题，已不单纯是一个党规党纪的问题，它往往还同一些党员干部理想信念的失落相联系，甚至同个人或小团体的利益相关联。因此，在严明纪律、转变作风中，还应该重视思想政治工作，加强理想信念的教育。习近平总书记在十八届中央政治局第一次集体学习的讲话中，强调坚定理想信念的重要性，他指出："形象地说，理想信念就是共产党人精神上的'钙'，没有理想信念，理想信念不坚定，精神上就会'缺钙'，就会得'软骨病'。现实生活中，一些党员、干部出这样那样的问题，说到底是信仰迷茫、精神迷失。"①"衡量一名共产党员、一名领导干部是否具有共产主义远大理想，是有客观标准的，那就要看他能否坚持全心全意为人民服务的根本宗旨，能否吃苦在前、享受在后，能否勤奋工作、廉洁奉公，能否为理想而奋不顾身去拼搏、去奋斗、去献出自己的全部精力乃至生命。一切迷惘迟疑的观点，一切及时行乐的思想，一切贪图名利的行为，一切无所作为的作风，都是与此格格不入的。"②我们要在多方面的、行之有效的制度上使干部无法利用权力谋取私利，要在党纪国法

① 《习近平在十八届中共中央政治局第一次集体学习时的讲话》，载《求是》，2012年第23期。

② 习近平：《毫不动摇坚持和发展中国特色社会主义在实践中不断有所发现有所创造有所前进》，载《人民日报》，2013年1月6日。

上严肃处理违纪违法行为，要教育干部在社会主义市场经济体制的运行中，领导者和企业家要互相尊重，但不要勾肩搭背，更不能融为一体。我们还要通过不断完善党内民主和人民民主，在严明纪律中充分发挥党员群众和人民群众的监督作用，我们不搞群众运动，但绝不能因此抛弃群众路线，离开群众的监督，严明纪律就会成为一句空话。我们要把专职的纪律检查同群众监督有机地结合起来，各级党的纪律检查部门不仅是处理案件，更重要的是维护党规党法，整顿党的作风；不仅严肃党的组织纪律，更要严明党的政治纪律。

本文发表于2013年第3期

十八大以来党中央治党的新思路

——学习十八届六中全会精神体会

闫志民[*]

党的十八届六中全会审议通过的《关于新形势下党内政治生活的若干准则》和《中国共产党党内监督条例》，是依规全面从严治党的重要文献，是党的“四个全面”战略布局的一个有机组成部分，集中体现了以习近平同志为核心的党中央管党治党的新思路，回答了新形势下如何加强党的建设的一系列重大问题。

一、依规治党

从严治党，首先需要有一个衡量严与宽的标准，这个标准就是党章党规党纪。习近平在党的群众路线教育实践活动总结大会上的讲话中指出：“从严治党，最根本的就是要使全党各级组织和全体党员、干部都按照党内政治生活准则和党的各项规定办事。”①这就是说，从严治党所要解决的最根本的问题，是要使全体党员、干部都按照党内政治生活准则和党的各项规定办事，党章党规党纪是从严治党的基本依据，依规治党是从严治党的主要途径和方法。党的十八届六中全会以制定《关于新形势下党内政治生活的若干准则》和修订《中国共产党党内监督条例》为主要内容，充分反映出党中央对依规治党的重视。

怎样才能做到依规治党呢？

第一，完善党内各项规章制度，形成党内规章制度体系。党内最重

---

* 闫志民，北京大学马克思主义学院教授。

① 习近平：《在党的群众路线教育实践活动总结大会上的讲话》，新华网，http://news.xinhuanet.com/2014－10/08/c_1112740663.htm.

要的法规是党章，党章在党内的地位相当于宪法在国家中的地位，党内其他各项规定都是依据党章制定出来的，而且不能与党章相抵触。由于党章是党的根本大法，所以必须由党的代表大会制定，并由党的代表大会根据实践发展加以修改。它规定了党的理想信念、根本宗旨、组织原则、行为规则和纪律约束等，是全党必须遵循的根本行为规范，是我们制定党内具体法规的主要依据。所谓依规治党，首先是依照党章治党，按照党章办事。

然而我们党的实践证明，治党只有党章是不够的，必须还要根据党章制定各项具体规定。邓小平在《党和国家领导制度的改革》一文中，总结"文化大革命"时期我们党犯错误的教训时，把主要原因归结到制度问题。他说："我们过去发生的各种错误，固然与某些领导人的思想、作风有关，但是组织制度、工作制度方面的问题更重要。"①"文化大革命"的"教训是极其深刻的。不是说个人没有责任，而是说领导制度、组织制度问题更带有根本性、全局性、稳定性和长期性"②。邓小平这里所说的制度，并不是我们党和国家的根本制度，而是党和国家的具体制度，也就是这里所说的领导制度、工作制度和组织制度等，我们通常称之为体制。他在这篇文章中明确地指出，"党和国家现行的一些具体制度中，还存在不少的弊端，妨碍甚至严重妨碍社会主义优越性的发挥。如不认真改革，就很难适应现代化建设的迫切需要，我们就要严重地脱离广大群众"③。正是基于"文化大革命"的惨痛教训，我们党认识到各种具体制度的重要性，在不断坚持和完善基本制度的同时，把主要的注意力放在了具体制度的建立、改革和完善上，我们也通常把 30 多年的改革称为体制改革。在这 30 多年中，我们国家的基本制度得到进一步发展完善，各方面的体制也已基本形成，依法治国已经成为党的基本治国方略。与此同时，党章也几经修改，更加完善起来，党的各项具体法规正不断地制定出来，开始形成一个法规体系。

在党的各种具体法规中，最重要的是党内政治生活准则。我们党作为执政党，党内生活最主要的是政治生活，党要管党必须从党内政治生

① 《邓小平文选》，第 2 卷，北京：人民出版社，1994 年，第 333 页。

② 同上。

③ 同上书，第 327 页。

活管起，从严治党必须从党内政治生活严起。1980 年 2 月，党的十一届五中全会讨论和通过了《关于党内政治生活的若干准则》，深刻地总结了几十年来处理党内关系的历史经验教训，尤其是“文化大革命”中同林彪、“四人帮”集团斗争的经验教训，用马克思主义的建党原则全面规范了党的政治生活，对拨乱反正、恢复和健全党内正常的政治生活、推进党的建设发挥了重要作用。这个文件的主要原则和规定今天依然是适用的，要继续加以坚持。但同时又要看到，在新形势下党内政治生活中出现了一些突出问题，如跑官要官、买官卖官、拉票贿选、滥用权力、贪污受贿、腐化堕落、违法乱纪等。这些问题严重侵蚀党的思想道德基础，严重破坏党的团结和统一集中，严重损害党内政治生态和党的形象，严重影响党和人民事业的发展。这就要求我们必须继续以改革创新精神加强党的建设，改进和规范党内政治生活，全面提高党的建设科学化水平。正是根据这种实际需要，党的十八届六中全会制定了《关于新形势下党内政治生活的若干准则》，为新形势下的党内政治生活提供了基本的规范。

除了党章之外，我们党过去在各个方面形成一系列的规定。党的十八大以来，按照习近平关于“形成完善的党内法规体系”的要求，党中央先后完成了两个阶段的党内法规和规范性文件集中清理工作，梳理出规范党组织工作、活动和党员行为的党内法规和规范性文件 1178 件，清理工作共废止 322 件、宣布失效 369 件、继续有效的 487 件，其中 42 件需适时进行修改，首次摸清了中央党内法规制度的“家底”；制定了《中国共产党廉洁自律准则》《关于新形势下党内政治生活的若干准则》等一系列重要党内法规，初步搭建了党内法规体系框架。根据部署，今后的党内法规建设，要认真贯彻落实《中共中央关于加强党内法规制度建设的意见》，突出工作重点，坚持问题导向，抓紧建立和完善主干性、支撑性党内法规制度，健全相关配套法规制度，统筹推进立、改、废释工作，以改革创新精神加快补齐党建方面的法规制度短板，力争到建党 100 周年时形成比较完善的党内法规制度体系。①

第二，提高党员、干部遵守党规党纪的自觉性。党章党规党纪只有

---

① 《全面从严治党的长远之策根本之策》，中国共产党新闻网，http://theory.people.com.cn/n1/2016/1229/c40531-28985773.html.

得到遵守和执行，才能发挥对党内政治生活和党员、干部行为的规范作用，发挥巩固党的团结统一和增强党的战斗力的作用，成为党拒腐防变和永葆先进性的强大武器。习近平反复强调，要养成纪律自觉，教育引导广大党员、干部特别是领导干部严格按党章标准要求自己，知边界、明底线，把他律要求转化为内在追求，自觉以身作则，发挥表率作用。这就要求党员、干部认真学习党章和各项党内规定，养成自觉依照党章党规党纪办事的习惯，用党章党规党纪去衡量和约束自己的言行。为了提高广大党员、干部按党章党规党纪办事的自觉性，必须对党员、干部进行党章党规党纪教育。从 2016 年 2 月开始的“两学一做”(学党章党规、学系列讲话，做合格党员)教育活动，将党章党规教育作为重要内容，与学习贯彻十八届六中全会精神相结合，进一步提高了广大党员、干部遵守党章党规的自觉性，推动他们养成了严格依照党章党规办事的习惯。

第三，必须重视党内依规监督问题。十八届六中全会在制定《关于新形势下党内政治生活的若干准则》的同时，公布了修订的《中国共产党党内监督条例》，充分体现了党中央对党内监督的高度重视。各级党的组织，尤其是党的纪检部门要加强对遵守党章党规党纪情况的监督检查，加大执纪问责的力度，对违反纪律和破坏纪律的行为严肃追究责任。通过有效正面教育和认真反面追责，进一步增强党员、干部遵规守纪意识，做到在任何时候、任何地方、任何情况下，都心中有戒、行有所止。

二、全面治党

以习近平同志为核心的党中央治党新思路的另一个特点，是强调全面治党。这既是从确保 2021 年全面实现第一个一百年奋斗目标出发的，也是从我们党的建设的现实情况出发的。按照党的十八大所确定的第一个一百年奋斗目标，我们国家要在中国共产党成立 100 周年时全面建成小康社会，而我们党担负着团结带领人民全面建成小康社会、推进社会主义现代化、实现中华民族伟大复兴的重任，形势的发展、事业的开拓、人民的期待，都要求我们以改革创新精神全面推进党的建设新的伟大工程，全面提高党的建设科学化水平。强调治党的全面性，也是从我们党的建设实际提出的。改革开放以来，我们党的建设取得了重大的成绩，但也存在着明显的不足，尤其是党员领导干部中的贪污腐败问题，引起了群众不满。只有全面加强党的建设，尽快补齐短板，着力解决好新形势下出现的一些突出问题，以及党的建设长期没有解决好的顽症，才能从总体上提升党的先进性和科学化水平，使党能够永远保持自己的领导和执政地位，始终成为中国特色社会主义事业的坚强领导核心。

十八届六中全会通过的《关于新形势下党内政治生活的若干准则》，把党章对党内政治生活的规定具体化，全面规划了党内政治生活的内容和要求。文件提出，共产主义远大理想和中国特色社会主义共同理想是中国共产党人的精神支柱和政治灵魂，也是保持党的团结统一的思想基础，必须把坚定理想信念作为开展党内政治生活的首要任务；党在社会主义初级阶段的基本路线是党和国家的生命线、人民的幸福线，也是党内政治生活正常开展的根本保证；坚决维护党中央权威、保证全党令行禁止，是党和国家前途命运所系，是全国各族人民根本利益所在，也是加强和规范党内政治生活的重要目的，全党必须自觉在思想上政治上行动上同党中央保持高度一致；纪律严明是全党统一意志、统一行动、步调一致前进的重要保障，是党内政治生活的重要内容，党的各级组织必须担负起执行纪律的责任，坚决防止和纠正执行纪律宽松软的问题；我们党来自人民，失去人民支持就会失去根基，必须坚持贯彻党的群众路线，当好人民群众的公仆，把坚持全心全意为人民服务的根本宗旨、保持党同人民群众的血肉联系作为加强和规范党内政治生活的根本要求；民主集中制是党的根本组织原则，是党内政治生活正常开展的重要制度保证，任何组织和个人在任何情况下都不允许以任何理由违反这项制度；党内民主是党的生命，是党内政治生活积极健康的重要基础，党内决策、执行、监督等工作必须执行党章党规确定的民主原则和程序，任何党组织和个人都不得压制和破坏党内民主，都不得侵害党员的民主权利；监督是权力正确运行的根本保证，是加强和规范党内政治生活的重要举措，必须加强对领导干部的监督，党内不允许有不受制约的权力，也不允许有不受监督的特殊党员；建设廉洁政治，坚决反对腐败，是加强和规范党内政治生活的重要任务，必须筑牢拒腐防变的思想防线和制度防线，着力构筑不敢腐、不能腐、不想腐的体制机制。《关于新形势下党内政治生活的若干准则》还强调，要坚持正确的选人用人导向，坚持和创新党的组织生活制度，坚持不懈地把批评和自我批评武器运用好，等等。

从这些基本内容可以清楚地看出，十八届六中全会通过的这两个重要文献，不但全面总结了我们党进行党的建设的历史经验和教训，继承了长期积累起来的管党治党方面的成功有效的制度和做法，而且全面总结了十八大以来以习近平同志为核心的党中央全面推进从严治党的实践，深入分析了党的建设的新形势与新任务，直面当前党内政治生活和党内监督存在的突出问题，从实际出发进行理论创新和制度创新，对规范党的政治生活做出了全面的制度安排，为新形势下全面从严治党提供了根本依据。

三、从严治党

《关于新形势下党内政治生活的若干准则》和《中国共产党党内监督条例》的制定和实施，充分彰显出党中央从严治党的决心，是新形势下全面从严治党的有力武器，突出表现在以下几方面。

第一，对党员、干部的要求。《关于新形势下党内政治生活的若干准则》根据党章的精神，对党的政治生活的各个方面做出了严格的规定。例如，规定考察识别干部特别是高级干部必须首先看是否坚定不移贯彻党的基本路线；规定全党必须牢固树立政治意识、大局意识、核心意识、看齐意识，自觉在思想上政治上行动上同党中央保持高度一致；规定对领导人的宣传要实事求是，禁止吹捧，禁止给领导人祝寿、送礼、发致敬函，禁止在领导干部国内考察工作时组织迎送、张贴标语、敲锣打鼓、铺红地毯、举行宴会；规定对一切搞劳民伤财的“形象工程”和“政绩工程”的行为，要严肃问责追责，依纪依法处理；规定凡属重大问题，要按照集体领导、民主集中、个别酝酿、会议决定的原则，由集体讨论、按少数服从多数做出决定，不允许用其他形式取代党委及其常委会（或党组）的领导；规定党组织要执行组织生活制度，确保党组织生活经常、认真、严肃；规定领导干部要自觉服从组织分工安排，任何人都不能向组织讨价还价、不服从组织安排；规定领导干部不准把分管工作、分管领域和地方当作“私人领地”，不准搞独断专行；规定任何人都不准把党的干部当作私有财产，党内不准搞人身依附关系；禁止领导干部利用职权或影响力为家属亲友谋求特殊照顾，禁止领导干部家属亲友插手领导干部职权范围内的工作，插手人事安排，等等。从这一系列规定中可以看出，党中央对党员、干部的要求是很严格的，每项规定都有很强的针对性。

第二，解决问题的决心和勇气。从时间上讲，从严治党永远在路上。这就是说，从严治党要长期进行下去，不断进行下去，不是发一两个文件和搞一段活动就完结了的。从领域上讲，强调全面从严，不留死角，党内监督没有禁区，没有例外。尤其是对于群众最关心的反腐败斗争，要坚持有腐必反，有贪必肃，坚持无禁区、全覆盖、零容忍，党内决不允许有腐败分子藏身之地。

第三，对党内监督的重视。十八届六中全会制定、修订和公布了的《中国共产党党内监督条例》，通过强化党内监督、执纪和问责，确保党章党规党纪的有效执行，增强党的团结统一和自我净化、自我完善、自我革新、自我提高能力，促使领导干部做到有权必有责，有责要担当，用权受监督，失责必追究，重点解决党的领导弱化，党的建设缺失，全面从严治党不力，党的观念淡漠，组织涣散，纪律松弛，管党治党宽松软的问题。

第四，把着力点放在领导干部上。在治党问题上，长期存在的一大问题是，对普通党员从严容易，对领导干部从严难，对基层干部从严容易，对高层领导从严难。敢不敢去碰这个难题，对领导干部尤其是高层领导干部进行严格管理和监督，实际上已经成为检验是否从严治党的试金石。十八届六中全会公布的两个文件直面从严治党的这个最大难题，强调新形势下加强和规范党内政治生活，重点是各级领导机关和领导干部特别是主要领导干部，关键是高级干部特别是中央委员会、中央政治局、中央政治局常务委员会的组成人员。这既是从严治党的重点和关键，也是党内监督的重点和关键。在从严治党和党内监督上领导干部率先垂范、以身作则，会产生巨大的效应，会使人民对我们党更加信任和拥护。

本文发表于2017年第2期

十八大对新时期反腐倡廉的系统部署与思考*

蒯正明**

政党生来就是以取得和控制公共权力为目标的，但是，公共权力由于其本身的属性，天生具有凌驾于社会之上的可能，有被滥用的可能，这就使掌握权力的政党有腐败变质的危险。对此，孟德斯鸠早就指出："一切有权力的人都容易滥用权力，这是万古不易的一条经验。"①因此，如何预防、遏制执政党权力运行中出现的腐败问题是世界执政党面临的共同难题，中国共产党也不例外。

改革开放以来，随着市场经济的推进和利益分化的加剧，腐败现象呈现出不断蔓延的态势。根据中共中央纪律检查委员会向党的第十八次全国代表大会提交的工作报告，"2007 年 11 月至 2012 年 6 月，全国纪检监察机关共立案 643759 件，结案 639068 件，给予党纪政纪处分 668429 人。涉嫌犯罪被移送司法机关处理 24584 人"。腐败现象的滋生和蔓延不仅导致国有资产的大量流失，同时也导致党执政形象的极大受损。也正因如此，十八大把保持党的纯洁性与党的执政能力建设、先进性建设并列为党的建设的主线，并对新形势下反腐倡廉建设做出了系统部署。

一、坚持中国特色反腐倡廉道路是反腐倡廉建设的前提和导向

当代世界，政党政治是民主政治的表现形式，也是国家权力运行的

---

* 本文系中国博士后基金项目(项目编号：2012M520548)、浙江省高校党建重点课题(项目编号：Zd1208)、国家社科基金后期资助项目(项目编号：12FDJ001)的阶段性研究成果。

** 蒯正明，温州大学副教授、中国社会科学院博士后。

① [法]孟德斯鸠著，张雁深译：《论法的精神(上)》，北京：商务印书馆，1982 年，第 154 页。

实际核心，中国也不例外。但由于中西方“国家—政党”内在逻辑关系上的不同使得中西方在反腐主导力量和方式上都表现出明显的差异。在西方，政党是国家制度长期发展的产物，是在既有国家制度架构内诞生和活动的。因此，西方政党具有强烈的内生性特点。这就决定了在国家与政党的关系上，国家先于政党，国家高于政党。“在发达资本主义国家，国家是政党的前提的这个政治关系，不仅体现在国家与政党的政治逻辑关系上，而且体现在国家与政党的历史逻辑关系上，即在这些国家，政党是因现代国家而产生的，在一定程度上可以说，政党是作为现代议会民主制度的内在要求而出现的。”①而社会主义国家则不同，社会主义国家的执政党从反叛旧制度的、体制外的、边缘化的革命党成长壮大为造就新制度的、体制内的、居领导核心地位的执政党。“社会主义国家的国家与政党的关系与资本主义有本质的不同，它不论在历史逻辑上还是在政治逻辑上，政党都是国家的前提，即政党建立国家，并领导国家。”②正如毛泽东在《全世界革命力量团结起来反对帝国主义的侵略》一文中指出的：“既要革命，就要有一个革命党。没有一个革命的党，没有一个按照马克思列宁主义的革命理论和革命风格建立起来的革命党，就不可能领导工人阶级和广大人民群众战胜帝国主义及其走狗。”③因此，在中国，新民主主义革命是在中国共产党的领导下取得胜利的，新中国的国家机构也是在中国共产党的领导下组建的。“中国共产党建立新中国的过程，是一个新的组织体系代替旧的组织体系的过程。在政治革命与社会革命基础上所形成新的组织体系，完全是从国家制度安排和政党领导需要出发的。”④由此可见，在我国，政党与国家的逻辑关系是：政党是国家的前提。政党与国家关系的差异性决定反腐倡廉建设的主导力量和方式也不同。中国特色反腐倡廉首先就表现为以政党为中心的反腐败体系，整个反腐败都是在党委统一领导，党政齐抓共管，纪委组织协调，各部门各司其职

---

① 林尚立：《党内民主——中国共产党的理论与实践》，上海：上海社会科学院出版社，2002年，第104页。

② 同上书，第105页。

③ 《毛泽东选集》，第4卷，北京：人民出版社，1991年，第1357页。

④ 林尚立：《民间组织的政治意义：社会建构方式转型与执政逻辑调整》，载《云南行政学院学报》，2007年第1期。

的格局下展开的。可以说，中国共产党是当代中国反腐败斗争的主导力量。当然，在政党之外，也存在民众的监督力量，但这种力量本身也需要通过中国共产党组织系统的表达和组织力量的实施来加以实现。正因为如此，中国的反腐离不开执政党对自身纯洁性的维护，离不开党要管党、从严治党的自觉努力。从制度体系上看，在我国，反腐制度体系也呈现出党纪国法的“双轨制”模式，即以党章为核心的党内法规制度体系和以宪法为核心的法律制度体系。在反腐的运行机制方面，表现为以纪委为主导的反腐运行机制。总之，我国反腐败的行动逻辑主要是以政党为出发点和核心来实施的。

一个国家实行什么样的政党制度，不是主观设定的，而是同国家本身的历史相联系的。正如邓小平所说的：“在中国共产党的领导下，实行多党派合作，这是我国具体历史条件和现实条件决定的，也是我国政治制度的一个特点和优点。”①因此，我国以政党为中心的反腐败体系是有其特定历史积淀的，是根植于中国政党制度、政治体制之中的。而且，就其理论渊源来看，中国特色反腐倡廉道路的选择是以马克思、恩格斯、列宁的反腐败思想和中国特色社会主义理论为支撑的，其根本的目的是实现党的利益、国家利益与民众利益的统一。因此，坚持中国特色反腐倡廉道路不仅是坚持中国特色社会主义政治制度的应有之义，而且也是保证民众利益的必然要求。正如党的十八大报告中所指出的：“中国特色社会主义政治发展道路是团结亿万人民共同奋斗的正确道路。”因此，要“充分发挥我国社会主义政治制度优越性，积极借鉴人类政治文明有益成果，绝不照搬西方政治制度模式”。与此相适应，十八大报告强调中国的反腐倡廉建设也必须“要坚持中国特色的反腐倡廉道路”。

当前以政党为中心的反腐败体系也面临着诸多问题，如在反腐推动力上，过分依赖党组织和领导人推动；再如，如何实现党内权力与国家权力之间的制约协调等问题。但即使这样，中国反腐倡廉建设也必须在中国特色社会主义政治制度架构内加以完善，而不能偏离这一方向。进一步说，中国反腐倡廉建设必须立足于中国自身的特点、立足于中国共产党长期以来的实践，并在此基础上加以完善，这是新时期反腐倡廉建

---

① 《邓小平文选》，第2卷，北京：人民出版社，1994年，第205页。

设的前提。反之，不仅可能导致整个国家政治制度运行的紊乱，而且反腐倡廉建设必然会迷失方向。可以说，离开了中国共产党的领导，反腐倡廉建设就不可能取得成功。

二、廉政文化建设是反腐倡廉建设的“软实力”和重要支撑

文化是社会的“灵魂”，文化存在于社会发展的各个领域，渗透于社会的各个要素之中，政党也不例外。就文化对于政党的作用而言，其最为直接的功能就是对党员思想和行为的影响，它一经形成就会以一种无形的力量作用于政党成员。在反腐败方面，文化起着引导广大党员逐步形成理想信念、价值观念和所坚持的信仰问题，体现为政党塑造其文化品格的过程。

廉政文化作为政治文化的重要构成部分是执政党廉政建设实践的观念体系，是执政党反腐倡廉建设的“软实力”，对反腐倡廉建设起到重要的支撑作用。社会主义廉政文化是无产阶级执政党的阶级规定性、廉政理念、廉政理论与实践的观念形态。通过加强社会主义廉政文化建设，可以将廉洁从政、以人为本、服务于民的道德内涵渗透到人们的心灵之中，使包括党员和党员领导干部在内的全体社会成员在积极向上、廉洁清正的文化氛围中得到教化。由此，不仅在党内而且在全社会形成有利于反腐倡廉建设的思想观念、文化氛围。正因如此，党的十八大报告指出，要“永葆共产党人清正廉洁的政治本色”，同时强调要“加强反腐倡廉教育和廉政文化建设”。

我们必须看到，当前我国腐败问题的发生很大程度上与不健康的文化有很大的关系。“中国目前没有形成强势的廉洁文化。”[①]“官本位”、“家长制”、“人治”、重权轻法、宗族观念、特权观念等在今天还很有市场，部分领导干部热衷于跑官、要官、买官、卖官，弄虚作假。“有权不用，过时作废”“不跑不送，原地不动；又跑又送，提拔重用”等观念在部分领导干部中盛行；部分党员干部拜金主义、享乐主义、极端个人主义等腐朽思想严重。这些人利用手中的权力，打着为国家为集体的旗号谋取私

① 李怀录：《我国腐败的非制度性原因分析》，载《理论与改革》，2010年第3期。

利；此外，也有少数意志薄弱的党员干部诚信缺失、道德失范，视生活失德为“小节”，追求低迷，陶醉女色，腐化堕落。腐败文化是现阶段滋生腐败的深层次因素，如果得不到有效遏制就必然会导致腐败的进一步滋生和蔓延。反之，廉政文化建设取得的成效越大，腐败文化赖以生存的空间就愈小，腐败文化对党员干部的负面影响也就愈弱。

思想防线是抵御腐朽思想文化侵袭的前沿防线，因此，越是改革开放，越是发展社会主义市场经济，就越要加强廉政文化建设，也只有用中国特色社会主义廉政文化不断丰富人们的精神世界，不断增强人们的精神力量，不断满足人们的精神文化生活的需求，才能教育和引导党员干部牢固树立正确的世界观、人生观、价值观，永葆共产党人清正廉洁的政治本色。有鉴于此，十八大在反腐倡廉建设的部署中特别强调了廉政文化建设的重要性：一是积极培育和优化政党文化，从而带动和促进廉政文化建设。对于政党文化的培育，十八大报告明确指出了建设学习型执政党的战略任务，并强调：“对马克思主义的信仰，对社会主义和共产主义的信念，是共产党人的政治灵魂，是共产党人经受住任何考验的精神支柱。”因此要“教育引导党员、干部牢固树立正确的世界观、权力观、事业观，坚定政治立场，明辨大是大非。抓好道德建设这个基础，教育引导党员、干部模范践行社会主义荣辱观，讲党性、重品行、作表率，做社会主义道德的示范者、诚信风尚的引领者、公平正义的维护者，以实际行动彰显共产党人的人格力量”。二是营造反腐倡廉的社会环境。对此，十八大报告强调了用社会主义核心价值体系引领社会思潮、凝聚社会共识的重要性，即通过社会主义核心价值体系建设，弘扬社会正气，不断发展壮大积极健康向上的主流舆论，营造良好的社会氛围。正如十八大报告所提出的，要“加强社会公德、职业道德、家庭美德、个人品德教育，弘扬中华传统美德，弘扬时代新风”，“培育知荣辱、讲正气、作奉献、促和谐的良好风尚”等。通过广大人民文化素养、思想道德水平的提高和主人翁意识的增强，不仅有利于使其成为廉政文化的自觉建设者，更有利于中国特色社会主义廉政文化的建设。

三、制度建设是当前反腐倡廉工作始终要围绕的一条“主线”

“制度是一系列被制定出来的规则、守法秩序和行为道德、伦理规范，它旨在约束主体福利或效应最大化利益的个人行为。”①制度所具有的刚性特点决定有效的制度建设可以规范公共权力的运行，防止公共权力的运用私利化。“腐败就是政府官员利用公共权力谋取私利的行为。”②因此，通过制度建设，建立起层次分明、结构合理、功能齐全、机制完善、协调配合的制度体系不仅是新时期反腐倡廉工作的重中之重，而且贯穿于权力运行的全过程，是反腐倡廉建设始终要围绕的一条“主线”。正因如此，十八大报告明确指出，要“严格规范权力行使，加强对领导干部特别是主要领导干部行使权力的监督”，要“坚持用制度管权管事管人”，“健全反腐败法律制度，防控廉政风险，防止利益冲突，更加科学有效地防治腐败”。十八大之后，习近平在 2013 年 1 月 22 日第十八届中央纪律检查委员会第二次全体会议上发表讲话时又进一步强调：“要加强对权力运行的制约和监督，把权力关进制度的笼子里。”

应该看到，改革开放以来，我们在制度反腐方面取得了长足的进步。1980 年，中共十一届五中全会正式通过《关于党内政治生活的若干准则》，这是中国共产党人探索在不搞群众性政治运动的情况下制度反腐的标志，此后，一系列党内法规制度和国家法律逐步颁布，相关的党内制度有：《关于党政机关县(处)以上领导干部廉洁自律“五条规定”的实施意见》(1993 年)、《中国共产党纪律处分条例》(1997 年)、《县级以下党政领导干部任期经济责任审计暂行规定》(1999 年)。党内法规制度在逐步完善的同时，国家相关法律制度也不断丰富，如《中华人民共和国行政监察条例》(1989 年)、《监察机关举报工作办法》(1991 年)、行政监察法(1997 年)、行政复议法(1999 年)等。十六大之后，反腐倡廉的制度化、法制化进一步加速，相继出台了《中国共产党党内监督条例(试行)》(2003 年)、《建立健全教育、制度、监督并重的惩治和预防腐败体系实施纲要》(2005

① [美]诺斯：《经济史中的结构与变迁》，上海：上海三联书店，1994 年，第 225-226 页。
② 唐环：《善治——遏制政治腐败的制度创新》，载《天府新论》，2010 年第 5 期。

年)、《关于对党员领导干部进行诫勉谈话和函询的暂行办法》(2006年)、《中国共产党巡视工作条例(试行)》(2009年)等一系列法规条文。所有这些都充分表明，改革开放以来，我国反腐倡廉工作逐步走上制度化、法制化轨道。而十八大也正是在此基础上提出“要把制度建设摆在突出位置”，这既是对党长期实践的经验总结，也是对未来反腐提出的要求和任务安排。正因如此，十八大还提出了完善和加强党务公开、政务公开、司法公开和各领域办事公开制度，健全质询、问责、经济责任审计、引咎辞职、罢免等制度以及民主监督的制度、干部人事制度、领导干部重大事项报告制度、巡视制度、反腐败法律制度等制度建设的思想。

当然，我们也必须正视，在当下制度反腐进程中，党的制度建设还存在诸多不容忽视的问题，如制度设计不完善，制度重制定、轻实践，重形式、轻效果，使制度在反腐倡廉工作中还不能有效发挥它应有的保证作用。[①] 因此，要进一步发挥制度在反腐倡廉中的作用，贯彻落实十八大反腐倡廉的思想和精神，还需要做到：(1)进一步完善反腐倡廉制度。尤其要注重对十八大提出的各种制度进行“分化”“细化”，并对实施过程中的各个环节做出具体、明确的规定和要求，防止制度“弹性”过大、过于模糊，以至于给制度执行者(主要是其中的领导者)留下较大操作空间，避免执行者的权力难以约束、监督等问题的产生。(2)必须认真抓好制度的贯彻落实，提高制度权威性。所谓制度权威，就是要使制度具有个人意志不可逆转与抗拒的权威性。否则，即使建立了一整套严密的制度也是形同虚设。为此需要加大查处违反制度行为的力度，坚持有纪必依、执纪必严、违纪必究的原则，对那些有令不行、有禁不止、随意变通、规避制度的行为坚决予以查处。(3)必须实现党纪党规建设与反腐倡廉法律法规建设的统一。目前我国反腐倡廉法规制度主要包括党内法规和散见于国家法律、行政法规中的一些规定，缺少专门规范反腐倡廉工作的国家法律。一般社会主体在反腐倡廉中的责任、权利和义务只能通过国家法律规范和调整，党内法规对他们不具有约束力，仅靠党政机关内部的纪律和组织措施难以有效解决问题。因此，要发挥制度的整体效应就

---

① 蒯正明：《中国共产党制度资源与执政资源开发》，载《江西师范大学学报(哲学社会科学版)》，2011年第4期。

必须重视适时地将党和政府关于预防和惩治腐败、监督和制约权力、促进公职人员廉洁从政的宗旨要求等上升为国家法律，注重政治程序和法律程序的衔接，为推进国家廉政立法奠定基础。

四、保持惩治腐败高压态势是反腐倡廉取得实效的组织保障

在反腐倡廉的政治实践中，政治行为所要解决的是执政党在主导权力运作的过程中对出现的腐败现象和行为采取何种态度和措施的问题，以及执政党应该如何组织和引导政党组织和社会大众参与反腐败实践的问题。如上所述，在我国中国共产党不仅是执政党，而且是领导党，中国共产党的政治行为坚决与否、措施得当与否、引导社会大众参与反腐实践成效如何都直接关系到反腐倡廉建设的成败，可以说中国共产党坚定而有力的政治行为和有效的举措是我国反腐倡廉建设的组织保障。

纵观中国共产党的历史，中国共产党从建党之初就将“保持廉洁”放在党的建设的突出地位。1922 年党的二大通过的《中国共产党章程》就专门制定了党的“纪律”一章，用以规范党员的思想和行为。1926 年，针对当时党内出现的极少数腐败分子，中共中央扩大会议发出了《关于坚决清洗贪污腐化分子的通告》，这是中国共产党历史上颁布的第一个惩治贪污腐化分子的文件。1927 年，中国共产党第五次全国代表大会又选举产生了党内维护和执行纪律的专门机关——中央监察委员会。这些都表明，中国共产党从建立伊始就已经为捍卫党的先进性、纯洁性而高度关注党内腐败问题。其后，随着中国革命局势的胜利发展，中国共产党面临着由革命党向执政党的转化，为了防止部分党员干部贪图享乐和腐败，毛泽东在党的七届二中全会上指出：“可能有这样一些共产党人，他们是不曾被拿枪的敌人征服过的，他们在这些敌人面前不愧英雄的称号；但是经不起人们用糖衣裹着的炮弹的攻击，他们在糖弹面前要打败仗。我们必须预防这种情况。”①“这一点现在就必须向党内讲明白，务必使同志们继续地保持谦虚、谨慎、不骄、不躁的作风，务必使同志们继续地保

① 《毛泽东选集》，第 4 卷，北京：人民出版社，1991 年，第 1438 页。

持艰苦奋斗的作风。”[①]1949 年新中国建立以后，针对执政条件下中国共产党可能出现的腐败问题，以毛泽东为代表的中国共产党人通过开展整风运动和“三反”“五反”等一系列具有控制腐败意义的运动加强反腐倡廉建设。改革开放以后，针对市场经济条件下的腐败问题，邓小平指出：“做几件使人民满意的事情。主要是两个方面，一个是更大胆地改革开放，另一个是抓紧惩治腐败。”[②]江泽民也指出：“坚持反腐败斗争，是密切党同人民群众联系的重大问题。要充分认识这个斗争的紧迫性、长期性和艰巨性。”[③]胡锦涛在十七大报告中更进一步指出，要“把反腐倡廉建设放在更加突出的位置”[④]。

由此可见，中国共产党自成立以来一直将反对腐败放在党的建设的突出位置。正如党的十八大报告所指出的：“反对腐败、建设廉洁政治，是党一贯坚持的鲜明政治立场，是人民关注的重大政治问题。”不仅如此，十八大报告将反腐倡廉放置于事关党与国家存亡的高度加以强调，报告不仅将“消极腐败危险”视为新形势下党执政面临的“四大危险”之一，而且明确指出：“这个问题解决不好，就会对党造成致命伤害，甚至亡党亡国。”为此，十八大报告强调，要“始终保持惩治腐败高压态势”。而习近平在 2013 年 1 月 22 日第十八届中央纪律检查委员会第二次全体会议上发表的重要讲话中又进一步强调：“反腐倡廉必须常抓不懈，拒腐防变必须警钟长鸣，关键就在‘常’、‘长’二字，一个是要经常抓，一个是要长期抓。”“要坚持‘老虎’、‘苍蝇’一起打，既坚决查处领导干部违纪违法案件，又切实解决发生在群众身边的不正之风和腐败问题。”从实践上看，这种“高压态势”既表明了中国共产党人推进反腐倡廉建设、保持党的纯洁性的决心，也受到了群众的欢迎，振奋了民心。对于如何保持这种“高压态势”，十八大报告虽然没有明确加以说明，但通过报告内容，我们也可以看出党在这方面的基本精神和努力方向，这主要表现在两个方面：

第一，完善反腐败领导体制和工作机制。要切实推进反腐倡廉建设，

---

① 《毛泽东选集》，第 4 卷，北京：人民出版社，1991 年，第 1438-1439 页。

② 《邓小平文选》，第 3 卷，北京：人民出版社，1991 年，第 313 页。

③ 江泽民：《论党的建设》，北京：中央文献出版社，2001 年，第 69 页。

④ 《十一届三中全会以来历次党代会、中央全会报告公报决议决定(下)》，北京：中国方正出版社，2008 年，第 934 页。

党政主要领导干部要切实负起责任。因此，各级党政主要领导要对本地区、本部门反腐败斗争负总责。对此，十八大报告明确表示，要“严格执行党风廉政建设责任制”，这就意味着对于党风廉政建设中遇到的一些重大问题，党政主要领导要亲自过问，排除障碍，给予解决。它对于克服党风廉政建设中部分领导干部责任心不强、被动应付的问题，对于促使各级领导干部更强有力地推进反腐倡廉建设无疑具有重要的意义。报告在强调严格执行党风廉政建设责任制的同时，还指出，要“健全纪检监察体制，完善派驻机构统一管理”，这对于发挥各级纪检监察机关在反腐中的作用、充分履行党章赋予纪委的职责具有重要意义。习近平在十八大之后的第十八届中央纪律检查委员会第二次全体会议上明确指出：“要坚持和完善反腐败领导体制和工作机制，发挥好纪检、监察、司法、审计等机关和部门的职能作用，共同推进党风廉政建设和反腐败斗争。”“要支持纪检监察机关开展工作，关心爱护纪检监察干部。特别要注意保护那些党性强、敢于坚持原则的同志，为他们开展工作创造条件。”

第二，充分发挥人民群众的监督作用。人民群众是我党反腐倡廉必须依靠的基本力量。他们既是腐败现象的直接受害者，也是反腐败斗争中的最有力的支持者和参与者。要推进反腐倡廉建设就必须充分发挥人民群众的作用，从近年来发生的腐败案例来看，很多腐败案件的揭露都是民众自发作用的结果。十八大报告指出，要“着力解决发生在群众身边的腐败问题”，要“让人民监督权力，让权力在阳光下运行”。因此，要积极为人民群众参与反腐败创造必要的条件，首先就是要积极推动基层民主建设，拓宽群众参与的渠道，充分保障人民群众的知情权和监督权，使更多的群众参与到国家政治生活之中。对此，十八大报告也指出：“保障人民知情权、参与权、表达权、监督权，是权力正确运行的重要保证。”“更加注重健全民主制度、丰富民主形式，保证人民依法实行民主选举、民主决策、民主管理、民主监督。”此外，在网络社会的大背景下，各级党委和纪检监察机关应充分注意网络民意的预警作用，建立健全网络民意收集机制、研究机制、反映机制、互动机制，及时对信息进行分类整理。若信息涉及腐败问题，必须及时进行调查。对网络上民众热议或者怨愤极大的事件，要充分尊重网络民意，尽早将事实真相和调查的结果公之于众。

五、加强反腐败国际合作是反腐倡廉建设的空间延伸与力量补充

“反腐败国际合作，就是各国际行为主体之间在反腐败领域进行各种形式的配合与协作，也意味着各国际行为主体之间的反腐败政策调整过程。”[①]随着经济全球化的深入推进，腐败也日益成为一种跨国境的犯罪行为，反腐败也不再局限于一个国家内部，而日益成为一个国际性课题。从我国近年来所发生的很多腐败案例来看，我国腐败案件涉外化趋势明显加快。腐败官员利用资本跨地域、跨行业、跨国境流动的机会潜逃出境的问题也越来越严重。“自1985年以来的资本外逃占外债增长的比例已经超过50%，成为世界上仅次于委内瑞拉、墨西哥与阿根廷的第四大资本外逃国。”[②]“近三十年来，外逃官员数量约为4000人，携走资金约4000多亿人民币，人均携走约1亿元赃款。”[③]腐败官员境外出逃不仅造成国家财产的巨大损失，同时也严重影响了我国的国家形象。不仅如此，近年来所出现的“裸官”现象越来越成为反腐的难题。“裸官”之所以引人注目，不在于“裸”而在于其“外逃”，一方面由于“裸官”的配偶和子女都不在国内，即使其腐败行为败露也不会连累到家人，另一方面也为腐败分子转移财产创造了条件。正因为如此，很多贪官更愿意采取“裸体做官”的模式，他们一旦觉察到风吹草动就可以迅速外逃，办案机关往往既抓不到人又追不回赃款，由此大大增加了反腐败的难度。

实际上，针对上述腐败官员外逃问题，十八大之前，中国共产党人就已经进行了积极的探索。自1987年与波兰签署司法协助协议以来，到2006年1月，我国先后同法国等49个国家签署了司法协助条约或协议。[④]在引渡条约方面，2006年以来，我国分别与西班牙、法国等国签署了引渡条约。在国际协调方面，2003年我国政府加入《联合国打击跨国有组织犯罪公约》(以下简称《公约》)，为履行《公约》规定的各项义务，我国成立了由24个机关和部门组成的部际协调小组，具体承担国内履约的组织协

① 马海军：《我国反腐败国际合作问题探析》，载《廉政文化研究》，2012年第2期。

② 林立公：《十六大以来中国开展的反腐败国际合作》，载《社会主义研究》，2007年第3期。

③ 柴小梦：《“裸官”现象产生原因及其应对措施探究》，载《当代经济》，2011年第4期。

④ 林立公：《十六大以来中国开展的反腐败国际合作》，载《社会主义研究》，2007年第3期。

调工作。为做好有关国内法与《公约》的衔接工作，消除资产追回的法律障碍，2006 年 10 月，我国制定颁布了《反洗钱法》。2007 年，国家预防腐败局成立后，积极开展预防腐败的国际合作和技术援助。同年，最高人民检察院外事局更名为国际合作局，全面开展司法协助、个案协查、办理涉外案件和外事联络以及对外交流等工作。“截至 2011 年 10 月，我国已与 33 个国家缔结了引渡条约，与 47 个国家缔结了刑事司法协助条约，并与有关国家根据公约、双边条约或者在互惠基础上就多起案件开展了有效合作。中国最高人民检察院作为在《公约》框架下开展国际司法协助的中央联络机关，先后与外国司法检察机关签署了 100 多个双边合作协议或司法合作备忘录。现在，越来越多的引渡请求书由检察机关提出。”①正是我国在国际合作方面的努力，使得反腐败取得较大的成效。2011 年我国追缴境内外赃款赃物达 77.9 亿元。②

当前反腐败国际合作还面临诸多的难题，如相关的预防制度还不完善、国家间法律存在差异、有关引渡的法律依据不完善等。因此，要进一步提高国际反腐成效，按照十八大部署推进国际反腐合作，还需要进一步做到：

第一，建立腐败官员外逃预防制度，具体包括：(1)建立和完善党员干部家属移居海外报告和备案制度。要求党员干部将自己家属移居海外并申请“绿卡”等情况向组织报告，对于瞒报、不报的行为要依据党内法规给予处分。(2)完善出入境证件管理制度。主要是对公职人员护照加强管理。不仅在护照的签发上要严格把关，坚决杜绝和严厉禁止一人拥有多本外交护照、公务护照(因公护照)或多本普通护照(因私护照)，而且要对公职人员护照进行集中保管，如要求公职人员的护照日常由党组织、纪检监察部门进行统一保管，以尽量减少腐败分子利用出境和护照管理制度漏洞潜逃国外的机会。(3)针对近年来出现的“裸官”现象，要建立“裸官”出国审查和担保制度。对申请出国的“裸官”要对其财产进行审查，以防止财产的转移，包括流动资金、股票、房屋、债券等资产。对于违反报告和备案的行为，应根据党内法规予以处分，并记录在个人干部档

① 《我国加强国际司法合作编织跨国界反腐“天网”》，载《检察日报》，2012 年 10 月 22 日。

② 《我国去年追缴境内外赃款赃物 77.9 亿》，中国日报网，http：//www.chinadaily.com.cn/dfpd/shehui/2012－07/18/content _ 15592966.htm.

案中。此外，对“裸官”出国还要实行担保制度，即要有相应的担保人对其进行担保才能出国。

第二，健全相关反腐败配套法律制度，与国际惯例接轨。《联合国反腐败公约》为各个国家之间的反腐合作奠定了基本框架，但目前我国的相关法律规定与之还存在差距，例如我国法律中众多的死刑规定与国际司法合作中的死刑不引渡原则形成了直接冲突。不仅如此，我国《引渡法》第 50 条对量刑承诺的规定也比较笼统、简单，可操作性不强，因为它只是简单规定了“对于量刑的承诺，由最高人民法院决定”以及“在对被引渡人追究刑事责任时，司法机关应当受所作出的承诺的约束”。而量刑承诺做出的具体程序是什么、应当由哪个部门启动量刑承诺程序、量刑承诺究竟由哪个部门送达外国的司法机关等等，目前都还没有较为明确的规定。① 因此，要加强反腐败国际合作，就需要建立健全与国际惯例接轨的反腐败法律制度。以“死刑不引渡原则”为例，从长远看，有必要从立法上缩小我国目前死刑适用的范围，因为我国目前法定刑中腐败犯罪类死刑较多，从而阻碍我国对外逃腐败分子的引渡。当前，鉴于死刑很难在短期内废除，可考虑在国家司法主权原则不变的基础上，借鉴国际司法合作的经验，针对个案灵活运用“不判处死刑承诺”，以消除我国与被请求国在死刑问题上的障碍。实际上我国与西班牙签订的引渡条约中已经首次运用了“不判处死刑承诺”，这一条款对余振东遣返，以及后来对赖昌星的遣返都产生了积极的影响。

十八大对我国新形势下反腐倡廉建设的系统部署，既是中国共产党人长期反腐实践经验总结的结果，又是针对新时期腐败新特征的基础上对未来中国共产党反腐倡廉建设所做的系统安排，当然，战略部署的完成并不代表实施成效的提高，它还需要我们在十八大整体部署的基础上，对反腐倡廉建设的各个方面进行“细化”，在分头推进的基础上提高反腐倡廉的整体效应。十八大对新形势下我国反腐倡廉的整体部署，指明了我们的努力方向和加强反腐倡廉的思路，这对于新时期党的纯洁性建设，对于密切党群关系等都具有举足轻重的意义。

本文发表于 2013 年第 3 期

---

① 陈雷：《论我国引渡制度的量刑承诺——兼论死刑不引渡原则的变通或例外适用》，载《法学杂志》，2010 年第 1 期。

“党校姓党”论

王久高*

“党校姓党”是中国共产党各级党校开展教学、科研、办学活动和日常管理的根本原则，是中国共产党凝练革命、建设和改革不同时期党校办学经验的高度概括。2015 年 11 月 23 日，中共中央政治局召开会议，审议通过了《中共中央关于加强和改进新形势下党校工作的意见》(以下简称《意见》)。《意见》第一次在中央文件中明确把“党校姓党”作为党校办学的根本原则。本文在考察“党校姓党”的历史基因和重要意义的基础上，结合习近平的相关论述，重点阐释了“党校姓党”的丰富内涵，提出了坚持“党校姓党”的根本要求和主要途径。

一、“党校姓党”的历史考察和重要意义

中国共产党的党校自诞生以来就具有“党校姓党”的基因和传统。把“党校姓党”确立为党校的根本原则，既是对党校办学传统和经验的政治升华，也是有着强烈的现实针对性和战略考量的。

(一)“党校姓党”是党校与生俱来的基因

早在 20 世纪二三十年代，中国共产党中央及地方组织就举办过各种形式的党校，如党训班、中央训练班、政治军事学校等。1931 年 4 月 21 日，中共中央发出的《中央关于苏区宣传鼓动工作会议》要求各苏区中央分局“必须设立一个以上的党校，培养党、苏维埃与职工会的干部”①。7 月，苏区中央局就举办了一期党训班，并在此基础上成立了苏区中央局

* 王久高，北京大学马克思主义学院副教授。

① 谢武军：《马克思共产主义学校的前生——关于中共中央党校校史中一个问题的考证》，载《理论视野》，2011 年第 4 期。

党校，任弼时任校长。1933 年 3 月 13 日，苏区党校改称为马克思共产主义学校，并在瑞金举行了盛大的开学典礼。1935 年红军长征到达陕北后，马克思共产主义学校改称为中央党校，并于 1937 年迁入延安。鉴于抗日战争发展的新形势和实践的新需要，中共中央清醒认识到急需提高全党干部学习和运用马克思列宁主义理论的水平，于 1938 年 5 月 5 日(即马克思诞辰 120 周年纪念日)创办了延安马列学院(全称“马克思列宁学院”)，张闻天担任院长。马列学院的教育方针，就是坚持用马克思主义的基本理论和中国革命的实践经验来教育干部，注重党的基本理论和基本政策的学习，特别要求学员要学会运用马克思主义的立场、观点和方法去观察、分析和解决中国革命中的实际问题。可以说，延安马列学院是在马克思主义中国化的第一个理论成果——毛泽东思想日臻成熟的背景下应运而生的，对提高全党的理论水平、培养具有马列主义基础知识的干部起到了重要作用。1941 年 5 月，马列学院改组为马列研究院；7 月，改组为中共中央研究院。1941 年底至 1943 年 3 月，毛泽东先后对中央党校进行了三次改组，中央党校的地位不断提升。① 1943 年 5 月，中共中央研究院并入中共中央党校，成为该校的第三部。1947 年 3 月，中共中央党校随战事变化撤离延安。随着解放战争的顺利推进，1948 年 7 月，中共中央决定在西柏坡创办高级党校，时称马列学院，刘少奇兼任院长。当时马列学院的教学方针是“学习理论，提高认识，联系实际，改造思想”。1949 年北平解放后，马列学院即迁往北平。1955 年改称中共中央直属高级党校(即现在中共中央党校的前身)，其办学方针是“学习理论，提高认识，联系实际，增强党性”。从中国共产党早期党校(或干部学习培训机构)成立、发展的历史可以看出，党校及诸类机构的基本指导思想和主要任务，就是学习马克思主义基本理论及其中国化的理论成果，宣传党的基本方针和政策，培养忠诚于党的干部。党校诞生、发展的历史有力地证明了“党校姓党”是党校与生俱来的基因，党校因党而立，为党而存。

(二)“党校姓党”是党校健康发展的根本保证和办学经验的政治升华

“党校姓党”是党校与生俱来的基因，但这并不意味着党校的发展因

---

① 谌玉梅、罗平汉：《延安时期中央党校》，西安：陕西人民出版社，2014 年，第 33-39 页。

此而一帆风顺。中国共产党的各级党校作为党的事业的组成部分，它们的发展和办学成效与党的指导思想的正确与否，以及党校是否真正坚持“姓党”紧密相联。早在延安整风时期，毛泽东以中央党校为整风运动的“大本营”，开创了用党校统一全党思想与行动的办学模式和干部培训模式①，从而促进了全党思想的高度统一和革命事业的胜利。但是，1957年党的整风运动发展到反右扩大化后，党校工作也开始受“左”倾错误影响，“党校姓党”开始变成“党校姓‘左’”，党校的教学活动、教学质量和人才培养等开始遭遇挫折，一些著名的马克思主义理论家和教员遭到批判。“文化大革命”爆发后，一些党校出现了“党校无党”的现象，学校整个工作停顿，造成巨大的损失。“文革”结束后，1977年10月5日，中共中央做出《关于办好各级党校的决定》，要求彻底清除“四人帮”在党的建设和党校工作方面造成的危害，切实办好党校。1979年12月25日至1980年1月17日，中共中央组织部、宣传部和中央党校联合召开了全国党校工作座谈会(即第一次全国党校工作会议)。会议要求党校担负的任务就是用马列主义、毛泽东思想武装干部，保证党在思想路线上、政治路线上的统一，切实加强党委对党校的领导。党校工作开始回归到“党校姓党”的正常轨道。此后，中共中央先后在1983年、1985年、1994年、2000年、2008年、2015年召开了第二、三、四、五、六、七次全国党校工作会议。在1990年发出《中共中央关于加强党校工作的通知》；1995年颁布实施《中国共产党党校工作暂行条例》；2000年印发《中共中央关于面向21世纪加强和改进党校工作的决定》；2008年制定了《中国共产党党校工作条例》；2015年下发《关于加强和改进新形势下党校工作的意见》。这些会议、通知、条例、决定、意见等总的精神，就是根据党所面临的形势、任务的变化以及党校自身存在的问题，不断推动党校的改革创新及规范化、制度化和法制化建设，不断提高党校教育科学化水平，并在这一过程中逐渐确立了“党校姓党”的根本原则。党校发展和建设的历史说明，党校因党而立，也因党而兴、因党而强。党校只要正确地坚持和贯彻了姓“党”的原则，就会为党所领导的事业提供理论支持和干部保障，

---

① 谌玉梅、陈碧珍：《中央党校——延安整风运动的“大本营”》，载《延安大学学报》，2013年第6期。

从而促进党和国家的事业健康蓬勃发展。因此，“党校姓党”是党校健康发展的根本保证和办学经验的政治升华。

(三)“党校姓党”是新形势下从严治党、从严治校的内在要求

中国共产党不断加强自身建设是其领导革命、建设和改革成功的重要法宝之一。21世纪以来，国情、世情、党情发生的深刻变化对长期执政的中国共产党产生了新的挑战和考验，各级党校也面临着新的问题。作为党校培训轮训对象的干部队伍，出现了理想信念不坚定、理论学习风气不足、政治意识和大局意识不强、服务意识下降、不守政治规矩和政治纪律等问题。此外，各级党校本身也存在一些共性问题：一是学风校风不正问题。党校成为一些干部镀金、搞关系、养身心的场所。一些党校由以学员为中心变成以官员、权力为中心。学员之间、学员与教员、学员与本地官员和社会人员之间存在着各种错综复杂的关系，有的直接滑向利益输送和交换。二是少数教员的政治立场和学术研究方向出现偏差。主要表现为理论自信、制度自信和道路自信不足；学术研究西方化，热衷于用西方的一些理论和方法来“批判”“反思”党的理论与实践。三是教学体系和教学内容不科学、不完善。不少党校主业主课不突出，存在重知识技能培训、轻党的理论教育和党性教育的现象，党校特色没有凸显。有的党校理论学习和党性教育侧重于教学手段和形式的新花样，演变成满足于少数干部个人的偏好和需求。四是党校应有的地位、作用和保障没有得到充分的重视和支持。一些地方党委对党校重视不够，投入不足、保障不力。党校作为培训轮训党员领导干部和理论学习、研究的主要阵地，一旦学风校风不正，对党造成的伤害和不良影响尤其恶劣。因此，确立“党校姓党”的根本原则，具有强烈的现实针对性，是新形势下从严治党、从严治校的内在要求。

二、准确地理解“党校姓党”的丰富内涵

2015年12月11日至12日，习近平在全国党校工作会议上第一次系统阐释了“党校姓党”的科学内涵。他指出：“党校姓党，就是要坚持一切教学活动、一切科研活动、一切办学活动都坚持党性原则、遵循党的政治路线，坚持以党的旗帜为旗帜、以党的意志为意志、以党的使命为使

命，严守党的政治纪律和政治规矩，坚持在党爱党、在党言党、在党忧党、在党为党，归根到底一句话，就是要在思想上政治上行动上自觉同党中央保持高度一致。”[①]习近平关于“党校姓党”的论述，主要从政治层面、纪律层面和道德层面界定和阐释了“党校姓党”的科学内涵，指明了它的精神实质。

(一)“党校姓党”是党校恪守党性的一种政治自觉

马克思主义认为，党性是一个政党固有的本质属性，是一个政党的性质、宗旨、目标和任务的本质体现。无产阶级政党的党性，是在科学世界观指导下，无产阶级高度自觉的阶级性，是阶级性最高和最集中的表现。刘少奇指出：“共产党员的党性就是无产者阶级性最高而集中的表现，就是无产者本质的最高表现，就是无产阶级利益最高而集中的表现。”[②]作为一个以马克思主义为指导的无产阶级政党，中国共产党旗帜鲜明地提出党的各级机构及其成员必须坚持党性原则，并对此有着严格的、鲜明的党性要求。中国共产党的党性最本质的体现，就在于立党为公、执政为民，全心全意为人民服务。中国共产党的党校，作为党委的一个重要部门，是履行党委决策、实现党的意志和任务的不可缺少的一个机构。各级党委都对其党校有着坚持党性原则的至高要求。因为，中国共产党的党校不同于一般的国民教育的高等院校，它是中国共产党内生性的专门培训轮训骨干成员(领导干部)和开展理论学习、宣传、研究的机构，带有鲜明的无产阶级政党意识和阶级属性等，丝毫不应该有违反党性的言论和举措。当前，中国对外开放和全面深化改革进入攻坚阶段，坚持党性原则最主要的表现，就是始终牢记全心全意为人民服务的宗旨，高举中国特色社会主义旗帜，协调推进“四个全面”战略布局，不断夺取中国特色社会主义事业和社会主义现代化新的胜利。党校作为培养党的干部及理论宣传、学习和研究的主要阵地，必须将“党校姓党”作为恪守党性的一种政治自觉，要求一切教学活动、科研活动和办学活动，都必须坚持党性原则，坚定党的政治方向，坚守党的政治大局，强化党的政

---

① 《坚持党校姓党根本工作原则切实做好新形势下党校工作》，载《人民日报》，2015 年 12 月 13 日。

② 中共中央文献研究室、中共中央党校编：《刘少奇论党的建设》，北京：中央文献出版社，1991 年，第 225 页。

治意识，遵循党的政治路线，遵守党的政治纪律和政治规矩，自觉地在思想上政治上行动上与党中央保持高度的一致。

(二)“党校姓党”是党校服从党的统一意志和行动的纪律要求

当前，全国共有省级党校 34 所、副省级党校 15 所、市(地)级党校 360 多所、县级党校 2500 多所，拥有近 10 万教职工。[①] 另外，一些党政机关和国有企业、高等学校、部队等也都办有自己的党校。由于党校体系的多样性以及教员、学员的差异性，党校在服从党的统一意志和行动方面存在着四个方面挑战。一是不同层次的党校服从党的统一意志和行动的态度和行动有差异。一般而言，级别越高的党校，它的政治敏锐性和行动力越强，而一些基层党校却出现了党性淡薄、工作不力的现象。二是学员干部的政治觉悟、党性修养和言行自律客观上存在差异。毛泽东同志曾明确指出：“政治路线确定后，干部就是决定的因素。”[②]如何努力缩小这种差异，培训培养出忠诚于党、擅于执行党的政治路线的各级高素质干部是党校面临的重要任务。三是教员与学员之间可能会产生教学矛盾。党校学员不仅具有丰富的实践经验和社会阅历，而且在党的相关理论、路线、政策的观察和理解方面有其固有的视角和思维，因此，党校教员与学员经常会出现一些教学矛盾。四是一些教员、学员沾染上了社会不良风气。少数学员干部、党校教员无视党纪校规，相互利用和彼此“关照”，有的甚至在思想上政治上形成自己的小圈子。党校作为党直接兴办的学校，面对以上四种直接妨碍服从党的统一意志和行动的挑战，必须坚持“党校姓党”的原则，以严格的规章制度和铁的纪律杜绝其学员、教员和管理人员存在与党中央不一致和与党纪校规相违背的言行举止。党校的一切教学、科研和办学活动，必须坚持以党的旗帜为旗帜、以党的意志为意志、以党的使命为使命、以党的纪律为纪律。党校必须成为遵守党章党纪校规、严守党的政治纪律和政治规矩的典范。因此，“党校姓党”不仅是党校一切工作的根本原则，而且是党校服从党的统一意志和行动的纪律要求。

(三)“党校姓党”是党校忠诚于党的一种道德规范和价值追求

任何一所学校都有自身的精神追求和价值追求，并通过人的主体性

---

① 《新形势下推进党校工作的基本遵循》，载《学习时报》，2015 年 12 月 14 日。

② 《毛泽东选集》，第 2 卷，北京：人民出版社，1991 年，第 526 页。

表现出来；同时，学校中的每一个主体人，在自己的价值追求中都会潜移默化地接受一种道德规范。中国共产党党校的价值追求与党的价值追求是内在一致的。中国共产党的性质、宗旨和奋斗目标决定着她的价值追求远远高于其他政党的价值追求。这种崇高的价值追求又促使其成员志愿忠诚于她并为之奋斗，并甘愿接受共产主义的道德规范。同时，党章对党员也有着“对党忠诚”“永不叛党”等纪律要求和道德规范。党校作为党直接领导和兴办的学校，有着更为鲜明的党的意识、纪律要求和道德规范。因此，各级党校都理应内在地秉承着党的价值追求，并自觉地接受共产主义的道德规范。对于每一所具体的党校而言，坚持党校姓党、忠诚于党，就是秉承党的最高价值追求的具体表现。作为党校人，每一位教员、学员和管理工作人员，都应该把“党校姓党”、忠诚于党作为自己的一种价值追求和道德规范，坚持爱党爱校，坚持在党爱党、在党言党、在党忧党、在党为党。党校的特殊性就在于它直接并完全服务于执政的中国共产党，因此，党校的主流价值和道德规范绝对不允许出现有损于党的形象和利益的言行举止。“党校姓党”作为党校的“灵魂”和“根本原则”，本质上不仅体现着无产阶级政党的性质、宗旨、使命、价值追求和道德规范，而且蕴含着中华民族传统的价值理念和道德诉求。

三、坚持“党校姓党”的根本要求和主要途径

习近平从政治层面、纪律层面和道德层面系统阐释了“党校姓党”的丰富内涵，其根本的出发点和落脚点在于，各级党校要紧紧围绕党和国家的工作大局，以强烈的政治责任感始终保持与党中央的高度一致。“党校姓党”，归根到底一句话，就是要在思想上政治上行动上自觉同党中央保持高度一致。这正是“党校姓党”根本原则的精神实质，也是各级党校贯彻这个原则的根本要求和检验标准。面对当前新的形势和任务，各级党校务必将从严治党要求和从严治校方针结合起来，积极探索贯彻、落实“党校姓党”的有效途径。

(一)牢固树立“四种意识”，坚持正确政治方向

对于无产阶级政党而言，政治方向正确与否直接影响着政治路线的制定和奋斗目标的实现。坚持正确政治方向是中国共产党取得革命、建

设和改革成功的重要经验。中国共产党的各级党校，是党直接兴办和领导的学校，坚持正确政治方向是党校办学第一位的要求，是“党校姓党”最重要的标志。当前，我国正处于全面深化改革的攻坚阶段，又面临着异常复杂的国际形势，不同级别的党校以及学员干部对国际国内形势、中央战略布局、当前核心任务等方面的认识可能存在不重视、不到位、不准确甚至不认同等现象。面对这些现象，作为培养党员干部和思想理论宣传主要阵地的党校，必须以高度的政治责任感，构建“四种意识”政治坐标，即牢固树立和践行政治意识、大局意识、核心意识、看齐意识，坚定正确政治方向，自觉在思想上政治上行动上同以习近平同志为核心的党中央保持高度一致。具体而言，就是坚定不移地高举中国特色社会主义旗帜，以马克思列宁主义、毛泽东思想、邓小平理论、“三个代表”重要思想、科学发展观为指导，深入学习贯彻习近平总书记系列重要讲话精神，紧紧围绕“四个全面”战略布局，切实贯彻“创新、协调、绿色、开放、共享”的发展理念，统筹推进经济建设、政治建设、文化建设、社会建设、生态文明建设和党的建设，按照“两个一百年”奋斗目标，逐步实现中华民族伟大复兴的中国梦。其实，改革开放以来，党和国家的基本指导思想、理论、路线、方针和政策等在政治方向上始终受到内外一些因素的干扰和冲击。这种干扰和冲击直接影响到党的思想统一和党的执政绩效，甚至威胁到党的执政地位。因此，各级党校应积极参照“四种意识”的政治新坐标，把坚持正确政治方向作为贯彻“党校姓党”的根本政治前提和第一位的要求，作为考验党校是否与党中央保持高度一致的政治准则。

(二)突出主业主课，构建科学的教学体系和内容

构建一套科学、丰富的教学体系和教学内容是坚持“党校姓党”的重要保证。党校的教学体系和内容在围绕提升学员“理论基础”“世界眼光”“战略思维”“党性修养”框架下，应突出党的理论教育和党性教育这个主业主课。一段时期以来，各级党校教学体系和教学内容普遍存在的一个问题，就是党的理论教育和党性教育明显偏低。一些党校尤其基层党校在每个主体班次的学习内容安排上，通常只设置一个理论专题和党性专题，然后要求学员自学。据中央纪委的一项调查，各级党校授课内容中开设的党章党规党纪课程只占总课程的 2.5%。① 党的理论和党性教育，是每一个党员干部坚持对真理的追求和坚定对党的信仰的思想源泉和精神动力。党校只要在思想上、理论上和党性上为教员和学员提供了丰富的营养，促使他们对党的理论和党性要求有了系统的掌握和透彻的理解，他们对党的信仰和忠诚就有了内在的、持久的动力和保障，与党中央保持高度一致的自觉性就会大大提高。

坚持和贯彻“党校姓党”的根本原则，首要的就是要抓好党的理论教育和党性教育这个主业。一是思想上和实践上坚决纠正轻理论、重能力的倾向。严格按照《意见》中的规定，党的理论教育和党性教育这两类课在中央党校、省(自治区、直辖市)委党校、市(地)委党校教学安排中不低于总课时的 70%。要设置专门的“党性教育单元”，确保党性教育课不低于总课时的 20%。二是理论教学内容抓住学理论经典著作、学最新理论成果和培养学员理论创新能力三大核心板块。理论教学首先必须注重对马克思主义经典著作的讲授和导读，引导学员坚持读原著、学原文、悟原理，增强理论思维和理论素养，系统掌握马克思主义基本原理和立场观点方法。三是坚持把马克思主义中国化最新成果作为理论教育中心内容，尤其把深入学习习近平总书记系列重要讲话精神作为重中之重，做好讲话精神进教材、进课堂、进学员头脑工作。四是培养学员运用理论、创新理论的能力。鼓励学员在工作实践中及时积极总结经验，勤于读书和思考，勇于将实践经验上升到理论高度。除了突出主业主课外，党校教学体系和内容还要注重培养学员干部的领导水平和执政能力。当前，各级党校要按照习近平总书记提出的不断提高干部领导、谋划、推动、落实改革的能力和水平的要求，积极探索和完善培养学员干部的领导水平和执政能力的教学内容和教学形式等，促使他们不断提高统筹兼顾的能力、开拓创新的能力、知人善任的能力、应对风险的能力、维护稳定的能力等。

(三)健全管理制度，加强纪律要求，真正落实严以治校

从严治校是全面从严治党在党校工作中的具体体现，是对党校校风、校纪、校规的根本要求。党校作为一个党性要求极强的学校，坚持从严

---

① 《新形势下推进党校工作的基本遵循》，载《学习时报》，2015 年 12 月 14 日。

治校是党校自我管理和建设的内在要求，也是党校保持正确政治方向、良好教学质量和纯朴优良作风的根本保证。从当前从严治党的要求和重点看，各级党校应坚持严以治校、严以治教、严以治学，充分依靠规章制度和纪律要求加强从严治校。一是及时将从严治党、从严治校精神规范化、制度化。加强党内法规建设，推动制度建党，是改革开放以来党的建设的重大创新。党的十八大以来，党中央在从严治党方面提出了一系列新的方针和精神。各级党校应及时依据本校实际，制定出本校从严治党、从严治校的各项规章制度，树立从严治党、从严治校的典范。二是以铁的纪律严禁社会不正之风和不良学风教风浸染校园。各级党校应制定出惩戒各种不正之风和不良学风教风的纪律条例和纪律要求，严禁一少部分学员将工作实践中沾染的官僚主义、形式主义、请客送礼、经营人脉、相互吹捧、弄虚作假等不正风气带到校园；严禁教学科研人员和管理人员与学员之间互相输送利益；严禁教学科研人员不安心教学科研，不遵守教学管理的纪律要求。任何一位教学科研、管理人员或学员，一旦违规违纪，党校必须及时做出严肃、公正、公开的查处，并且作为警示教育的典型。

(四)加强教师队伍道德建设和纪律要求，真正落实严以治教

建设一支品德高、政治强、业务精、作风正的高素质教学科研人才队伍，是贯彻“党校姓党”、促进党校事业健康发展的关键。一是要加强党校教学科研人员的道德教育和要求。党校教师除了要具备一般教师为人师表、爱岗敬业、严谨治学、严守纪律等职业道德外，还应有忠诚于党、奉献于党等更高的无产阶级道德追求，把真心热爱党校教育事业、培养经得起历史考验的优秀党员干部作为个人事业追求的至上目标和荣誉。二是加强教师教学科研的政治纪律要求。党校教师的教学科研理应有着严格的党性要求、纪律要求和管理规范。党校教师的教学、科研和办学活动都要坚持党性原则、遵循党的政治路线，遵守党的政治纪律，都要直接服务于党治国理政的目标和要求，讲究针对性和实效性。党校的教学和研究应秉持坚守党性的底线思维和铁的纪律。一切与党性和政治路线相违背的教学、科研和办学活动，都应及时得到教育、调整或禁止。三是加强实事求是的教风，鼓励创新教学模式和手段。党校的教风应坚持解放思想、实事求是、与时俱进的精神，坚持理论联系实际的优良作风，坚决反对填鸭式、教条式、书斋式教学，反对夸夸其谈，努力做到深入浅出、大道至简、微言大义。鼓励教师及时掌握最新教学手段，积极探索和完善研讨式教学、案例式教学、演讲辩论教学、体验式教学、情景模拟式教学和现场教学等多种教学方式，深入开展领导工作经验交流和党性分析等教学活动，提高教学的吸引力感染力。

(五)以铁的纪律根治学员不良学风，真正落实严以治学

党校优良的学风是学员取得良好学习效果的重要保证。当前，各级党校必须果断采取实际措施，以铁的纪律根治不正学风。一是学员要端正态度，正确认知自我，珍惜学习机会。所有党校学员要实现角色和身份的转换，充分认识到自己是以平等学员身份来学习和接受教育，必须统一接受严格管理，遵守学习培训和廉洁自律各项规定要求，自觉遵守学习纪律、课堂纪律、考试纪律、请销假纪律等，自觉维护教学秩序。二是弘扬和确立实事求是的学风。实事求是是马克思主义活的灵魂，是“党校姓党”的内在要求。学员在学习过程中，要防止、反对主观主义、教条主义、形式主义的学习，防止书斋式的空谈、教条式的研究，而是要深入开展调查研究，弘扬求真务实风气、民主讨论风气、创新进取风气。鼓励学员之间、教员之间、学员和教员之间开展平等讨论交流，实现学学相长、教学相长。三是严格规定学习内容、重点和要求。党员干部到党校学习，应有着严格的规定、重点和要求，包括马克思主义基本理论和马克思主义中国化最新成果；党性党章党规党纪；党和国家重大的决策部署、政策方针等；领导水平、提升执政能力；等等。总之，党校学员学习的内容应紧紧围绕党的意志和任务来设置，旨在培养学员战略思维能力、辩证思维能力、综合决策能力、驾驭全局能力，同时引导学员学而信、学而用、学而行。

本文发表于 2016 年第 2 期

党内政治文化的生成逻辑与发展趋向*

王卫兵**

习近平在党的十八届六中全会第二次全体会议上强调："要注重加强党内政治文化建设，不断培厚良好政治生态的土壤。"①政治文化是政治生活的思想灵魂，优良的党内政治文化能够净化党内政治生态，有助于营造风清气正的从政环境。党的十八大以来，党中央高度重视党内政治文化建设，把培育优秀的党内政治文化当作全面从严治党的重要任务来抓，体现了既要"全面"又要"重点"的辩证唯物主义的方法论。构建优良的党内政治文化，首先要研究党内政治文化的生成逻辑和生成规律，明晰党内政治文化"因何而来"；同时还要研究党内政治文化的发展趋向，明白党内政治文化"因何而去"。只有对党内政治文化的"来龙去脉"一清二楚，在理论和实践上形成一种"文化自觉"，才能准确把握党内政治文化的建设规律和发展规律，才能不断丰富与完善党内政治文化。

一、概念界定：中西比较政治视角

党内政治文化属于政治文化的亚文化。政治文化研究是党内政治文化研究的基础与先导。由于西方社会对政治文化的研究比中国起步早，一些中国学者往往把西方现成的政治文化研究成果直接拿来为我所用，极易产生路径依赖的问题，而由此导致的后果表现在两个方面：一是在

---

* 本文系国家社科基金青年项目"当代中国人的精神世界重建问题研究"（项目编号：14CKS027）的阶段性研究成果。

** 王卫兵，中共中央党校马克思主义学院博士研究生。

① 习近平：《在党的十八届六中全会第二次全体会议上的讲话（节选）》，载《党的生活》，2017年第1期。

价值取向上，西方学者对政治文化研究的出发点是西方政治制度和政治模式，因此得出的结论也往往带有西方普遍主义价值色彩，弱化了中国政治的解释力和话语权。二是在政治实践上，由于中西政治制度及政治运行模式差异较大，直接把西方学者的研究结论套用在对中国政治生态的解读上，势必会出现外来理论“水土不服”的现象，甚至会产生对中国政治现实的扭曲认识，消解了中国政治的正当性与合理性。因此，对中国政治文化的研究，在吸收借鉴外来学术成果的同时，还要立足于中国政治学，合理界定符合中国国情的政治文化内涵及外延，形成具有“中国特色、中国风格、中国气派”的政治文化研究模式，以彰显我们自身的“道路自信、理论自信、制度自信和文化自信”。

(一)西方政治文化研究的兴起及其实质

美国政治学家加布里埃尔·A. 阿尔蒙德首次提出“政治文化”这一概念。他认为：“政治文化是一个民族在特定时期流行的一套政治态度、信仰和感情。”[①]在《公民文化——五个国家的政治态度和民主制》一书中，他又指出：“政治文化一词表示的是特殊的政治取向，即对政治系统和系统各个部分的态度，以及对系统中自我角色的态度”[②]。通过概念考察可知，阿尔蒙德对政治文化的研究是立足于政治社会心理学的，政治文化是个人从心理层面对政治对象的某种态度和取向，包括对政治对象的“认知”“情感”和“评价”等。此后，随着政治文化研究在西方学术界的兴衰起伏，人们对政治文化的认识也取得了纵深发展，对政治文化的涵盖内容、影响因素、分析范式的研究从主观心理层面逐步向外扩展至客观层面，并呈现出制度化、整体性、行为主义等发展趋势。尤其是进入 21 世纪以来，西方学者立足于全球化、新经济、新技术等社会潮流，在政治文化的研究思路和研究方法等方面取得了新进展，研究领域“从单纯的解放政治扩展至生活政治领域”[③]，反映了后工业化时代西方政治文化的总体走

① ［美]加布里埃尔·A. 阿尔蒙德，小 G. 宾厄姆·鲍威尔著，曹沛霖译：《比较政治学——体系、过程和政策》，上海：上海译文出版社，1987 年，第 29 页。

② ［美]加布里埃尔·A. 阿尔蒙德，西德尼·维巴著，徐湘林等译：《公民文化——五个国家的政治态度和民主制》，北京：华夏出版社，1989 年，第 14 页。

③ ［英]安东尼·吉登斯著，赵旭东等译：《现代性与自我认同：现代晚期的自我与社会》，北京：生活·读书·新知三联书店，1998 年，第 251 页。

向和整体特征。

西方政治文化研究暗含着内在的价值取向。“文化的最深层次是价值观，这是文化的核心。”[①]从事政治文化研究的西方学者，他们自身深受西方价值观的影响，而这些价值观则来自西方传统政治文化思想的积淀。从轴心时代古希腊的理性主义萌芽，到中世纪神学思想对理性精神的孕育和发展，再到文艺复兴、宗教改革、启蒙运动对理性精神的深化，最后经过英、美、法等国家的资产阶级革命实践，最终确立了西方政治文化的大传统。无论是西方政治文化本身，还是从事政治文化研究的西方学者，他们自身都不自觉地携带着西方价值观的基因。20 世纪 80 年代以后，虽然政治文化研究出现了局部“转向”，人们开始倡导政治文化研究的“非西方化”，怀疑西方文化的“普适性”，更加关注各国本土文化在政治现代化中的积极作用。[②] 但是事实上，无论是学术研究还是政治实践，都仍然深深烙有西方本位主义印记。一方面，在学术上，政治文化研究依然采用的是“宪政民主”“公民社会”“新自由主义”等颇具西方特色的研究范畴，这样就无形中把西方价值观当作衡量其他国家或者民族政治文化优劣的标准。另一方面，在政治实践上，西方某些国家打着人权、民主、自由等旗号干涉他国主权，不惜以战争和践踏人的生存权为代价来维护西方所谓的普世价值观。所以，西方政治文化的实质就是西方社会的价值观，深深影响着其他民族或者国家的政治文化走向。

（二）中国政治学视角下的党内政治文化

习近平在 2016 年 5 月 17 日召开的哲学社会科学工作座谈会上指出：“构建中国特色哲学社会科学，在指导思想、学科体系、学术体系、话语体系等方面充分体现中国特色、中国风格、中国气派。”[③]习近平的讲话为中国政治学的发展指明了方向，即构建中国政治学的首要原则是要立足于中国。国内对政治文化的研究起步于 20 世纪 80 年代中后期。中国政治学者对政治文化的研究，一般是从两种不同路径展开的：一种是依托于

---

① 袁贵仁：《价值观的理论与实践》，北京：北京师范大学出版社，2013 年，第 3 页。

② 丛日云、王辉：《西方政治文化理论的复兴及其新趋向》，载《政治学研究》，2000 年第 1 期。

③ 《习近平主持召开哲学社会科学工作座谈会强调结合中国特色社会主义伟大实践加快构建中国特色哲学社会科学》，载《人民日报》，2016 年 5 月 18 日。

对中国古代及近现代政治思想史的研究，主要探讨中国古代政治思想制度、近现代政治思潮与文化冲突等。另一种是依托于对西方政治文化研究成果的译介，着重引进并介绍西方政治理论。[①] 这两种研究范式往往趋于融合，形成了中国式的政治文化研究典范。学术界对政治文化的定义有多种，有学者认为，“政治文化是客观政治过程在社会成员心理反应上的累积，包括政治认同、政治信念、政治感情等”[②]；也有学者认为，“除了政治心理，政治文化还应包括政治制度”[③]。综合起来分析，国内学者主要是从政治心理、政治思想、政治制度等方面来理解政治文化的。这既吸纳了西方政治文化理论的要义，又融汇了中国自身历史文化传统，反映了政治文化的普遍性与民族性的文化特质。

党内政治文化是政党组织内部的政治文化。在党内政治文化这个概念出现以前，学术界使用最多的是政党文化这一指称。党内政治文化源于政党文化，同时又超越政党文化。政党文化指的是“由政党意识形态及其宣扬的价值观念，以及政党成员共同的政治取向和由此决定的政党形象等内容构成的政党的精神结构”[④]，一般认为政党文化由意识形态、制度规范、政党标识等要件构成。政党文化反映了政党的组织特性，是政党之间相互区分的普遍规定性。党内政治文化指的是政党尤其是政党成员在长期的政治活动中形成的理想信念、价值观念、政治情感、道德品质、行为习惯等。与政党文化相比，党内政治文化着重反映了政党成员的属人特性，体现了政党成员的整体精神风貌与道德品质。由于政党成员是政党组织内部最重要也是最活跃的要素，因此，党内政治文化比政党文化更能体现一个政党组织的特殊性，比一个国家的政治文化更具有现实性和针对性。

中国共产党党内政治文化具有独特的精神品质。中国共产党在长期的革命、建设和改革实践中，形成了独具特色的党内政治文化传统，这些党内政治文化呈现出伦理性、价值性和实践性等精神特质。第一，伦

① 王理乐：《政治文化导论》，北京：中国人民大学出版社，2000 年，第 36 页。

② 吕元礼：《政治文化转型与整合》，南昌：江西人民出版社，1999 年，第 1 页。

③ 朱日耀：《中国传统政治文化的机构及其特点》，载《政治学研究》，1987 年第 6 期。

④ 赵理富：《政党的魂灵：中国共产党政党文化研究》，武汉：武汉大学出版社，2008 年，第 44 页。

理性。中国传统社会属于伦理型社会结构，伦理道德不仅是维持社会秩序的重要手段，同时还构成了中华民族传统文化的精神内核。中国共产党党内政治文化一方面直接来源于马克思主义理论，另一方面还受到中国传统伦理型文化的感染熏陶。无论是早期的共产党人还是新时期的党员、干部楷模，都把优秀的道德品质当作衡量共产党人先进性的重要标尺。第二，价值性。中国共产党是马克思主义政党，价值导向性是其鲜明的理论特性。坚定共产主义和社会主义理想信念，坚持全心全意为人民服务的宗旨，旗帜鲜明讲政治、讲党性是中国共产党人自觉的精神追求。第三，实践性。实践性是马克思主义政党重要的理论品质，也是党内政治文化保持自身生机与活力的重要动力。党内政治文化是党在长期的革命实践和执政实践中逐步形成的，并将在自身的改革实践中继续得到丰富和发展。

二、党内政治文化的生成逻辑

党内政治文化的生成是一个复杂多元的历史发展过程。多层面、全方位、多维度认识党内政治文化，要善于运用多种思维工具对党内政治文化进行考察分析。无论是唯物史观、认识论，还是系统论、价值论，他们都是对事物进行科学分析的重要方法。党内政治文化的生成不是偶然的无规律现象，而是遵循着科学完整的内在理论逻辑的严密系统。党内政治文化在自身的逻辑建构过程中，内在地蕴含着历史观逻辑、认识论逻辑、系统论逻辑和价值论逻辑，达成了多种逻辑主线在特定时空背景下的高度统一。

(一)历史观逻辑：历史与现实的统一

党内政治文化形成于一定的历史空间之中，反映了我们党现实的政治生活过程。关于“历史”，马克思指出：“‘历史’并不是把人当作达到自己目的的工具来利用的某种特殊的人格。历史不过是追求着自己目的的人的活动而已”①。马克思主义的唯物史观克服了“机械或直观的”旧唯物

① 《马克思恩格斯全集》，第2卷，北京：人民出版社，2005年，第118页。

主义和“抽象的”唯心主义历史观，形成了“现实的人及其历史发展”[①]的新历史观，也是真正的科学的历史观。历史不只是一个“过程”，而且是一种“结果”，即“历史行动中的人”所创造的“文明”。[②] 在唯物史观视野下，党内政治文化表现为党的成员在长期的党内政治实践活动中形成的政治文化沉淀和政治文化积累，是历史的政治实践和现实的政治生活的有机统一。党内政治文化既是历史的又是现实的。一方面，党内政治文化继承了马克思主义理论和中华优秀传统文化的精髓，在党的革命实践和社会主义建设实践中得到弘扬和阐发。另一方面，党内政治文化又在中国特色社会主义生动的现实环境中发挥着重要价值，为全面深化改革提供重要的文化支撑和文化保障。

从文化产生的历史渊源来看，党内政治文化发端于马克思列宁主义的先锋队理论、中国古典德性政治哲学以及以毛泽东思想为代表的中国革命理想主义精神。第一，党内政治文化诞生的思想源头是马克思列宁主义的先锋队理论。任何文化的产生都依赖于特定的民族国家的思想文化传统，马克思列宁主义的先锋队理论也深受德国、俄罗斯等国家的知识分子思想传统的影响。在德国，受柏拉图、亚里士多德、基督教政治共同体传统的启蒙，形成了以康德—费希特—黑格尔等人为逻辑主线的社会政治有机体思想。人不仅是社会共同体的成员，而且是历史发展的目的。到马克思、列宁这里，共产主义思想便成为社会共同体思想的最终理论表达。而担当着实现共产主义任务的共产党人，理应在共产主义伟大事业中起到先锋模范作用。马克思列宁主义先锋队政党代表着具有担当精神、为人民服务精神和自我批判精神的先进性政党。第二，党内政治文化诞生的内生根据是中国传统伦理政治哲学。与追求制度理性的现代西方政治文化传统不同，中国传统政治思想暗含着深邃的伦理道德观念，中国传统政治是一种伦理型政治。[③]《尚书》《周易》等古经中记载着中国早熟的人文精神，奠定了中国德性政治的哲学基础，成为中国传统政治文化的精神源头。中国古典德性政治哲学表现为“天人合德、以德配天”的崇德精神，“敬德保民、民贵君轻”的民本思想，“有教无类、选贤

① 《马克思恩格斯选集》，第4卷，北京：人民出版社，2012年，第247页。

② 孙正聿：《马克思主义哲学智慧》，北京：现代出版社，2016年，第150页。

③ 任剑涛：《中西政治思想中的伦理际遇》，载《政治学研究》，2000年第3期。

任能”的圣贤政治等等。中国传统伦理政治文化奠定了党内政治文化的基础。第三，革命文化是党内政治文化产生的实践源头。马克思列宁主义的政党品质与中国传统德性政治品格存在着诸多共通之处，二者在中国共产党的革命实践中实现了深层碰撞与深度融合。毛泽东等老一辈革命家深受中国传统道德理想主义的影响，在中国革命实践中以马克思主义为指导，将马克思主义同中国传统文化相结合，逐渐形成了全心全意为人民服务的根本宗旨、“两个务必”理论、党的三大优良作风等优秀的党内政治文化。

党内政治文化在历史与现实基础上的统一，既合规律性又合目的性。党内政治文化的合规律性，就是要遵循历史发展规律，在继承传统文化的基础上善于自我建构，使党内政治文化不断适应变化发展着的现实环境，保持党内政治文化的先进性本色。党内政治文化的合目的性，就是要发挥党内政治文化的内在价值，解决我们党存在的各种现实性问题，增强党的凝聚力和战斗力，永葆党的生机和活力。因此，党内政治文化联结着我们党的过去、现在和未来，反映着党的政治活动的运行发展规律，深层次地促成了历史与现实的有机统一。

（二）认识论逻辑：理论与实践的统一

从认识论视角来看，党内政治文化是党内成员对党的政治信仰、政治伦理、政治制度、政治行为等形成的自我认识、态度和评价等，并在实际的政治活动中自觉践行这些政治理念。因此，党内政治文化是政治理论和政治实践的有机统一。如何看待理论、实践以及理论与实践的关系问题，是马克思主义哲学区别于其他哲学形态的重要标志。一方面，在实践观上，马克思主义哲学开启了“实践转向”的哲学革命，这也是马克思主义哲学在认识论上取得的重大突破。在《关于费尔巴哈的提纲》中，马克思尖锐地指出了旧唯物主义的缺点：“对对象、现实、感性，只是从客体的或直观的形式去理解，而不是把它们当作感性的人的活动，当作实践去理解，不是从主体方面去理解”①，同时也深刻地揭露了唯心主义“抽象地发展了”能动的方面的本质。马克思从人的实践活动及其历史发展出发，开辟了实践哲学这一新的道路。另一方面，在对理论的理解上，

---

① 《马克思恩格斯选集》，第1卷，北京：人民出版社，2012年，第133页。

理论不仅仅是"解释世界"的"各种知识体系"，更重要的是"改变世界"的"规范人们思想和行为的概念系统"。[①] 因此，从马克思主义实践哲学"改造世界"的视角来看理论与实践的关系，理论不仅仅是解释性的，而且是能动性的。理论自身也具有实践属性，理论源于实践并超越实践。党内政治文化是在实践基础上形成的理论凝结，在政治实践中不断完善自身的同时，也规范和指导着政治实践，推动着政治实践的良性发展。

党内政治文化与党的革命、建设和改革实践紧密关联，党内政治文化因实践的需要而产生。中国共产党成立伊始，就带领人民群众为推翻"三座大山"而开展革命斗争。作为一个肩负着实现国家独立富强和人民自由解放任务的使命型政党，中国共产党必须要把自身打造成一个具有高度组织性和纪律性的政党组织，以使党的成员能够保持团结一致，共同对抗内外敌人。而党内政治文化则构成了政党组织的血脉和灵魂，是保证全体共产党员"心往一处想、劲往一处使"的内在精神动力，有助于激发共产党员的先锋模范作用。1929 年 12 月召开的古田会议，确立了党对军队的绝对领导权，纠正了我们党内存在的诸多思想错误，纯化了党组织。古田会议在思想层面上为党内政治文化的正确发展指明了方向。因此，实践的现实需要为党内政治文化的发展提供了历史机遇，促进了党内政治文化的不断改进与完善。

党内政治文化理论上的完善与我们党的历次整风运动密不可分。1941 年至 1945 年延安整风运动，通过"反对主观主义以整顿学风，反对宗派主义以整顿党风，反对党八股以整顿文风"[②]，端正了我们党的思想路线，形成了"理论联系实际，密切联系群众，批评与自我批评"的党内优良作风。1950 年至 1954 年整风整党运动，以"三反"(反贪污、反浪费、反官僚主义)为抓手，对广大党员干部发起了一场生动的思想教育，及时遏止了党内贪污腐化问题，净化了党风和政风。1983 年至 1987 年的整党运动，为了消除"文化大革命"十年动乱对党组织的严重破坏，决定重新整顿党的思想，分批次分阶段开展全面整党运动。这次整党运动，恢复了党的优良传统，严格了党的纪律，纯洁了党的组织，为改革开放事业

---

① 孙正聿：《马克思主义哲学智慧》，北京：现代出版社，2016 年，第 339 页。

② 《毛泽东选集》，第 3 卷，北京：人民出版社，1991 年，第 812 页。

顺利开展提供了思想保障。党的十八大以来，以习近平同志为核心的党中央面对党内出现的新情况、新变化、新问题，坚持全面从严治党，严肃了党内政治生活，净化了党内政治生态，进一步丰富与发展了党内政治文化。

党内政治文化在党的实践中产生，同时也在实践中推动着党的各项事业的不断发展。马克思认为："光是思想力求成为现实是不够的，现实本身应当力求趋向思想。"①党内政治文化的形成，既是随着党的事业的发展自然而然产生的过程，也是为了解决党内诸多问题而积极主动构建的过程。我们党在完成自身历史使命和历史任务的历程中，必然要面对各种风险和挑战，尤其是要警惕党自身出现的各种问题。要化解风险、解决难题，首先需要从思想和观念上寻求破解之道。我们党历来重视党员干部自身的思想和作风建设，这与中国重视"内省修身"的文化传统密切相关。由此，不断丰富与完善党内政治文化，成为我们党加强自身建设的重要法宝。总体来看，党内政治文化的发展遵循着这样的实践逻辑，即开展实践—发现问题—寻找内在思想原因—完善党内政治文化—开展新的实践，这样就形成了一个从实践到理论再到实践的完整的闭合环。党内政治文化每次得到完善升级之后，都以更大的能量激励着党的事业取得新的胜利。

（三）系统论逻辑：结构与功能的统一

系统理论是分析党内政治文化生成逻辑的重要认识工具。系统指的是相互作用的诸元素组成的统一整体。系统论既可应用于自然科学，也可应用于社会科学。"在社会科学里，系统反映了人们对事物的一种认识论。"②无论是中国文化、西方文化，还是在马克思主义创始人的理论中，都蕴含着丰富的系统论思想。系统论主张的基本观念有：整体观、有机观、连续观、动态观、结构观、功能观、同构观、全息观、和谐观等。其中，整体观统摄下的结构和功能是系统论的重要范畴，它们是分析党内政治文化整体特性的重要理论工具。结构是指"系统内部各个要素之间的相对稳定的联系方式、组织秩序及时空关系的内在表现形式"③。结构

① 《马克思恩格斯选集》，第1卷，北京：人民出版社，2012年，第11页。

② 陈国猛：《运用系统思维推进社会主义法治体系建设》，载《理论视野》，2017年第3期。

③ 魏宏森：《系统论：系统科学哲学》，北京：世界图书出版社，2009年，第288页。

反映了系统内部各组成要素之间的关系，是系统的内在规定性。功能是系统与外部环境相互联系和相互作用中表现出来的性质、作用、能力和功效，它是系统各要素及其相互关系的外在表现形式。党内政治文化的结构和功能相互区分、相互联系，二者统一于党内政治文化这一系统之中。习近平指出，我们的党内政治文化，是以马克思主义为指导、以中华优秀传统文化为基础、以革命文化为源头、以社会主义先进文化为主体、充分体现中国共产党党性的文化。这段话既指出了党内政治文化的深刻内涵，同时也指明了构成党内政治文化的深层结构。

第一，马克思主义理论是党内政治文化的指导思想。作为一个马克思主义政党，中国共产党党内政治文化必然要旗帜鲜明地把马克思主义当作其思想指引和行动指南。要按照马克思主义的立场、观点和方法来建构党内政治文化。第二，中华优秀传统文化是党内政治文化的基础。党内政治文化深受中华优秀传统文化的滋养，并在中国传统文化的母体中得以形成。离开中华优秀传统文化，党内政治文化就成了无源之水、无本之木。第三，革命文化是党内政治文化的源头。正如前文所述，革命文化受到马克思主义和中国传统文化的双重影响，在轰轰烈烈的革命实践中形成了坚守理想、不怕牺牲、甘于奉献、对党忠诚等革命文化。革命文化既是党内政治文化的开端，也构成了其重要的组成部分。第四，社会主义先进文化是党内政治文化的主体。党内政治文化具有鲜明的政治性和先进性，代表先进文化的前进方向是我们党的历史担当和一贯追求。第五，坚持党性是党内政治文化的最大特色和优势。中国共产党的党性既体现在思想的先进性、信仰的坚定性、立场的人民性上，又体现在组织的严密性、纪律的严肃性、作风的纯洁性等方面，构成了整个党内政治文化体系的内在品质和外在风格。因此，党内政治文化的每个构成要素都是其自身不可或缺的一部分，使党内政治文化成为一个不可分割的有机整体。

党内政治文化的功能，指的是党内政治文化作为一个整体在与外部环境的互动关系中所发挥的作用或者体现的价值。党内政治文化作为政党组织的子系统，它在我们党的各项任务和建设中具有不可替代的功能。第一，党内政治文化为全面从严治党提供精神动力。全面从严治党是新形势下维护党的先进性和纯洁性的重要方略。积极发挥党内政治文化的精神凝聚、化育人心、社会动员等作用，有助于激发党员、干部参与全面从严治党的内生动力，增强全面从严治党的实际效果。第二，党内政治文化为党内制度建设提供价值导向。一方面，党内政治文化构成了党内各项制度之间相互关联的纽带或桥梁，有助于促进党内各项政治制度之间的协调和融合，为党内制度建设提供价值原则和方向指引。另一方面，党内政治文化是党内制度建设的道德尺度。我们党历来把贤德良能、廉洁奉公、心系群众等优秀品德当作党建的价值准则来行使，以政治品德为核心的党内政治文化充当着党内制度建设的价值准绳和精神内核。第三，党内政治文化为国家文化软实力提升提供思想保障。优良的党内政治文化是中国共产党区别于其他政党的独特优势和独特标识，更代表着党自身的软实力。党的文化软实力与国家软实力水平成正相关。政党自身文化软实力越强，越能增强国内民众以及世界各国对政党的认同，越有助于促进整个国家软实力的提升。因此，党内政治文化的结构和功能，共同组成了党内政治文化这一有机系统的重要环节。坚持结构和功能的统一，既顺应了党内政治文化发展的规律性，也符合党内政治文化建设的目的性，体现了规律性和目的性、客观性和能动性的有机统一。

(四)价值论逻辑：主体与客体的统一

党内政治文化的生成同样遵循着价值论逻辑。价值论是关于主体与客体互动关系的学说，价值是主客体关系中的一个内容要素。① 有学者认为，价值问题与主体性问题之间有着高度的内在一致性，价值可以描述为在“客体主体化”的过程中客体满足主体需要的尺度或者程度，价值又可称为“主体的尺度”。② 从价值论角度理解，党内政治文化是作为主体的党组织或者全体党员对作为客体的党内政治文化的需要以及主观改造的性质和程度。当然，探讨主体和客体问题，必须在限定的关系范畴中去分析，离开一定的范围和层次谈论主体和客体，将会出现概念外延上的混淆与误解。党内政治文化的主客体可以从两种关系范畴中去理解。一方面，从主体对客体的认识和改造这一对象性活动来说，政党组织及其党的成员居于主体地位，而党内政治文化本身则处于客体地位。另一方

---

① 李德顺：《价值论》，北京：中国人民大学出版社，2013年，第27页。

② 同上书，第51页。

面，从党内政治文化的双重主体——政党组织与党的组成人员的关系范畴来说，党组织与党的成员属于“主体间”关系，二者统一于对党内政治文化的认识和改造这一实践活动当中。

党内政治文化的生成是主客体相互作用的结果。由于广义上的主体不仅仅指的是个人、群体和人类，还包括社会组织、法人等，因此党内政治文化的主体有两个：党组织和全体党员。党组织是由党的成员及相应的规章制度、党的标识等构成的统一整体，当它代表党内政治文化的主体时，指的是它自身呈现出来的主体性，包含主动性、自为性、独立性、能动性、目的性等特征。党内政治文化的主客体互动关系表现为两个过程，即“客体主体化”和“主体客体化”。“客体主体化”指的是主体作用于客体的效果和客体满足主体需要的过程。党内政治文化不断完善与发展，正是在党组织有意识地对党内政治文化进行改造的前提下得以实现的。党内政治文化作为党组织实践的对象，其自身总是蕴含着政党的意图和价值。中国共产党的党内政治文化之所以与封建官僚文化、资本主义政党文化有根本区别，关键是由我们党自身的属性和性质所决定的。“主体客体化”指的是客体对主体具有制约和规范作用。党组织在引导党内政治文化发展方向的同时，党的成员也要受到党内政治文化的熏陶、感染、约束和规制，党内政治文化对党员具有形塑作用。因此，党内政治文化正是在主客体的交互作用中不断地改造着自身和修正着自身，同时也在不断地发挥着自身的作用和价值。

党内政治文化双主体之间的相互作用，同样影响着党内政治文化的发展与走向。在党内政治文化的建设中，党组织和党的成员之间构成了“主体间”关系，体现出“主体间性”，即双方互相影响对方的存在。党组织和党的成员可以看作整体与部分的关系。整体由部分组成，整体决定部分，部分的性质与状态影响甚至决定着整体的发展趋向。广大党员、干部构成了党组织这个有机整体，如果党员、干部思想作风混乱，贪污腐化严重，政治生活松散随意，那么党组织整体形象也会受到损害，党内政治文化将会失去先进性。同样，整体也影响部分，党组织的整体风貌会影响党员、干部的品行操守。如果党组织能够积极引导党员、干部加强自身作风建设，提高自身党性修养，这将有助于在全党形成良好的政治文化氛围。党的十八大以来，以习近平同志为核心的党中央高度重视党内政治文化建设，从中央“八项规定”的颁布实施，坚持强力反腐“苍蝇老虎”一起打，到群众路线教育实践活动、“三严三实”专题教育活动、“两学一做”学习教育活动的有序开展，表明了党中央严肃党内政治生活、净化党内政治生态的勇气和决心，也进一步推动了党内政治文化的丰富发展。

三、党内政治文化的发展趋向

党内政治文化是一个动态的发展过程。当前世情国情党情等正在发生着深刻变化，党内政治文化也要与时俱进，根据变化了的时代条件自我完善，以主动适应新的时代环境。我们党是拥有 8870 多万党员(截至 2015 年底)的执政党，党员数量虽多，但党员素质却参差不齐。受封建残余文化、西方腐朽思想及市场经济环境的影响，当前党内出现了关系学、厚黑学、官场术、“潜规则”、“劣币驱逐良币”的逆淘汰等不良政治文化，这些庸俗腐朽的党内政治文化潜藏于党组织内部，成为侵蚀党肌体的毒瘤，严重危及党自身的健康。因此，实现党内政治文化的健康发展，要坚持问题导向，以“文化自觉”的心态来构建党内政治文化。一方面要遵循文化发展和文化建设的规律，另一方面还要合乎我们党的远大理想和发展意图，需要对党内政治文化进行积极引导。党内政治文化的发展趋向主要表现为以下三个方面。

(一)伦理性与制度化相结合

伦理性是中国共产党党内政治文化的重要特征，也是我们党区别于其他政党的鲜明特性。孔子曰：“道之以政，齐之以刑，民免而无耻；道之以德，齐之以礼，有耻且格。”(《论语・为政》)德国哲学家康德认为：“有两样东西，我们愈经常愈持久的思索，它们就愈使我们心灵充满景仰和敬畏：在我之上的星空和居我心中的道德法则。”[①]古今中外几乎所有国家和社会通常都把道德放在极其崇高的位置，道德是推动人类文明进步的重要力量，同时也是促使我们党保持先进性的内在精神因素。

虽然道德在党内政治文化中发挥着重要作用，但不是唯一影响因素，

① [德]康德著，韩水法译：《实践理性批判》，北京：商务印书馆，2000 年，第 177 页。

制度越来越成为促进党内政治文化发展的重要外部力量。党的规章制度即党内法规是“党内政治文化的价值载体和价值保障”①。要使党内政治文化保持持久的活力和有效性，需要将优秀的政治文化成果及时总结并上升为相应的规章制度，依靠制度保障党内政治生活的有序开展。其实，道德与制度二者相辅相成，缺一不可。道德是“软约束”，对党员具有激励、凝聚、教化等功能；制度是“硬约束”，对党员具有规范、制约、引导等功能。因此，构建党内政治文化，一方面要重视道德的作用，做到以德治党；另一方面还要更加重视制度的价值，做到依规治党。德治和法治，二者共同构成了党内政治文化发展的两种必然路径。

(二)独立性与包容性相结合

构建优良的党内政治文化，首先需要深入挖掘中国自身固有的文化资源，以保障党内政治文化建设的独立性与自主性。作为一种价值观念系统，政治文化具有特定的价值取向。如果是以西方标准来构建的政治文化，必然反映着西方的政治观念和价值诉求，这往往会脱离一个国家的文化传统和社会现实，最终将在政治上依附于他国而失去自身的独立性。因此，党内政治文化的构建首先要立足于自身的文化传统，以马克思主义为指导，善于汲取中华传统文化中的政治智慧，实现传统文化的“创造性转化”和“创新性发展”。同时，确保党内政治文化建设的自主性，必须发挥中国共产党在党内政治文化建设中的主导作用。只有坚持党对政治文化建设的领导，才能真正保障党内政治文化朝着正确的方向发展。

坚持党内政治文化建设的独立性，并不意味着盲目排外，而是要在自立自主基础上增强党内政治文化的包容性。在全球化背景下，国家间的联系日趋紧密，各个国家和民族的文化趋向融合。从“走向”世界舞台到“走进”世界舞台中央，中国的发展已经离不开世界各国的发展，今天的中国与世界各国发生着千丝万缕的联系。由于中国现代化起步比西方社会晚，因此，实现党内政治文化的制度化、规范化，需要积极借鉴西方社会的优秀成果，“切实展现我们党兼收并蓄、开放包容、吐故纳新的文化自信”②。此外，在对外国文化进行批判性吸收的同时，也要积极发

---

① 辛鸣：《论党内政治文化》，载《北京日报》，2017 年 1 月 16 日。

② 何毅亭：《坚定党内政治文化自信的底气来自哪里》，载《学习时报》，2017 年 4 月 17 日。

挥党内政治文化对世界文明的建设性作用。要加强中国共产党党内政治文化与世界各国政治文化交流互鉴，使中国的优秀政治文化发扬光大。增强党内政治文化的对外宣传力度，以党的实践成就来证明党内政治文化的重要价值，逐步扩大党内政治文化的世界影响力与引领力。

（三）党内政治文化与社会文化的协同发展

党内政治文化与社会文化之间保持着共存共生的关系。社会文化有广义和狭义之分。广义的社会文化指的是人类群体所创造和掌握的物质文化、制度文化和精神文化等。狭义的社会文化指的是在社会大众中所流行的思想观念、道德品质、行为方式等社会风貌和精神气象。本文所讨论的社会文化是指狭义的社会文化。通俗来讲，社会文化可以称为社会风气或者民风，党内政治文化可以称为党风。党内政治文化与社会文化所指涉的领域相同，都是人们的思想表现或者行为特征，但是各自的主体存在差异。党内政治文化的主体是党员，展现的是先进文化；社会文化的主体是大众，体现的是群众文化。虽然主体不一致，但是党内政治文化与社会文化相互影响、相互作用。“党风是关键，社风民风是风向标。党风决定民风，民风影响党风。”①党内政治文化作为一种精英文化，其自身的发展状况会对社会文化产生导向作用。如果党风不纯，社会文化很容易受到党内不良风气的感染，社风民风将每况愈下。相反，如果党内政治生态风清气正，将会为社会文化做出表率，带动社会文化健康发展。同时，党内政治文化也会受到社会文化的影响。当前个别党员、干部存在的“四风”问题，与沾染社会上的不良风气有直接关联。

因此，要坚持用“共生”理念处理党内政治文化与社会文化的关系，促进二者的协同发展。一方面要构建优秀的党内政治文化，积极发挥党内政治文化对社会文化的引领和改造功能，促进党内政治文化的社会化，实现社会文化的良性发展。另一方面要厚培干净文明的社会文化沃土，改善社会风气，以淳朴的社会文化来滋养广大党员、干部的心灵，不断提升其党性修养，为党内政治文化的发展创造一个优越的社会文化环境。

本文发表于 2017 年第 3 期

① 王岐山：《以优良党风政风带动社风民风》，载《中国监察》，2013 年第 18 期。

后　记

中国特色社会主义是改革开放以来党的全部理论和实践的主题，全党必须高举中国特色社会主义伟大旗帜，牢固树立中国特色社会主义道路自信、理论自信、制度自信、文化自信，确保党和国家事业始终沿着正确方向胜利前进。《中国特色社会主义研究》杂志源于 1979 年的《科学社会主义研究》，1995 年改现名。伴随着改革开放的步伐，杂志始终坚持以研究和宣传中国特色社会主义的理论与实践作为宗旨和己任，紧紧围绕历史与时代的主题，不断推进中国特色社会主义理论研究与实践经验的总结升华。

2008 年杂志曾编辑出版了《中国特色社会主义研究文选》三卷本，受到了社科工作者与广大青年学生的广泛好评。近年来，中国特色社会主义道路、理论体系、制度内涵等问题，成为理论界与学术界的研究重点和热点。2013 年杂志组织专家学者对 2010～2011 年在我刊上发表的 240 多篇论文进行公开评选，评出优秀理论文章 20 篇，并结集编辑出版了《中国特色社会主义研究文选(2010—2011)》，从理论、历史和现实三个方面反映了中国特色社会主义研究的新成果和新进展。2015 年杂志又编辑出版了《坚守我们的核心价值体系和核心价值观——中国特色社会主义研究文选(2012—2015)》，从“中国精神与中国价值”“社会主义核心价值观的内涵与践行”“社会主义核心价值观的对外传播”“社会主义核心价值体系研究”，从宏观到微观，再到传播与体系建构这四个方面加强理论研究阐释。

党的十八大着眼于全面建成小康社会、实现社会主义现代化和中华民族伟大复兴，对推进中国特色社会主义事业做出经济建设、政治建设、文化建设、社会建设、生态文明建设“五位一体”的总体布局。实现各方面的宏伟目标任务，迫切需要总的方略、抓手。以习近平同志为核心的党中央毫不动摇坚持和发展中国特色社会主义，勇于实践、善于创新，进一步深化对共产党执政规律、社会主义建设规律、人类社会发展规律的认识，形成了一系列治国理政新理念、新思想、新战略。从接过“全面建成小康社会”的历史使命，到党的十八届三中全会部署“全面深化改革”，党的十八届四中全会要求“全面依法治国”，党的群众路线教育实践活动总结大会宣告“全面从严治党”，一个重大战略布局有条不紊铺展开来。杂志围绕统筹“五位一体”总体布局与协调推进“四个全面”战略布局研究方面精心策划选题，特邀名家撰文，推出一批有价值、有分量、有影响的理论研究成果，深刻解读十八大以来党在经济建设、政治建设、文化建设、社会建设、生态文明建设以及全面从严治党等方面所发生的历史性变革及现实启示。本书特从杂志发表过的论文中遴选优秀论文结集而成。入选论文以主题分成几个不同版块，排名不分先后。结集时我们对用字和注释体例进行了必要的统一，但由于客观原因，有无法统一的，仍依其旧。

时值新中国成立 70 周年之际，在北京市社科联、北京市社科规划办党组书记张淼的指导下，编辑部策划编辑了《伟大事业的战略布局——中国特色社会主义研究文选(2012—2017)》。杂志副主编李翠玲，编辑赵英臣、陆猋、李瑞山、陈艳华、周青和美编闫双月参与了本书的编辑校对工作。首都师范大学出版社为本书的编辑出版付出了辛勤汗水。在此一并向他们表示诚挚的谢意。

欢迎广大读者、作者继续关注并支持《中国特色社会主义研究》杂志，踊跃投稿、荐稿，提出意见和建议。让我们一起共建共享“学术共同体”。

《中国特色社会主义研究》杂志编辑部

2019 年 7 月